Cahiers de Logique et d'Épistémologie
Volume 10

Fiction et Métaphysique

Volume 4
Lecture de Quine
François Rivenc

Volume 5
Logique Dialogique: une introduction. Volume 1: Méthode de Dialogique: Règles et Exercices
Matthieu Fontaine et Juan Redmond

Volume 6
Actions, Rationalité & Décision. Actions, Attitudes & Decision. Actes du colloque international de 2002 en hommage à J.-Nicolas Kaufmann
Daniel Vanderveken et Denis Fisette, directeurs.

Volume 7
Echanges franco-britanniques entre savants depuis le XVIIe siècle
Franco-British Interactions in Science since the Seventeenth Century
Textes réunis et présentés par Robert Fox and Bernard Joly

Volume 8
D'l'expression. Essai sur la 1ière Recherche Logique
Claudio Majolino

Volume 9
Logique Dynamique de la Fiction. Pour une approche dialogique
Juan Redmond. Préface de John Woods

Volume 10
Fiction et Métaphysique
Amie L. Thomasson. Traduit de l'américain par Claudio Majolino et Julie Ruelle

Cahiers de Logique et d'Épistémologie Series Editors
Dov Gabbay   dov.gabbay@kcl.ac.uk
Shahid Rahman   shahid.rahman@univ-lille3.fr

Assistance Technique
Juan Redmond   juanredmond@yahoo.fr

Comité Scientifique: Daniel Andler (Paris – ENS); Diderik Baetens (Gent); Jean Paul van Bendegem (Vrije Universiteit Brussel); Johan van Benthem (Amsterdam/Stanford); Walter Carnielli (Campinas-Brésil); Pierre Cassou-Nogues (Lille 3 – UMR 8163-CNRS); Jacques Dubucs (Paris 1); Jean Gayon (Paris 1); François De Gandt (Lille 3 – UMR 8163-CNRS); Paul Gochet (Liège); Gerhard Heinzmann (Nancy 2); Andreas Herzig (Université de Toulouse – IRIT: UMR 5505-NRS); Bernard Joly (Lille 3 – UMR 8163-CNRS); Claudio Majolino (Lille 3 – UMR 8163-CNRS); David Makinson (London School of Economics); Gabriel Sandu (Paris 1); Hassan Tahiri (Lille 3 – UMR 8163-CNRS).

Fiction et Métaphysique

Amie L. Thomasson

Traduit de l'américain par
Claudio Majolino
et
Julie Ruelle

© Individual author and College Publications 2011.
All rights reserved.

ISBN 978-1-904987-98-7

College Publications
Scientific Director: Dov Gabbay
Managing Director: Jane Spurr
King's College London, Strand, London WC2R 2LS, UK

http://www.collegepublications.co.uk

Original cover design by orchid creative   www.orchidcreative.co.uk
Printed by Lightning Source, Milton Keynes, UK

All rights reserved. No part of this publication may be reproduced, stored in a retrieval system or transmitted in any form, or by any means, electronic, mechanical, photocopying, recording or otherwise without prior permission, in writing, from the publisher.

Table des matières

Table des matières v
Note des traducteurs ix
Préface à la traduction française xiii
Supplément bibliographique xvii
Remerciements xix
Introduction : De la fiction à la métaphysique xxi

PREMIERE PARTIE 1
   La théorie artefactuelle de la fiction 1
   Avant-propos 3

Chapitre 1 5
   Et si on postulait des objets fictionnels, de quoi s'agirait-il? 5
   Ce que les personnages de fiction sont censes etre.................... 5
   Les theories meinongiennes de la fiction 19
   Les theories possibilistes de la fiction...................................... 24
   Les personnages de fiction en tant qu'objets de reference...... 26
   Les personnages de fiction en tant qu'objets imaginaires 30

Chapitre 2 33
   La dépendance existentielle : nature et variétés 33
   La dependance constante 41
   La dependance historique 43
   Les relations entre les differents types de dependance 45

Chapitre 3 49
   Les personnages de fiction en tant qu'artefacts abstraits 49
   Les dependances des personnages de fiction........................... 49
   Les personnages de fiction en metaphysique modale 53
   Les fictions et les autres entites abstraites dependantes 56

Chapitre 4 61
   La référence aux personnages de fiction 61
   Kripke et les noms de fictions... 63
   Le baptême des objets fictionnels... 66

vi/ Fiction et Métaphysique

    Maintenir une chaîne de référence 71
    Résultats pour et par-delà la fiction 74

Chapitre 5 .... **79**
    Des conditions d'identité pour les personnages de fiction 79
    Difficultes avec les conditions d'identité meinongiennes 80
    Les conditions d'identite a l'interieur d'une œuvre litteraire 89
    Les conditions d'identité à travers les œuvres littéraires 95

DEUXIÈME PARTIE **101**

Décisions ontologiques **101**

Avant-propos **103**

Chapitre 6 .... **107**
    Fiction et expérience 107
    Les théories purement conceptuelles et la fiction 109
    La dependance conceptuelle 112
    Sensibilité au contexte 117
    Les théories purement contextualistes et la fiction 119
    L'approche mixte contenu/contexte 121
    La théorie de l'objet intentionnel de l'intentionnalité 123

Chapitre 7 .... **131**
    Fiction et langage 131
    Paraphrase et faire-semblant 132
    Les théories meinongiennes 141
    La théorie artefactuelle 148
    Objections et bilan 157

Chapitre 8 .... **161**
    Ontologie et catégorisation 161
    Une ontologie "piece a piece" contre une ontologie categoriale 161
    Categories traditionnelles et sources de scepticisme 165
    Un systeme de categories existentielles 169
    Categories familieres 174
    Categories non familieres 178
    Entre le matériel et le mental 179
    Entre le réel et l'idéal 183
    Un outil pour l'ontologie 188

Chapitre 9 .... **191**
    Les périls de la fausse parcimonie 191
    Vraie et fausse parcimonie 192
    Se passer des objets fictionnels est-il vraiment plus parcimonieux ? .. 194

Chapitre 10 .... **203**
    Une ontologie pour un monde diversifié 203
    La leçon des fictions 204
    Une modeste proposition 208

Bibliographie **215**

Note des traducteurs

Si nous avons voulu présenter aux lecteurs francophones une traduction de cette étude importante d'Amie Thomasson, qui a déjà fait couler beaucoup d'encre dans le monde anglo-saxon, c'est notamment en raison de l'ambition de son projet et de la nouveauté de sa démarche. *Fiction et métaphysique* a la double ambition de vouloir résoudre le problème difficile du statut ontologique des objets fictionnels (par une « théorie artefactuelle des fictions ») et dépasser les limites structurelles des tables de catégories traditionnelles (par un « système de catégories multidimensionnel »). Quant à la démarche suivie, Amie Thomasson s'inspire à la fois de la phénoménologie de Husserl et de l'ontologie d'Ingarden, mais aussi de la sémantique de Kripke et de la grammaire des croyances institutionnelles de Searle. Il en résulte une étude extrêmement originale dont le but ultime est d'esquisser un tableau ontologique suffisamment nuancé pour rendre compte non seulement des fictions mais aussi de tous ces objets variés qui peuplent nos expériences, nos pratiques et nos discours ordinaires, mais qui restent en dehors des ontologies traditionnelles.

Mobiliser les ressources croisées et les différents registres de la phénoménologie et de la philosophie analytique, utiliser les fictions pour frayer le chemin de ce que l'on pourrait appeler une ontologie différenciée du monde ordinaire — tout cela comporte des difficultés, non seulement conceptuelles mais aussi linguistiques. Difficultés auxquelles le travail de traduction a dû répondre au fur et à mesure par des décisions, stylistiques et lexicales, parfois délicates. Le langage technique choisi par Thomasson, avec ses multiples registres, est en effet enchâssé dans un style courant et souvent idiomatique ; des tournures extrêmement techniques alternent avec des phrases à l'allure très ordinaire, destinées à illustrer ou à condenser les résultats d'argumentations plus complexes.

Nous avons essayé de rendre la cohérence et la complexité d'un tel style d'écriture, à la fois technique et idiomatique, par une série de décisions dont le but principal était de *faire fonctionner* la démarche argumentative suivie par l'auteur. Nous remercions donc Amie Thomasson d'avoir autorisé nos tentatives de traduction visant à rendre son argumentation la plus efficace possible, quitte à nous écarter par moments de la lettre du texte.

Le recours au néologisme « théorie artefactuelle » pour rendre l'expression anglaise « *artefactual theory* » s'est donc imposé, en dépit de son caractère peu idiomatique, moins pour des soucis de fidélité vis-à-vis de sa contrepartie anglaise, qu'en raison de son efficacité à capturer l'idée-clé de cette étude : les fictions sont des artefacts, des créations issues des activités intentionnelles humaines. Pour la même raison, le terme « *piecemeal ontology* » — que Thomasson utilise pour qualifier les ontologies non systématiques auxquelles elle oppose les ressources des systèmes catégoriaux — a été rendu par l'expression « ontologie pièce à pièce », dans le but d'insister sur le caractère fragmentaire et, en un sens, rafistolé de ces ontologies qui procèdent en excluant au fur et à mesure des entités indésirables, sans être guidés par aucun critère de sélection explicite. Nous avons, à nouveau, choisi la voie littérale pour rendre les nombreuses phrases ayant la forme « *to postulate something* », même si cela risquait parfois d'alourdir certains passages. Le terme « postuler » a en effet un sens tout à fait stratégique dans ce texte. Les personnages de fiction peuvent être compris comme des « postulats », que l'on peut préalablement admettre/refuser sans démonstration en raison de leur caractère plus ou moins évident, mais aussi comme des « postulants » (comme lorsqu'on dit de quelqu'un qu'il « postule pour un emploi ») qui demandent à être *légitimement* acceptés dans une ontologie. Les deux sens sont implicitement évoqués dans le texte : conformément au premier, au début du texte on demande au lecteur « *Et si on postulait des objets fictionnels, de quoi s'agirait-il ?* » ; mais c'est dans le second sens que, à la fin de l'étude, Thomasson établit que nous pouvons « accepter » ces postulants dans notre ontologie, en raison de leur positionnement à l'intérieur du système de catégories mis en place dans la Deuxième Partie.

Quant au terme, tout à fait stratégique, de « *parcimony* », si son équivalent français « parcimonie » est, certes, plutôt soutenu (mais le terme anglais l'est tout autant) il a néanmoins le mérite de bien s'adapter au type d'analyse, étymologique et conceptuelle, proposée par l'auteur à partir du Chapitre 8. De même, c'est en raison de leur sens technique, que des termes composés tels « *concept-dependent* » (utilisé dans le Chapitre 6 en rapport à la théorie de l'intentionnalité de David Smith et McIntyre) ou « *make-believe* » (repris dans le Chapitre 7 à l'occasion de la confrontation avec la théorie de Walton) ont été rendus par des néologismes — « concept-dépendant », « faire-semblant » — dont la forme lexicale reflète la complexité conceptuelle.

Un problème à part s'est posé lorsqu'il a fallu choisir un syntagme pour rendre adéquatement l'expression, tout compte fait assez ordinaire, de « *background knowledge* ». Bien que d'autres solutions auraient été sans doute envisageables — du plus idiomatique « connaissances de base », au plus explicite « socle de connaissances » — l'idée, importante dans l'économie de l'argumentation de Thomasson, d'un stock de connaissances implicites nécessaires pour lire et comprendre un texte ou reconnaître un artefact abstrait (en le faisant ainsi « continuer à exister ») a fini par nous faire pencher pour « connaissances d'arrière-fond ». En outre, puisque la question de l'élargissement de la relation de dépendance aux états des choses est l'une des thèses majeures du Chapitre 2, il a été nécessaire de trouver un moyen approprié pour marquer d'une manière graphiquement explicite la différence entre les énoncés déclaratifs et les états de choses correspondants. Dans l'original anglais, Thomasson choisit parfois de signaler la présence d'un état de choses en utilisant des subordonnées relatives introduites par « que » et notées en italiques, alors que les énoncés sont toujours indiqués par l'usage des guillemets. Par exemple, l'état de choses correspondant à l'énoncé déclaratif « Un animal fonde une nouvelle espèce » est : *qu'un animal fonde une nouvelle espèce*. Un tel usage n'est pourtant pas systématique et l'auteur s'autorise parfois des solutions moins explicites. Dans le but d'unifier les critères et de rendre cohérentes les conventions implicites adoptées par texte, nous avons en revanche choisi de généraliser cet artifice graphique, si bien que, dans notre traduction, toute occurrence d'un état de choses sera indiquée de la même manière. Quant au reste, afin de rendre la lecture et la compréhension de certains passages plus aisée, nous n'avons pas hésité à glisser des conjonctions et des adverbes censés rendre plus explicites les articulations du raisonnement. Nous laissons au lecteur le soin de juger de l'efficacité de tous ces choix.

Outre Amie Thomasson, dont la confiance et la patience ont accompagné ce travail de traduction depuis son début, nous voudrions également remercier Shahid Rahmann et Jane Spurr qui ont constamment soutenu ce projet, ainsi que Katia Paykin, Thomas Claisse, et notamment Nathanaël Masselot et Eva Lerat pour le travail patient de relecture et les conseils précieux.

Claudio Majolino
Julie Ruelle

Préface à la traduction française

Quand j'ai écrit *Fiction et métaphysique* il y a plus de dix ans, les travaux en ontologie analytique étaient dominés par une méthodologie néoquinienne. Le jeu consistait à se demander sur quelles entités *il faut* quantifier afin de rendre nos énoncés vrais, et le but du jeu était d'aboutir à une ontologie aussi minimaliste que possible en ligne avec une telle exigence. Par conséquent, la question centrale posée par les philosophes analytiques qui traitent des fictions était la suivante : *faut-il* accepter l'existence des personnages fictionnels afin de rendre compte de la vérité de nos discours sur les fictions ? Le cœur du débat opposait ceux qui essayaient de montrer que nous n'avons aucun besoin d'accepter les personnages de fiction (puisqu'on peut paraphraser les discours qui les concernent ou les comprendre à partir de contextes où on fait juste semblant de croire en leur existence) aux platonisants et aux néo-meinongiens, qui défendaient la nécessité d'élargir la référence aux personnages de fiction — conçus en tant qu'objets abstraits, généraux ou non-existants.

Mon parcours, issu autant de la tradition phénoménologique que de celle analytique, m'a conduite à aborder ces questions sous un angle quelque peu différent. J'étais persuadée que l'objectif ne devait pas être de trouver l'ontologie la plus minimaliste, mais la meilleure théorie d'ensemble. Et je soutenais que les options ne se limitaient pas à l'opposition entre des positions éliminativistes, néo-meinongiennes et platonisantes. Inspirée par l'idée de Roman Ingarden selon laquelle les personnages de fiction (tout comme les œuvres littéraires dans lesquelles ils apparaissent) sont des objets « purement intentionnels » créés par les auteurs mais maintenus en vie, en tant qu'entités publiques capables de durer dans le temps, par des exemplaires du texte, j'ai donc affirmé que les personnages de fiction sont un type d'artefacts abstraits : ils sont « abstraits » dans la mesure où ils sont dépourvus de toute localisation spatio-temporelle, et ce sont des « artefacts » en tant qu'ils ont été créés et viennent l'existence à un moment déterminé. Un tel changement de perspective permet de voir la question du statut ontologique des fictions sous un nouveau jour : si les personnages de fiction sont des objets culturels qui viennent à l'existence à un moment donné, ils ne sont pas si différents d'autres artefacts culturels comme les symphonies, les lois et les histoires elles-mêmes.

Les temps étaient clairement mûrs pour un tel tournant dans le débat sur les fictions. Alors que *Fiction et métaphysique* était sous presse, paraissaient deux études présentant des approches semblables : la théorie des personnages fictionnels comme artefacts abstraits de Nathan Salmon (Salmon 1998) et celle de Stephen Schiffer, qui qualifiait les fictions d'entités « pléonastiques » (Schiffer 1996). Bien qu'elles se soient développées d'une manière indépendante, ces deux études forment ensemble avec la mienne quelque chose comme une école « artefactualiste ». Il s'agit d'une une approche extrêmement féconde qui s'est récemment prolongée dans des directions nouvelles et intéressantes, notamment grâce aux travaux de Shahid Rahman, Matthieu Fontaine et Juan Redmond (Fontaine-Rahmann 2010 ; Redmond 2011) proposant une reconstruction formelle de l'approche artefactuelle ainsi qu'une sémantique des opérateurs de fiction.

Durant ces dix dernières années les recherches sur la fiction ont littéralement explosé. Certains ont soulevé des questions plutôt prévisibles au sujet de la crédibilité d'une théorie qui accepterait des entités créées abstraites ; d'autres ont formulé des réserves plus subtiles à l'égard du traitement des différentes formes de discours. D'autres encore ont avancé des arguments surprenants pour montrer que les défenseurs d'une théorie artefactuelle seraient obligés d'accepter des inconsistances et des « formes dangereuses d'indétermination » dans le monde réel (Everett 2005, p. 628). En même temps, la mise au point de nouveaux traitements antiréalistes du discours fictionnel (cf. par exemple l'usage négatif de la logique libre dans Sainsbury 2005) ainsi que la popularité croissante des théories du « faire-semblant », ont donné un nouvel élan aux approches qui nient l'existence des personnages de fiction. J'ai répondu à plusieurs de ces objections dans des articles parus après *Fiction et métaphysique* (cf. Thomasson 2003a, 2003b, 2010), et si je devais réécrire ce livre aujourd'hui je l'enrichirais sans doute d'analyses détaillées consacrées à chacune d'entre elles.

En écrivant *Fiction et métaphysique*, j'ai insisté sur l'importance cruciale de l'étude des fictions pour la métaphysique. Je considérais le travail sur les personnages fictionnels comme une étude de cas qui aurait pu m'aider à mieux comprendre d'autres entités sociales et culturelles, dépendant à la fois d'états mentaux et d'entités physiques. Peu après la publication de ce livre, j'ai donc poursuivi mes recherches sur le statut des œuvres d'art, des artefacts ainsi que d'autres entités sociales et institutionnelles (cf. Thomasson 2003c, 2003d,

2004, 2007a). Mais ce que je ne pouvais pas entièrement prévoir était l'importance que les recherches menées dans *Fiction et métaphysique* auraient eu dans le domaine de la *méta*-métaphysique. Dans ma défense des personnages fictionnels j'avais commencé par ce que j'appelais la « conception commune » de ce que les personnages fictionnels seraient s'ils existaient, et je finissais en concluant que nous avons de très bonnes raisons d'admettre leur existence et aucune raison de ne pas le faire. Mais cela a fait surgir la question suivante : pourquoi devrions-nous nous intéresser à ce que le sens commun dit des personnages fictionnels ou de tout autre entité (quand ils existent, à quelles conditions ils sont identiques ou différents etc.) ? Et si le sens commun se trompait sur ces questions ? D'ailleurs, même si les gens *traitent* d'habitude les personnages de fiction comme des entités créées avec les œuvres de fiction, ne se pourrait-il pas que nos pratiques communes soient tout simplement trompeuses ?

L'objectif principal de mes recherches plus récentes, dans le volume *Ordinary Objects* et ailleurs (cf. Thomasson 2007c, 2009), a été d'expliciter et défendre la méthodologie qui était implicitement à l'œuvre dans *Fiction et métaphysique*. Cette méthode — dont les racines historiques se trouvent dans la phénoménologie et la philosophie du langage ordinaire — attribue à l'analyse conceptuelle un rôle de premier plan dans la recherche de réponses aux questions ontologiques, autant aux questions modales qu'à celles relatives aux conditions d'existence de tel ou tel autre type d'entité. J'aboutis ainsi à une théorie selon laquelle si les conditions acceptées par des locuteurs compétents à l'égard de ce que devrait être un personnage fictionnel, une table ou une symphonie sont remplies, alors il n'y a pas d'autres questions soi-disant « profondes » à poser à leur sujet (Que sont-ils *réellement* ? Devons-nous « les admettre dans notre ontologie » ?).

Tout cela m'a propulsée au milieu de controverses acharnées en méta-métaphysique, et m'a poussée à travailler d'une manière bien plus directe que dans *Fiction et Métaphysique* contre les approches neo-quiniennes dominantes en ontologie. Il y aurait sans doute des choses que je modifierais dans ce livre si je l'écrivais aujourd'hui, mais si je devais le réécrire à la lumière de mes recherches méthodologiques les plus récentes, je ne m'éloignerais pas de la démarche suivie à l'époque de *Fiction et métaphysique* — au contraire, j'aurais plutôt tendance à y revenir sans cesse d'une manière de plus en plus approfondie, dans le but d'examiner explicitement et de défendre le type d'approche et les méthodes qui y étaient déjà implicitement à l'œuvre.

Je suis à la fois honorée et reconnaissante de voir cet ouvrage paraître maintenant en traduction française. Mes remerciements les plus sincères vont à Claudio Majolino qui a été à l'origine de ce projet et à qui je dois de m'avoir invitée à prendre part aux discussions intenses et stimulantes de son séminaire de recherche. Je remercie également tous les participants au « Groupe de Travail Phénoménologie et Langages » qu'il anime à l'Université de Lille, avec lesquels je partage l'effort de dépasser l'opposition entre philosophie analytique et continentale. Ma gratitude la plus profonde va à lui et à Julie Ruelle pour leur travail de traduction et pour avoir eu la générosité de croire que ce livre valait bien tout le temps et les efforts qu'ils y ont consacrés. Je voudrais finalement remercier Cambridge University Press d'avoir accordé la permission de traduire cet ouvrage.

Amie L. Thomasson
Miami, août 2011

Supplément bibliographique

EVERETT, Anthony
  (2005) « Against Fictional Realism », *The Journal of Philosophy*, CII/12, pp. 624-649.
FONTAINE, Matthieu et RAHMAN, Shahid
  (2010) « Fiction, Creation, and Fictionality: An Overview ». *Methodos*, 10 (http://methodos.revues.org/2343)
REDMOND, Juan
  (2011) *Logique dynamique de la fiction: pour une approche dialogique*, Col. Cahiers de logique et Epistémologie, London, College Publications, 2011. (ISBN 978-1-84890-032-8)
SAINSBURY, Mark
  (2005) *Reference without Referents*, Oxford, Clarendon Press.
SALMON, Nathan
  (1998) « Nonexistence », *Noûs*, 32/3, pp. 277-319.
SCHIFFER, Stephen
  (1996) « *Language-Created Language-Independent Entities* », *Philosophical Topics*, 24/1, pp. 149-167.
THOMASSON, Amie L.
  — (2010) « Fiction, Existence and Indeterminacy », in John Woods (éd.) *Fictions and Models: New Essays*, Munich, Philosophia Verlag, pp. 109-148.
  — (2009) « Answerable and Unanswerable Questions », in David Chalmers, Ryan Wasserman, David Manley (éds.), *MetaMetaphysics*, Oxford, Oxford University Press, pp. 444-471.
  — (2007a) « Artifacts and Human Concepts », in Stephen Laurence, Eric Margolis (éds.), *Creations of the Mind: Essays on Artifacts and their Representation*, Oxford, Oxford University Press, pp. 52-73.
  — (2007b) *Ordinary Objects*, New York, Oxford University Press.
  — (2007c) « Modal Normativism and the Methods of Metaphysics », *Philosophical Topics*, 35/1-2, pp. 135-160.
  — (2004) « The Ontology of Art », in Peter Kivy (éd.) *The Blackwell Guide to Aesthetics*, Oxford, Blackwell, pp. 78-92.

— (2003a) « Fictional Characters and Literary Practices », *British Journal of Aesthetics*, 43/2, pp. 138-157.
— (2003b) « Speaking of Fictional Characters », *Dialectica*, 57/2, pp. 207-226.
— (2003c) « Foundations for a Social Ontology », in *Protosociology, Vol. 18-19: Understanding The Social II: Philosophy of Sociality*, pp. 269-290.
— (2003d) « Realism and Human Kinds », *Philosophy and Phenomenological Research*, LXVII/3, pp. 580-609.

Remerciements

J'ai commencé à travailler sur la fiction en 1993 pendant un séjour à l'Université de Salzbourg, en Autriche, où j'ai eu l'occasion de présenter mes toutes premières idées autour des fictions au sein d'un Institut de Philosophie vivant et collégial. Dès que j'ai commencé à prendre la mesure de toute l'importance d'une étude des fictions pour la métaphysique, mon travail s'est vite élargi et a énormément progressé grâce aux suggestions et à l'ouverture d'esprit de nombre de philosophes avec lesquels j'ai eu le plaisir de discuter de ces questions.

Je suis particulièrement redevable à David Woodruff Smith ; ce projet aurait été à peine concevable sans ses observations, ses conseils et ses encouragements constants. J'aimerais aussi étendre mes remerciements à Terence Parsons et Edward Zalta qui, malgré les différences de nos positons sur la fiction, ont toujours été extrêmement généreux, efficaces et justes dans leurs commentaires, critiques et suggestions. Merci à Tim van Gelder, Tim Crane, Jonathan Wolff et deux relecteurs anonymes, qui ont lu l'ensemble du manuscrit à différentes étapes et ont proposé nombre de suggestions et commentaires — ils ont énormément contribué à en améliorer la version finale. Merci également aux philosophes suivants pour les discussions fécondes et leurs commentaires : Alan Casebier, Charles Crittenden, Greg Fitch, John Heil, Joshua Hoffman, Michael Gorman, Karel Lambert, David Pitt, Gary Rosenkrantz, Martin Schwab, Peter Simons, et Barry Smith. Pour leur soutien moral ainsi que pour leur lucidité philosophique, j'aimerais également exprimer ma gratitude à Kay Mathiesen, Linda Palmer, Peter Vanderschraaf ainsi qu'à mes collègues de la Texas Tech University.

Certaines versions préliminaires de certaines parties de ce travail ont été publiées auparavant. Un ancêtre du Chapitre 6 a été publié en juin 1996 comme « Fiction and Intentionality » dans *Philosophy and Phenomenological Research*, 56, pp. 277-298. Des parties de mon « Fiction, Modality and Dependant Abstracta » (Kluwer Academic Publishers, *Philosophical Studies*, vol. 84, n° 2-3, décembre 1996, pp. 295-320) sont entrées dans la composition des Chapitres 3 et 7, et y ont été intégrées avec l'aimable autorisation de l'éditeur Kluwer. Une version antérieure du Chapitre 4 est parue dans *Kriterion* avec le titre « The Reference of Fictional Names » (3. Jahrgang, 1993, n° 6, pp. 3-12).

Finalement, le Chapitre 5 réunit deux articles parus dans *Conceptus* : « Die Identität fiktionaler Gegenstände » (vol. XXVII, 1994, n° 70, pp. 77-95) et « Fictional Characters : Dependant or Abstract ? A reply to Reicher's Objections » (vol. XXIX, n° 74, 1996, pp. 119-144). Je remercie les éditeurs de *Philosophy and Phenomenological Research*, *Philosophical Studies*, *Kriterion* et *Conceptus* de m'avoir permis d'utiliser ces documents.

Enfin et surtout, je souhaiterais remercier Peter Lewis, mon mari et ami, d'avoir fait les diagrammes tout au long du texte, d'être un partenaire constant de discussions philosophiques, d'avoir parfois relu et corrigé le texte, de ses critiques, et tout particulièrement de son amour constant et de son soutien. Ce livre lui est dédié.

Amie L. Thomasson

Introduction : De la fiction à la métaphysique

Bien que les exemples issus des fictions et de la mythologie aient longtemps été une source stimulante d'énigmes et de contre-exemples qui ont conduit — de Frege à Kripke, en passant par Russell — à l'élaboration de théories philosophiques, il se trouve que les fictions ont toujours fini par occuper un rôle marginal en métaphysique. Même la petite communauté meinongienne, qui a tant fait pour relancer le débat autour de ce thème, n'a pas aidé à dissiper l'image des fictions comme d'une étrange jungle métaphysique, située au-delà des frontières de la métaphysique traditionnelle.

Derrière cette marginalisation de la fiction, partagée aussi bien par les partisans que par les adversaires des objets fictionnels, se trouve le présupposé suivant : les personnages de fiction sont (à supposer qu'ils soient quelque chose) des entités étranges, monstrueuses, plutôt différentes des objets communs auxquels nous sommes habitués. Les adversaires, effrayés à l'idée qu'accueillir de telles bizarreries nous mène à des contradictions, ont usé de cette nature apparemment monstrueuse des entités fictionnelles comme d'un motif pour les rejeter, sous prétexte qu'elles seraient trop indisciplinées pour être aménagées à l'intérieur d'une théorie. Quant aux partisans, ils ont fièrement et gaiement adopté leurs étranges créatures, proposé des royaumes ontologiques spéciaux pour les loger, et montré comment, en les traitant gentiment, il est possible de s'adapter à leurs drôles de tendances tout en évitant d'être contaminés par les contradictions.

Si on veut reconnaître le rôle central des fictions en métaphysique, il faut donc abandonner un tel présupposé et rappeler la proximité entre les objets fictionnels et les autres entités plus ordinaires. Dans l'approche que je propose ici, les personnages de fiction sont des artefacts abstraits, semblables à d'autres entités tout à fait ordinaires comme les théories, les lois, les gouvernements et les œuvres littéraires, rattachés au monde quotidien qui nous entoure par leurs dépendances aux livres, aux lecteurs et aux auteurs. Je soutiens que le fait de traiter les personnages de fiction comme des artefacts abstraits permet, non seulement une meilleure compréhension de ce que c'est qu'un personnage de fiction, cela montre également la centralité de l'étude des fictions pour d'autres questions de métaphysique.

Les personnages de fiction, dans la mesure où il s'agit d'artefacts culturels et d'entités abstraites, ne sont pas seuls. D'autres objets, des outils aux églises en passant par les écoles, posent les mêmes problèmes que les personnages de fiction : comment concevoir clairement leurs conditions d'identités ? Comment analyser les relations qu'ils entretiennent avec des entités physiques de base ainsi qu'avec les pratiques et les actes intentionnels des individus qui les créent et les communautés dont ils font partie ? Résoudre de tels problèmes pour les personnages de fiction ouvre ainsi la voie pour résoudre ces mêmes problèmes pour d'autres artefacts culturels, abstraits ou concrets.

Et le fait que les personnages de fiction soient abstraits les rend d'autant moins uniques. Cela les baigne plutôt dans la même eau que d'autres entités comme les nombres, les universaux, les lois, les théories et les histoires. Postuler l'une de ces entités abstraites, quelle qu'elle soit, pose des problèmes pour ceux qui sont à la recherche d'une théorie de la référence et de la connaissance qui soit, ne serait-ce qu'en partie, naturaliste. Une fois de plus, résoudre de tels problèmes dans le cas des personnages de fiction veut dire indiquer la voie par laquelle contourner ces mêmes problèmes pour d'autres types d'entités abstraites.

Peut-être encore plus décisif est le fait que les personnages de fiction, dans la mesure où ils combinent les deux caractéristiques d'être des entités abstraites et des artefacts créés, tombent clairement en dehors de la division catégoriale traditionnelle entre particuliers physiques concrets et objets abstraits idéaux. Un traitement adéquat des objets fictionnels et des autres artefacts abstraits nous invite à abandonner des schèmes catégoriels traditionnels qui reposent sur les bifurcations du réel et de l'idéal ou du matériel et du mental. Un système de catégories plus fin devient donc nécessaire, non seulement pour rendre compte des personnages de fiction mais aussi pour rendre justice de toutes ces entités présentes dans le monde de tous les jours, qui vont des artefacts culturels aux institutions sociales, aux objets abstraits tels que les théories, les lois, et les œuvres musicales.

Attribuer aux fictions un rôle accessoire en métaphysique est nuisible non seulement pour les fictions mais aussi pour la métaphysique. Car une étude sérieuse des fictions révèle l'inadéquation des systèmes de catégories traditionnels, montre comment traiter les autres objets abstraits et permet de réexaminer la vieille question de ce qu'il faut admettre dans une ontologie. En m'appuyant sur les résultats de l'étude des fictions, je conclurai en proposant une ébauche de réponse à la question : que faut-il inclure dans notre ontologie ? En admettant des états mentaux, des objets spatio-temporels ainsi que les choses qui dépendent d'eux de diverses manières, nous pouvons, à partir d'une base relativement simple, rendre compte d'un nombre de choses bien plus important qu'on ne le fait d'habitude : une véritable bonne affaire ontologique. Un avantage important de cette proposition est sa capacité d'offrir une meilleure analyse des entités culturelles et des artefacts abstraits en général, parmi lesquels les objets fictionnels qui nous servent de point de départ. Finalement, le problème des objets fictionnels, qui avait l'air d'être un coin marginal de la métaphysique, devient à présent le point de départ pour développer un nouveau cadre métaphysique général, capable de rendre justice à la grande variété d'entités présentes dans le monde qui nous entoure.

PREMIERE PARTIE

La théorie artefactuelle de la fiction

Avant-propos

Les débats autour des fictions commencent d'habitude par la question : faut-il postuler des objets fictionnels ? et ils opposent le partisan des fictions — essayant d'établir que nous ne pouvons absolument pas nous en passer — à l'ennemi des fictions — qui s'efforce de montrer comment éviter de les postuler en paraphrasant les discours qui semblent s'y référer, et en reconsidérant les expériences qui semblent les concerner. Je pense que cette manière d'approcher la fiction est doublement erronée.

La première erreur consiste à aborder la question des objets fictionnels sans avoir préalablement établi de quel type de choses il s'agirait. On ne peut pas mesurer les avantages et les inconvénients possibles dérivant de l'introduction d'entités fictionnelles dans notre ontologie, sans avoir d'abord une idée claire du type d'entités dont il s'agit, et sans avoir déterminé les types de rapports que les personnages de fiction sont censés entretenir avec d'autres entités susceptibles de faire partie de notre ontologie. De vagues craintes à l'égard des personnages de fiction, censés être trop désordonnés ou trop étranges, portent souvent à la décision d'éviter à tout prix les objets fictionnels : en postuler l'existence nous attirerait des ennuis. Mais le seul moyen de savoir si ces craintes sont justifiées est de comprendre ce que ces entités pourraient bien être. C'est pourquoi, dans une première partie je proposerai de reporter la question de l'existence des objets fictionnels, et je commencerai plutôt par une question plus simple : si nous postulions l'existence des objets fictionnels, que pourraient-ils bien être ? Pour répondre à cette question, je commencerai par élaborer la *théorie artefactuelle* de la fiction. Puisque selon cette approche, les personnages de fiction se révèlent être des objets foncièrement dépendants, des entités dépendant à plusieurs égards de plusieurs entités, l'outil principal requis pour développer cette conception des personnages de fiction sera une théorie de la dépendance. Après avoir utilisé cette théorie de la dépendance pour élaborer plus en détail l'idée que les personnages de fiction sont des objets abstraits, je montrerai comment une telle idée permet d'aborder deux questions centrales qu'on considère d'habitude comme des véritables pierres d'achoppement interdisant de postuler l'existence des personnages de fiction : comment fait-on référence aux fictions ? De quelle façon peut-on établir des conditions d'identité les concernant ? Trouver des réponses à ces questions devra permettre, à la fois, de dissiper les craintes que poussent certains à rejeter les objets fictionnels et de montrer plus en détail le mode de fonctionnement de la théorie artefactuelle, dans le but de mieux examiner les avantages et les inconvénients liés à l'adoption des personnages de fiction.

Mais concevoir les débats sur la fiction comme si la question principale était d'établir si on peut se passer des personnages de fiction serait tout aussi faux. La bonne manière de poser la question de ce qu'il faut admettre dans une ontologie ne consiste pas à se demander si, éventuellement, nous pouvions éviter d'en postuler moyennant des réinterprétations radicales de l'expérience et du langage. Prendre des décisions ontologiques est une question de pondération : il importe moins de savoir si finalement on peut éliminer les personnages de fiction, que d'établir si on arrive à proposer une meilleure théorie générale avec ou sans eux. Pour juger correctement de la situation, il nous faut donc évaluer, d'une manière pondérée, autant les théories qui postulent les personnages de fictions que celles qui ne les postulent pas ; et il faut les évaluer à partir de leur capacité à analyser de façon adéquate notre expérience et notre langage, de leur relative parcimonie ontologique et de leur élégance. Dans la deuxième partie, je reprendrai la question de savoir si, tout compte fait, nous devons ou non postuler l'existence des personnages de fiction tels qu'ils sont décrits dans la première partie.

Chapitre 1

Et si on postulait des objets fictionnels, de quoi s'agirait-il ?

Si nous devions postuler des personnages de fiction, il serait raisonnable de les considérer comme des entités capables de satisfaire ou, au moins, de rendre compte de nos pratiques et de nos croyances les plus fondamentales à leur sujet. Mais, souvent, les théories de la fiction ne sont pas motivées par un intérêt authentique à l'égard de ce qui est nécessaire pour comprendre les discours et les pratiques relatifs aux fictions, mais par le désir de montrer comment les personnages de fiction peuvent trouver leur place dans une ontologie préconçue des objets possibles, non-existants, abstraits, etc., le but étant soit de montrer une nouvelle application avantageuse de l'ontologie en question, soit de fournir des exemples accrocheurs et familiers. Au lieu de partir d'une ontologie toute prête et de voir comment nous pouvons y caser les personnages de fiction, je propose de commencer par regarder de près nos pratiques littéraires afin de déterminer quelles sortes de choses pourraient leur correspondre le mieux. Je commencerai donc par discuter les types d'entités vis-à-vis desquelles nos pratiques de lecture et de discussion des œuvres de fiction semblent nous engager, et je proposerai la *théorie artefactuelle* des fictions comme un bon moyen de caractériser ce type d'entités qui semblent le plus aptes à agir en personnages de fiction.

Ce que les personnages de fiction sont censes etre

Les objets fictionnels dont je parle ici comprennent des personnages comme Emma Woodhouse, Sherlock Holmes, Hamlet, et Tom Sawyer : des personnages qui apparaissent dans des œuvres littéraires et dont nous suivons les vicissitudes en les lisant[1]. Dans nos discussions ordinaires sur la littérature, il nous arrive de parler des personnages de fiction comme d'entités créées, qui commencent à exister à partir d'un moment déterminé, grâce aux actes d'un auteur. Si quelqu'un affirmait que George Washington était un grand fan de Sherlock Holmes, nous objecterions qu'aux temps de Washington, il n'y avait pas de Sherlock Holmes — le personnage de Holmes n'ayant été créé qu'en 1887. Le terme « fiction » dérive du latin *fingere*, qui signifie « former », et le sens exprimé par cette racine linguistique est toujours présent dans nos pratiques discursives ordinaires, où on considère les personnages de fiction comme des entités formées, grâce au travail de composition d'une d'œuvre de fiction par un (ou plusieurs) auteur(s)[2]. Normalement, on ne dirait pas que les auteurs d'œuvres de fiction découvrent leurs personnages ou qu'ils les sélectionnent à l'intérieur d'un ensemble omniprésent d'objets abstraits, non-existants ou possibles. Nous dirions plutôt que les auteurs inventent leurs personnages, qu'ils les fabriquent ou les créent et qu'il n'y a pas d'objet fictionnel avant que celui-ci ne soit livré par l'acte d'écriture d'un auteur. Une idée centrale dans notre compréhension ordinaire de la fiction est que les auteurs sont des êtres vraiment créatifs, car ils inventent des personnages de fiction. D'ailleurs, parmi les qualités d'un auteur qui suscitent le plus d'admiration, il y a sans doute celle d'inventer des personnages attachants et nuancés plutôt que des simples clichés (si bien que, parfois, nous nous estimons heureux que certains personnages

---

[1] Le terme « personnage de fiction », tel que je l'utilise ici, n'indique pas seulement les personnes décrites à l'intérieur d'une histoire ; en effet, on pourrait analyser de la même manière les animaux de fiction, les objets inanimés, les événements et les processus fictionnels, car ils partagent tous ce même statut. De même, le fait de me concentrer sur le cas des fictions littéraires a pour seul but de rendre notre examen plus précis et détaillé, mais je ne souhaite pas exclure qu'il puisse y avoir quelque chose comme des personnages de fiction apparaissant dans des œuvres de peinture, en imagination, ou même dans une hallucination. La théorie développée ici devrait pouvoir indiquer aussi des pistes de réflexion pour traiter ces cas. Cela dit, je ne crois pas qu'il faille présupposer que les problèmes soulevés par ces cas de soi-disant entités fictionnelles ou imaginaires soient partout les mêmes, ni que la théorie ici développée s'y applique d'une manière automatique.

[2] Il est d'ailleurs révélateur que « produit » soit rangé en tête de liste parmi les significations de l'entrée « Fiction » du *Thesaurus* de Roget, Cela suggère à nouveau l'idée selon laquelle les personnages de fiction seraient, littéralement, des productions.

comme Sherlock Holmes aient pu être créés, alors que, si l'activité médicale d'Arthur Conan Doyle avait été plus chargée, il aurait pu en être autrement).

En somme, si nous devions postuler des personnages de fiction à même de satisfaire nos pratiques discursives ordinaires, nous devrions les considérer comme des entités qui peuvent venir à l'existence seulement grâce aux actes mentaux et physiques d'un auteur. Il s'agirait donc d'entités essentiellement créées. Si on admet que les personnages de fiction sont des entités créées, une nouvelle question se pose. Doivent-ils juste être créés à un moment quelconque, par une personne quelconque, ou est-ce que l'identité d'un personnage de fiction est, d'une certaine manière, rattachée à son origine particulière par le travail d'un (ou plusieurs) auteur(s) particulier(s) appartenant à une tradition littéraire particulière ? Nos croyances irréfléchies au sujet des fictions pourraient ne pas être capables de répondre clairement à cette question ; mais notre but ici est d'esquisser une théorie des personnages de fiction qui corresponde autant que possible à nos pratiques langagières telles qu'elles se manifestent, par exemple, dans les études de critique littéraire consacrées aux fictions. Et l'examen de ces pratiques critiques nous fait plutôt pencher vers la deuxième option : les personnages de fiction n'ont pas seulement à être créés, ils sont aussi nécessairement rattachés à leur origine particulière.

Supposons qu'un étudiant tombe sur deux personnages littéraires extrêmement ressemblants : l'un comme l'autre sont des femmes de chambre, elles refusent toute tentative de séduction, et ainsi de suite. A quelles conditions dirions-nous que nous sommes en présence de deux ouvrages qui portent sur un seul et même personnage de fiction ? Nous ne dirions sans doute que ces deux ouvrages portent sur le même personnage que si nous avions des raisons de croire qu'ils ont une origine commune — si, par exemple, l'un est la suite de l'autre, ou s'il s'agit de deux variantes d'un même mythe originel. Les critiques littéraires marquent cette différence en distinguant les « sources » d'un auteur lorsqu'il rédige son ouvrage, de ce que l'on appelle des simples « analogues », à savoir des personnages ou des ouvrages qui sont accidentellement similaires. Si on arrive à montrer que l'auteur du dernier ouvrage avait une connaissance intime de l'ouvrage précédent, alors on a des bonnes raisons de dire que les deux ouvrages portent sur le même personnage (à l'image, par exemple, de Pamela Andrews dans les romans de Richardson et de Fielding). Mais si quelqu'un arrivait à prouver que les auteurs des deux ouvrages n'ont eu aucun rapport, qu'ils ne puisaient pas non plus à une même source commune, et qu'ils travaillaient à partir de traditions et de sources différentes, on devrait sans doute en conclure que l'étudiant a, au mieux, découvert une coïncidence : des individus et des cultures différentes ont produit des personnages analogues extrêmement ressemblants.

Si nous souhaitons postuler des objets fictionnels conformes à nos pratiques d'identification ordinaires, il paraît donc que nous devrions considérer les personnages de fiction comme des entités dont la venue à l'existence dépend des actes particuliers de(s) leur(s) auteur(s). Certes, le processus de création d'un personnage particulier peut être délayé : celui-ci peut avoir été créé par plusieurs auteurs, sur une longue période de temps, il peut impliquer plusieurs membres d'une tradition de conteurs, etc. Mais le fait que le processus de création d'un personnage de fiction puisse être délayé ne remet pas en cause la thèse générale selon laquelle, quel que soit le processus de création d'un personnage donné, le fait de venir à l'existence dépend de certains actes de création particuliers. Une telle condition n'est pas seulement en accord avec les pratiques d'identification des personnages par la critique littéraire, mais (comme on le verra au Chapitre 5) elle est tout aussi cruciale pour le traitement de l'identité d'un personnage de fiction à travers des suites, des parodies, et d'autres créations littéraires différentes.

Il est clair cependant qu'une fois créé, un personnage de fiction peut exister sans son auteur et ses actes de création, car son existence est désormais préservée par des œuvres littéraires qui peuvent survivre longtemps à la mort de leur auteur. Si nous considérons les personnages de fiction comme des créations et nous sommes prêts à accepter l'idée qu'ils ont été inventés par des auteurs lors de la création d'œuvres littéraires, et qui existent du fait de leur apparition dans de telles œuvres, alors nous devrions accepter aussi la conclusion suivante : pour que l'existence d'un personnage de fiction soit préservée, il est nécessaire que l'existence des œuvres littéraires qui les concernent le soit aussi. Nous venons de découvrir une deuxième forme de dépendance : les personnages dépendent des actes créatifs de leur(s) auteur(s) pour entrer dans l'existence et ils dépendent des œuvres littéraires pour y rester[3]. Mais cela pose

---

[3] Si j'insiste à parler d'une manière spécifique des personnages de fiction *en tant que* fictions littéraires, je ne souhaite pas exclure qu'il puisse y avoir des personnages de fiction non-littéraires, susceptibles d'apparaître dans des films, des peintures, ou des actes d'imagination. Les conditions sous lesquelles un même personnage peut être représenté par d'autres médias devraient faire l'objet d'une

à nouveau la question de savoir si la survie des personnages de fiction dépend d'une œuvre particulière, ou si, pour continuer à exister, ils ont juste besoin d'apparaître dans une œuvre littéraire quelconque. La réponse me semble claire : un personnage peut survivre aussi longtemps qu'il existe au moins une œuvre dans laquelle il apparaît. Si nous ne pouvions pas admettre qu'un même personnage puisse apparaître dans plusieurs œuvres littéraires, ou même dans des éditions légèrement différentes d'une même œuvre, nous serions incapables d'expliquer pourquoi les critiques littéraires parlent d'évolution d'un personnage à travers différents œuvres, ou d'admettre que les lecteurs des différentes éditions de *Gatsby le Magnifique* parlent du même Jay Gatsby. En somme, nous serions obligés de postuler plusieurs personnages là où il ne devrait y en avoir qu'un seul. Pour éviter cette conclusion, il nous faut donc admettre qu'un personnage qui apparaît dans plusieurs œuvres peut continuer à exister, pourvu qu'il existe au moins une de ces œuvres littéraires qui le concernent. Par conséquent, même si *Un scandale en Bohême* devait disparaître, le personnage de Sherlock Holmes continuerait d'exister, pourvu que d'*autres* ouvrages dans lesquels il apparaît continuent d'exister. Si le personnage de fiction dépend d'une œuvre littéraire pour poursuivre son existence, l'existence d'*une* œuvre, quelle qu'elle soit, dans laquelle il apparaît suffit pour qu'il puisse continuer à exister[4].

Cette dépendance du personnage à l'égard de l'œuvre littéraire nous contraint à poser une nouvelle question : si un personnage dépend d'une œuvre littéraire, de quoi l'œuvre littéraire dépend-elle ? A quel moment peut-on dire qu'une œuvre littéraire existe ? Dans la mesure où les personnages dépendent des œuvres littéraires, ce dont les œuvres littéraires dépendent est aussi, en fin de compte, ce dont les personnages dépendent. Or, la critique littéraire considère les œuvres de littérature non pas comme des successions abstraites de mots ou de concepts n'attendant qu'à être découvertes, mais comme des créations : elles sont créées par un individu particulier ou un groupe, à un moment particulier et dans des contextes sociaux et historiques particuliers. Il paraît donc que les œuvres littéraires, tout comme les personnages de fiction qui en

---

étude à part qui devrait néanmoins suivre la même piste empruntée dans le Chapitre 5 pour analyser l'identité trans-textuelle des personnages.
[4] Dans le Chapitre 5 que nous allons essayer de répondre plus en détail à la question : dans quelle mesure pouvons-nous affirmer qu'un seul et même personnage apparaît dans deux ou plusieurs histoires ?

dépendent, ont besoin d'être créées (par un auteur ou plusieurs auteurs, à un moment déterminé etc.) pour venir à l'existence.

En outre, tout comme celle des personnages, l'existence des œuvres littéraires dépend d'une manière rigide des actes de leurs auteurs particuliers. Par conséquent, même si deux auteurs composaient par coïncidence les mêmes mots dans le même ordre, ils n'auraient pas pour autant composé la même œuvre. Une manière de montrer le rôle essentiel joué par l'origine d'une œuvre à l'égard de son identité consiste à remarquer que les œuvres littéraires possèdent des propriétés différentes en fonction de l'époque et des circonstances de leur création et de leur créateur. En vertu du fait qu'elle apparaît à différents moments de l'histoire littéraire, sociale et politique, qu'elle nous est livrée par un auteur différent ou qu'elle occupe une place différente au sein de son œuvre, une seule et même suite de mots peut être le support de deux œuvres littéraires très différentes, avec une esthétique et des propriétés artistiques différentes[5]. La même suite de mots qui apparaît dans *La Ferme des Animaux* aurait pu avoir été écrite en 1905, mais une telle œuvre littéraire n'aurait pas pu avoir la propriété d'être une satire de l'Etat stalinien, caractéristique qui est en revanche tout à fait centrale dans la fable d'Orwell. Si les mêmes mots du *Portrait de l'artiste en jeune homme* avaient été écrits par James Joyce non pas en 1916, mais après la parution d'*Ulysse*, en 1922, un tel ouvrage n'aurait pas eu la propriété d'exhiber un usage de la langue extrêmement original, propriété qui revient certainement au *Portait de l'artiste* paru en 1916. De deux romans policiers où on trouve la même suite de mots, l'un écrit en 1816 et l'autre de nos jours, tous les deux finissant par la phrase « l'assassin est le majordome », le premier aurait sans doute la propriété d'avoir un final inattendu, pas le deuxième. Un scénario écrit en 1913 avec la même suite de mots du *Nixon* d'Oliver Stone, ne pourrait avoir les propriétés de porter sur Richard Nixon (le vrai), d'en brosser un portrait positif, d'être révisionniste, truffé de conjectures etc. On pourrait évoquer d'autres cas semblables, susceptibles de montrer qu'un grand nombre de propriétés esthétiques et artistiques centrales dans nos discours au sujet des œuvres littéraires (comme lorsqu'on dit d'une œuvre qu'elle est d'un grand modernisme, qu'il s'agit d'une parodie, qu'elle est horri-

---

[5] Dans Levinson 1990, pp. 68-73, l'auteur présente des arguments semblables pour montrer qu'une œuvre musicale est autre chose qu'une structure purement sonore.

fique, réactionnaire, extrêmement détaillée, qu'il s'agit de la reprise d'une vieille histoire etc.) dépendent du contexte et des circonstances de la création, si bien que des œuvres littéraires peuvent être fondées sur les mêmes suites de mots sans avoir les mêmes propriétés esthétiques et artistiques. De telles propriétés semblent, du moins dans certains cas, essentielles à l'œuvre littéraire ; le fait d'être une satire est, par exemple, essentiel à *La Ferme des Animaux* en tant qu'œuvre littéraire. Pour cette raison, il est préférable de concevoir une œuvre littéraire non pas comme une suite abstraite de mots mais comme un artefact qui a dû être créé dans les circonstances particulières dans lesquelles il a été créé.

Il est clair que, tout comme les personnages de fiction, les œuvres littéraires, une fois créées, peuvent survivre à la mort de leur auteur ; en effet, la grande majorité des œuvres littéraires que nous avons aujourd'hui continuent d'exister en dépit de la mort de leurs auteurs. Mais est-ce qu'une œuvre littéraire, une fois créée, existe à tout jamais, ou peut-elle à nouveau cesser d'exister, après avoir été créée ? Si on prend au sérieux l'idée que les œuvres littéraires sont des artefacts créés à un moment donné, il semble naturel d'admettre que, comme tous les autres artefacts (des parapluies aux syndicats, aux universités etc.) ils puissent également être détruits. Il serait étrange d'affirmer que les histoires perdues des anciennes civilisations existent encore. Au contraire, l'une des choses qu'on regrette le plus de la destruction des cultures (qu'il s'agisse des Grecs anciens ou des Indiens d'Amérique) est la disparition des leurs histoires et des mondes qu'elles ont créés. Nous traitons les récits littéraires comme des entités qui peuvent cesser d'exister, qui parfois demandent des efforts spéciaux et des projets gouvernementaux pour être préservées (par exemple, en enregistrant les contes populaires oraux des Appalaches) ou qui peuvent être détruits par un auteur caractériel qui décide de brûler son manuscrit inédit. Traiter les œuvres de littérature comme des entités qui peuvent être détruites, du moins si on en détruit tous les exemplaires et tous les souvenirs, découle naturellement du fait de les considérer comme des artefacts culturels plutôt que comme des entités abstraites de type platonicien.

Pourtant, nombreux sont ceux qui ne pensent pas que les œuvres littéraires pourraient cesser d'exister après avoir été créées. L'idée que les œuvres littéraires, si elles existent, doivent (une fois créées) exister éternellement me semble héritée d'une forme de platonisme qui ramène toutes les entités abstraites au royaume de l'intemporel et de l'immuable. Mais elle me semble surtout procéder d'une manière de concevoir les œuvres littéraires comme, en gros, des suites de mots ou de concepts susceptibles de survivre à la destruction de tous leurs exemplaires. Héritière du platonisme, cette position devrait perdre beaucoup de son attrait à la lumière des arguments que nous venons d'avancer : les œuvres littéraires sont plutôt des artefacts individués, en partie, par les circonstances particulières de leur création.

Mais mis à part cette forme de platonisme persistant, l'idée que les œuvres littéraires ne sauraient cesser d'exister semble suggérée aussi par nombre d'expressions idiomatiques. Ne parlons-nous pas souvent non pas d'œuvres *détruites* ou *défuntes* mais d'œuvres *perdues*, comme si tout ce qu'on avait perdu était juste notre capacité à retrouver les œuvres de ces auteurs anciens, négligents ou caractériels (toujours existantes) ? Mais cette habitude langagière se laisse facilement expliquer sans avoir à adopter cette étrange position selon laquelle les œuvres littéraires, une fois créées, existent éternellement en dépit même de la destruction de la totalité du monde réel. L'explication est simple : dans la mesure où une œuvre littéraire n'a besoin d'aucun exemplaire *particulier* pour continuer d'exister, il est difficile d'être certain qu'il ne reste vraiment *aucun* exemplaire de l'œuvre en question, caché quelque part, grâce auquel l'œuvre littéraire elle-même continue d'exister. Qui sait tout ce qui peut bien être caché dans les couloirs du magasin de la bibliothèque Bodléienne ? Un ancien sonnet perdu de Shakespeare y a été retrouvé il n'y a pas longtemps. A la différence du cas de la peinture unique, dont nous pouvons trouver les cendres, dans le cas d'une œuvre littéraire nous pouvons toujours espérer que l'un de ses exemplaires se trouve encore caché quelque part (dans une bibliothèque, une cave, ou dans une mémoire parfaite) et que donc l'œuvre littéraire elle-même puisse être « retrouvée ». Preuve en est le fait que, même si nous parlons habituellement d'œuvres anciennes ou d'œuvres du passé comme d'œuvres « perdues », dans le cas d'un manuscrit récent brûlé par son auteur, nous avons plutôt tendance à dire que cette œuvre a été tout simplement « détruite », et non juste perdue. Mais rien de tout cela ne contrevient à l'idée que si tous les exemplaires et tous les souvenirs d'une œuvre littéraire étaient détruits ou définitivement perdus, l'œuvre littéraire elle-même disparaîtrait aussi. L'œuvre littéraire serait alors « perdue » non pas au sens où je pourrais perdre mes clés, mais au sens où on dirait d'un cuirassé qui se fait couler qu'il est « perdu », ou encore d'un médecin qu'il risque de « perdre » son patient.

Si nous considérons les personnages de fiction comme des créations qui ne doivent leur existence qu'aux œuvres littéraires dans lesquelles ils apparaissent, et si toutes les œuvres où apparaît un personnage peuvent cesser d'exister, alors le personnage de fiction lui-même peut disparaître aussi. Il en découle que, par exemple, si tous les exemplaires des œuvres où il est question d'une certaine héroïne de la Grèce ancienne étaient détruits, et qu'il était impossible autant de les retrouver que de s'en souvenir, alors cette héroïne aurait tout simplement cessé d'exister avec ces œuvres, en devenant ainsi un objet fictionnel « perdu » (un peu comme on dit d'une personne qui meurt qu'elle a « perdu » sa vie, ou qu'elle a « perdu » son statut de personne pour ne devenir qu'un simple objet matériel concret). Si nous prenons au sérieux l'idée que les personnages de fiction sont des artefacts, il est donc naturel de les considérer comme des objets susceptibles d'être détruits comme n'importe quel autre artefact[6]. Par conséquent, les personnages de fiction, tout comme les œuvres littéraires dans lesquelles ils apparaissent, peuvent disparaître avec la disparition de la culture littéraire à laquelle ils appartiennent.

Mais contre l'idée que tant les personnages de fiction que les œuvres littéraires peuvent cesser d'exister, on pourrait objecter qu'il est toujours possible de les penser ou de s'y référer, même après que les textes sur lesquels ils se fondent ont été détruits. Mais en quoi cela serait-il différent pour les autres objets périssables et les artefacts ? Nous pouvons toujours penser et nous référer à des personnes après leur mort, à des bâtiments après leur destruction et à des civilisations longtemps après leur disparition. En affirmant que les personnages de fiction et les œuvres littéraires cessent d'exister, je ne veux pas suggérer qu'après leur « mort », ils déménagent dans un royaume Meinongien de non existence, ni qu'ils n'ont jamais véritablement existé. Je suis d'avis plutôt qu'ils deviennent des objets passés, tout comme n'importe quel objet contingent autour de nous. Certes, le problème de savoir comment nous pouvons penser et

---

[6] Le malaise à l'égard de l'idée que les personnages de fiction puissent cesser d'exister dérive, probablement, d'un malaise plus profond à l'égard de l'idée même que les personnages de fiction puissent tout simplement exister. Dans le Chapitre 7 j'essayerai de proposer une interprétation de ces énoncés où on soutient que les personnages de fiction n'existent pas.

nous référer à des objets du passé n'est pas simple, mais il n'est pas spécifique aux fictions.

Généralement, une œuvre littéraire continue d'exister grâce à la présence d'un exemplaire quelconque du texte en question (que ce soit en version papier, pellicule, cassette, ou CR-ROM). C'est de cette manière que la littérature des temps passés nous a été transmise. Cependant, même si des mots imprimés sur une page arrivaient à survivre jusqu'à nous, cela ne suffirait pas à assurer la survie de l'œuvre. Car, nous l'avons vu, une œuvre littéraire n'est pas un simple ensemble de signes écrits sur du papier, mais de la reproduction inter-subjectivement accessible d'une histoire au moyen d'une langue partagée. Tout comme une langue « meurt » s'il n'y a plus d'individus capables de l'accueillir et de la comprendre, il en va de même pour les œuvres littéraires qui reposent justement sur du langage. Une œuvre littéraire en tant que telle peut exister aussi longtemps qu'il y a des individus ayant les compétences linguistiques et les connaissances d'arrière-fond nécessaires pour la lire et la comprendre. Si tout sujet agissant et conscient était détruit, alors il ne resterait rien des œuvres littéraires ou des personnages représentés en elles, rien d'autre que de l'encre sur du papier. De même, si tous les usagers d'une langue disparaissaient, et s'il n'y avait aucun moyen d'en réapprendre les règles d'usage, les œuvres littéraires propres à cette langue disparaîtraient aussi[7]. En conséquence, si on veut préserver une œuvre littéraire, le fait d'en garder des documents imprimés ou enregistrés est certes une condition nécessaire mais pas suffisante — il faut préserver aussi l'existence de lecteurs compétents. Préserver des lecteurs compétents *et* des textes imprimés suffit à préserver des œuvres littéraires.

Il existe toutefois d'autres cas où on peut préserver des œuvres littéraires en l'absence de tout exemplaire imprimé du texte. Dans les traditions orales, par exemple, l'œuvre est préservée dans la mémoire, même lorsqu'elle n'est pas récitée ou entendue. Il semblerait d'ailleurs que (comme dans *Fahrenheit*

---

[7] Il est toujours possible, cependant, que les histoires et les personnages qu'elles représentent puissent être récupérés sur la base de ces textes, pourvu qu'on arrive à redécouvrir et à apprendre à nouveau la langue dans laquelle ils sont écrits. Qu'un personnage ou une histoire puissent exister, cesser d'exister, et exister à nouveau n'est pas étrange ; si les personnages de fiction et les histoires ne sont pas des entités situés de façon spatio-temporelle, il ne devrait y avoir aucune de raison de considérer la continuité spatio-temporelle comme une condition d'identité.

451) pendant des périodes de censure, il ait été possible de préserver une œuvre dont tous les exemplaires imprimés ont été détruits, par le souvenir. Même si, en général, l'existence d'une œuvre littéraire dépend de l'existence d'un texte imprimé et compréhensible, cette condition n'est, au fond, pas nécessaire. Le souvenir latent d'une œuvre (prêt à en produire un exemplaire oral ou écrit le moment venu) peut suffire à la garder en vie[8]. On peut dire ainsi qu'afin de persévérer dans son existence, un personnage de fiction dépend *génériquement* de l'existence d'une œuvre littéraire ; une œuvre littéraire, à son tour, n'existe que si elle est tenue en vie par l'exemplaire d'un texte et par une communauté de lecteurs compétents ou par des souvenirs[9].

En somme, tout se passe comme si, en postulant des entités qui correspondent à nos croyances ordinaires et à nos pratiques relatives aux personnages de fiction, nous devrions en conclure qu'il s'agit d'entités qui dépendent 1) des actes créatifs d'un auteur pour *venir à l'existence*, et 2) d'une autre entité concrète (par exemple un exemplaire du texte) ainsi que d'un public compétent pour *continuer à exister*. En ce sens, les objets fictionnels sont loin d'être les habitants d'un royaume ontologique séparé. Bien au contraire, en raison de leur double dépendance à l'égard des objets concrets spatiotemporels et des actes intentionnels, ils sont intimement liés eux entités ordinaires. En outre, il ne s'agit pas d'entités bizarres ou insolites, car ils exhibent les mêmes rapports de dépendance qui caractérisent tout un pan d'objets divers comme les tables et les chaises, les institutions sociales ou les œuvres d'art.

Les artefacts de toute espèce, des tables et des chaises aux outils et aux machines, partagent en effet avec les personnages de fiction une caractéristique commune, à savoir le fait d'être créés par des êtres intelligents. On pourrait penser cependant que c'est le mode de création des personnages de fiction qui les rend étranges, et bien qu'on ne puisse pas créer une table, un grille-pain ou une automobile simplement en les décrivant, les personnages de fiction ne sont créés que par des mots, par ces mêmes mots qui les décrivent comme étant tels

---

[8] Naturellement, ce souvenir doit être celui d'un individu qui en comprend le sens. Si quelqu'un se limitait à mémoriser les bons sons dans le bon ordre sans comprendre leur sens, en plus du souvenir des sons il faudrait également l'existence d'un public à même de les comprendre.

[9] Des conditions d'identité plus précises au sujet des histoires seront présentées dans le Chapitre 5.

ou tels. Par exemple, pour qu'un personnage de fiction soit créé, l'acte d'écriture de son auteur suffit. En effet, c'est en écrivant la phrase :

> Emma Woodhouse, belle, intelligente et riche, avec une maison confortable et une joyeuse disposition, semblait réunir les meilleures grâces de l'existence. Et elle avait vécu près de vingt-deux ans dans un monde avec peu de choses pour l'inquiéter ou la vexer.

...que Jane Austen crée le personnage de fiction Emma Woodhouse, la faisant venir ainsi à l'existence (en supposant qu'elle n'existait pas auparavant). Mais le fait qu'un personnage puisse être créé simplement par de tels actes de langage ne devrait poser aucune difficulté particulière pour une théorie de la fiction. On a longtemps remarqué qu'un aspect commun des actes dit illocutionnaires, conventionnels ou effectifs, tels que désigner, démissionner, renvoyer ou marier est justement dans le fait qu'ils font venir à l'existence les états de choses dont il est question. Ainsi, par exemple, celui qui célèbre un mariage déclare un couple mari et femme, une déclaration qui crée par elle-même le nouveau statut du couple : être mari et femme[10]. Il a été récemment remarqué qu'un aspect commun à beaucoup d'entités culturelles et institutionnelles est le fait de pouvoir venir à l'existence par le simple fait d'être représentées comme existantes. Searle discute cette caractéristique générale en utilisant l'exemple de l'argent. Sur les billets d'un dollar on peut lire :

> « Ce billet est le cours légal pour toutes les dettes, publiques ou privées ». Mais cette représentation est désormais, au moins en partie, une déclaration : elle crée le statut institutionnel en le représentant comme existant. Elle ne représente pas un quelconque phénomène naturel pré-linguistique[11].

De même, on peut passer un contrat simplement en prononçant les mots « Je promets par la présente que » et Searle arrive même à considérer comme une caractéristique générale de toute réalité institutionnelle le fait qu'elle ne puisse exister que dans la mesure où elle est représentée comme exis-

---

[10] Pour une discussion de tels actes linguistiques « effectifs » et de la situation institutionnelle qu'ils produisent cf. Bach et Harnish 1979, pp. 113-115.
[11] Searle 1995, p. 74 ; tr. fr. p. 101.

tante (cf. Searle 1995, pp. 62-63 ; tr. fr. pp. 86-88)[12]. On peut donc proposer un parallèle avec les personnages de fiction : tout comme on peut faire exister un mariage, un contrat ou une promesse par la simple production d'actes de langage les représentant comme existant, un personnage de fiction peut être créé par le simple fait d'être représenté dans une œuvre littéraire. S'il n'y a pas d'objet préexistant auquel Austen aurait pu se référer en écrivant les mots qu'on vient de citer, c'est que le simple fait de les écrire fait exister l'objet qu'ils décrivent : le personnage de fiction Emma Woodhouse[13]. Ainsi, le fait d'être créés, non pas à partir d'un travail laborieux sur des matériaux physiques, mais à partir d'un acte de production langagière ne suffit pas à mettre les personnages de fiction dans une situation étrange. Au contraire, cela montre une fois de plus que leur place est plutôt à côté des objets culturels. La conscience humaine est créative et c'est cette créativité qui nous rend capables de multiplier nos chances de survie, en faisant des projets et en imaginant des scénarios possibles pour des situations qui ne nous sont pas concrètement données. C'est cette même créativité qui rend possible un monde humain fait de gouvernements, d'institutions sociales, d'œuvres d'art, et même de personnages de fiction — un monde culturel bâti grâce à nos représentations intentionnelles sur la base d'un monde physique indépendant[14].

---

[12] A mon avis, il est exagéré d'affirmer que tous les faits institutionnels peuvent exister seulement à condition d'être représentés comme existants. Je dirais plutôt que les faits institutionnels dépendent de l'intentionnalité mais qu'ils ne dépendent pas toujours du fait d'être représentés par nous comme étant tels ou tels. Un état de récession, par exemple, dépend du système économique, qui dépend à son tour de l'intentionnalité humaine ; mais on peut vivre dans une période de récession sans que personne ne le représente. Dans tous les cas, cependant, Searle a certainement raison de dire que beaucoup de faits institutionnels peuvent venir à l'existence dans la mesure où ils sont représentés comme existants et qu'ils exigent donc des représentations pour exister. C'est cet élément commun qu'il est important de développer ici.

[13] Au Chapitre 6, je développe et je défends une *théorie de l'intentionnalité qui fait recours aux objets intentionnels*. Il s'agit d'une théorie selon laquelle chaque acte intentionnel a un contenu et un objet. C'est d'ailleurs cette capacité créative de l'intentionnalité, permettant d'établir une référence à l'objet même si d'objets il n'y en a pas, qui assure la présence d'un objet pour tout type d'acte intentionnel.

[14] On trouvera des analyses ultérieures du thème du monde humain en tant que dépendant de l'intentionnalité dans mon étude Thomasson 1997.

Les personnages de fiction ne sont pas les seuls à avoir besoin de certaines formes de compréhension et de pratiques humaines afin d'être créés et préservés. On a souvent affirmé que les œuvres d'art en général ne sont pas des simples objets physiques et qu'elles dépendent plutôt, à la fois, d'une instanciation dans une forme physique (une interprétation, une toile ou un exemplaire imprimé), et — pour ce qui est de leurs propriétés intentionnelles comme l'expressivité et le sens — des actes intentionnels des hommes[15]. De même, on peut sans doute caractériser les faits institutionnels et culturels comme l'argent, les contrats, la propriété etc., à partir de leur dépendance non seulement à l'égard de certains objets physiques (comme des bouts de papier avec une certaine histoire) mais aussi de la permanence de certaines formes d'entente humaine[16]. Pour que quelque chose soit de l'argent, il ne suffit pas d'avoir un bout de papier avec une certaine histoire, encore faut-il que celui-ci soit accepté autant une première fois que continuellement par un ensemble de personnes qui acceptent de le considérer comme de l'argent dans une société particulière.

En somme, mon idée est que les personnages de fiction sont une espèce particulière d'artefacts culturels : comme les autres objets culturels, ils dépendent de l'intentionnalité humaine pour exister ; et comme tout autre objet culturel, ils peuvent cesser d'exister ou devenir des objets du passé. C'est en traitant d'une manière essentielle les personnages de fiction comme des artefacts culturels ordinaires, (et non comme les drôles d'habitants d'un autre royaume) que la théorie artefactuelle s'écarte le plus nettement des autres traitements des objets fictionnels. Mais le fait de les traiter comme des artefacts culturels rend l'étude des objets fictionnels encore plus intéressant pour la philosophie, car l'ontologie des fictions peut servir de modèle pour l'ontologie des autres objets sociaux et culturels du monde de tous les jours.

Il est peut être utile maintenant de situer la théorie artefactuelle dans l'espace conceptuel du débat contemporain, en l'opposant rapidement avec d'autres théories visant également à déterminer le statut des objets fictionnels. Certains des avantages de notre théorie apparaîtront seulement plus tard,

---

[15] Cf., par exemple, Margolis 1987, pp. 257-259. On peut trouver d'autres arguments en faveur de la thèse que les œuvres d'art (ou, du moins, quelques-unes d'entre elles) ne sont pas des entités physiques dans Wollheim 1968, §§ 4-10 ; Ingarden 1931, §§ 2-5 ; Wolterstorff, 1982, p. 42.

[16] Pour une étude de ces faits intentionnels en tant que dépendant de l'accord humain, Cf. Searle 1995.

quand nous essayerons de résoudre les problèmes liés à l'expression des conditions d'identité des objets fictionnels, et au traitement de la référence et du discours qui les concernent[17]. Une comparaison rapide devrait néanmoins contribuer à mettre déjà en lumière les différences entre notre théorie et d'autres manières de concevoir la fiction.

Les theories meinongiennes de la fiction

Parmi les théories de la fiction existantes, les plus populaires et les mieux développées sont celles qu'on pourrait qualifier en termes généraux de « meinongiennes ». En font partie les théories des personnages de fiction en tant qu'entités inexistantes ou abstraites avancées par des auteurs comme Parsons, Zalta et Rapaport. Ni la théorie de Meinong, ni les théories meinongiennes contemporaines n'ont été spécifiquement conçues comme des théories de la fiction ; d'habitude elles s'occupent plutôt du royaume plus vaste des objets non-existants[18]. Cependant, la plupart des arguments en faveur des objets non-existants et nombre d'applications des théories meinongiennes portent précisément sur les objets fictionnels. Or, le label « Meinongien » peut être grossièrement attribué à tout un pan de théories, parfois très différentes entre elles. Mais en dépit de leurs différences, toutes ces théories partagent certaines caractéristiques typiques fondamentales qu'on pourrait résumer par les principes suivants :

---

[17] Pour une discussion de ces questions du point de vue de la théorie artefactuelle et sur les avantages de celle-ci vis-à-vis des théories meinongiennes, cf. respectivement les Chapitres 5, 4 et 7.
[18] Mes critiques à l'égard de ces théories ne visent pas leur capacité à traiter d'autres objets abstraits ou soi-disant non-existants ; en effet, des théories comme celles de Parsons et Zalta sont susceptibles de nombreuses applications intéressantes et fructueuses. Je me limite simplement à affirmer que ces notions d'entités abstraites ou non-existantes ne sont pas aptes à rendre compte adéquatement des personnages de fiction.

1. pour toute combinaison de propriétés, il y a au moins un objet correspondant[19] ;
2. certains de ces objets (parmi lesquels les objets fictionnels) n'ont aucune forme d'existence que ce soit[20] ;
3. bien qu'ils n'existent pas, ces objets ont (en un sens) les propriétés auxquelles ils sont corrélés[21].

Le premier principe est parfois connu sous le nom de « principe de compréhension » et il garantit une multitude d'objets non-existants. Les théories meinongiennes divergent à l'égard des propriétés évoquées par le premier principe. La théorie de Parsons, par exemple, se limite aux propriétés simples et nucléaires, comme « est bleu » ou « est grand » ; la théorie de Zalta admet des soi-disant propriétés extranucléaires (« est possible », « est pensé ») ainsi que des propriétés complexes. Les meinongiens divergent aussi lorsqu'il s'agit d'expliquer comment, conformément au troisième principe, les objets non-existants peuvent "avoir" leurs propriétés. Selon la position défendue par Parsons, il y a deux sortes de propriétés (nucléaires et extranucléaires) mais il n'y a qu'une sorte de prédication ; cela nous permet de lire le mot « avoir » d'une manière univoque. Dans cette théorie les objets non-existants ont des propriétés exactement comme les objets réels. En revanche, pour des auteurs comme Zalta ou Rapaport, qui distinguent entre deux modes de prédication, les objets

---

[19] Pour Parsons, il y a un et un seul objet qui correspond à chaque combinaison de propriétés nucléaires ; certains objets sont réels, d'autres inexistants (cf. Parsons 1980, p. 19). Pour Zalta, il y a un et un seul objet *abstrait* qui *encode* chaque combinaison de propriétés ; en plus, pour certaines combinaisons de propriétés il y a aussi un objet ordinaire qui *exemplifie* exactement ces propriétés (cf. Zalta 1983, p. 12). L'origine d'un tel principe se trouve dans Meinong 1915, p. 282.

[20] La théorie formalisée des objets abstraits de Zalta admet deux interprétations possibles. Dans la première interprétation (Meinongienne), le quantificateur qui porte sur les objets abstraits affirme seulement qu'« il y a » un tel objet, ce qui laisse de côté les objets abstraits en tant qu'objets non-existants meinongiens. Dans la deuxième interprétation (Platonisante), le quantificateur peut être lu comme « il existe » même s'il porte sur des entités abstraites. Ainsi, c'est seulement dans la première interprétation que la théorie de Zalta se rapproche des théories Meinongiennes. Cf. Zalta 1983 p. 50-52 ; Zalta 1988 pp. 102-104.

[21] Il s'agit du soi-disant principe d'indépendance formulé par l'élève de Meinong, Ernst Mally. Pour une discussion de ce principe Cf. Lambert 1983.

non-existants n'"ont" pas des propriétés de la même manière que leurs homologues réels. Alors que les objets ordinaires *exemplifient* leurs propriétés, les objets non-existants ne font qu'*encoder* les propriétés auxquelles ils sont corrélés (Zalta), ou ils les possèdent simplement à titre d'*éléments constituants* (Rapaport)[22].

Tout comme la théorie artefactuelle, les théories meinongiennes de la fiction acceptent les objets fictionnels, elles estiment que nous pouvons nous y référer, qu'ils jouent un rôle important dans l'expérience, etc. De plus, aux meinongiens revient le grand mérite d'avoir montré qu'il est possible d'élaborer des théories de la fiction tout à fait cohérentes — ce qui remet en cause le paradigme (que Parsons qualifie de « ornière russellienne ») selon lequel il n'y aurait que des entités réelles.

Mais il y a aussi d'importantes différences entre la théorie artefactuelle et les théories meinongiennes de la fiction. Une première différence porte sur la manière d'employer le mot « existe ». Alors que j'aurais tendance à affirmer que les personnages de fiction *existent*, les meinongiens préfèrent dire qu'ils n'ont aucune forme d'existence que ce soit (conformément au deuxième principe). Cela dit, dans la mesure où ils affirment, comme tout le monde sait, qu'*il y a* de tels objets, que nous pouvons les penser, nous y référer etc., la différence est principalement d'ordre linguistique[23].

Une différence plus profonde entre les deux théories porte, en revanche, sur le nombre d'objets qu'elles affirment y avoir. A la différence des meinongiens je ne me sers d'aucun principe de compréhension, et je n'affirme pas non plus qu'il y aurait un nombre infini et omniprésent d'objets non-existants (ou abstraits). Dans la théorie artefactuelle que je défends, les seuls objets fictionnels sont ceux qui ont été créés. Cela révèle aussi une différence ultérieure

---

[22] Pour une discussion plus détaillée des différences entre la thèse des deux-types-de-propriétés et celles des deux-types-de-prédications ainsi que sur la manière dont chacune d'entre elles traite des problèmes de la prédication fictionnelle, cf. *infra* Chapitre 7.

[23] Dans son interprétation platonisante, la théorie de Zalta ne partage pas cette caractéristique, puisqu'elle attribue une forme d'existence aux objets abstraits. Le fait qu'il puisse y avoir deux interprétations différentes de la théorie de Zalta, dont l'une seulement affirme l'existence des objets abstraits, indique, une fois de plus, qu'une fois admis qu'*il y a* de tel objets, la question de savoir s'il faut dire qu'ils existent ou pas est, au fond, une simple question d'étiquettes.

qui me sépare des meinongiens : selon la théorie artefactuelle, les objets fictionnels sont créés à un certain moment dans le temps, ils ne sont pas simplement découverts ou choisis ; il en va autrement pour les meinongiens qui considèrent les personnages de fiction comme un toute petite partie du domaine infini des objets non-existants, omni-temporels ou abstraits — à savoir, cette partie habitée par les objets décrits par une histoire. Par conséquent, en écrivant d'un personnage, un auteur se limite à choisir ou se référer à un objet qui était déjà disponible à la référence. On peut dire alors que les auteurs découvrent leurs personnages ou qu'ils les sélectionnent à l'intérieur d'un énorme réservoir d'objets abstraits disponibles ; mais on ne peut pas dire qu'ils les font venir à l'existence. On *peut* en revanche affirmer qu'ils rendent ces objets *fictionnels*, car un objet abstrait ou non-existant ne devient fictionnel que si on écrit à son sujet. Mais malgré cela, l'objet est toujours le même : il a seulement une nouvelle relation aux actes contingents de création[24]. Comme l'écrit Parsons :

> J'ai dit, d'une manière habituelle, qu'un auteur crée des personnages, mais même cela est trop difficile à analyser. Cela ne veut pas dire, par exemple, que l'auteur fait exister ces personnages, car ils n'existent pas. Cela ne signifie pas non plus que l'auteur en fait des objets, puisqu'ils étaient déjà des objets avant d'apparaître dans des histoires. Nous pourrions dire, je suppose, que l'auteur les rend des objets *fictionnels*, et qu'ils n'étaient pas des objets fictionnels avant l'acte créatif[25].

En somme, la seule forme de création admise par les meinongiens est la suivante : un auteur choisit un objet déjà disponible et le rend fictionnel en écrivant une histoire qui le concerne. Cet argument, il me semble, n'est pas suffisamment solide pour s'accorder à nos croyances ordinaires, selon lesquelles les auteurs sont vraiment créatifs au sens où ils créent de nouveaux objets, et ne se limitent pas simplement à choisir des objets déjà disponibles en les rendant ainsi fictionnels. Aux yeux de la théorie artefactuelle, au contraire, les auteurs sont des vrais créateurs, ils portent véritablement à l'existence des personnages qui n'existaient pas auparavant, en bref : ils les inventent, ils ne les découvrent

---

[24] Cela découle de la manière dont Zalta définit les histoires et les personnages de fiction (cf. Zalta 1983, pp. 91-2).
[25] Parsons 1980, p. 88.

pas. En résumant, on peut dire que les meinongiens proposent une approche *top-down*, du haut vers le bas : on commence par postuler une gamme infinie d'objets non existants ou abstraits, puis on en pioche quelques-uns (ceux décrits dans les œuvres de littérature) pour en faire des personnages de fiction. L'approche de la théorie artefactuelle est en revanche *bottom-up*, du bas vers le haut, où on traite les personnages de fiction comme des entités fabriquées, créées par des auteurs et dépendantes d'objets tout à fait ordinaires, tels que des histoires et un public compétent.

Comme nous le verrons dans les chapitres suivants (cf. respectivement, Chapitres 5, 4 et 7), la théorie artefactuelle s'oppose radicalement aux théories meinongiennes aussi sur le thème des conditions d'identité des personnages de fiction et sur le traitement de la référence et du discours sur les objets fictionnels. Parmi les défauts des positions meinongiennes, nous insisterons notamment sur l'incapacité à traiter adéquatement les personnages fictionnels comme des entités créés — incapacité qui les empêche de dégager d'une manière efficace des conditions d'identité pour les fictions, (notamment en ce qui concerne les conditions d'identité trans-textuelles)[26]. D'autres problèmes encore menacent le traitement meinongien du discours fictionnel, surtout au niveau de l'analyse de ces discours fictionnels qui portent sur des individus réels. En somme, en dépit des mérites indiscutables des théories meinongiennes, qui se sont montrées capables d'élaborer des traitements cohérents et très articulés des personnages de fiction, je maintiens que la conception proposée par théorie artefactuelle est meilleure à plusieurs égards. La différence majeure entre les deux théories (et qui est d'ailleurs à l'origine des mérites que je crois devoir reconnaître à la théorie artefactuelle) relève de la diversité radicale de leurs approches : les meinongiens considèrent les personnages de fiction comme appartenant à un royaume séparé d'objets abstraits ou non-existants, détaché et dissemblable de celui des objets ordinaires, alors que la théorie artefactuelle met plutôt l'accent sur la caractère fondamental de leurs ressemblances et de leurs connections avec les entités du monde ordinaire.

---

[26] Cf. Chapitres 3, 5 et 7.

Les theories possibilistes de la fiction

Que ce soit dans le but de fournir une explication complète des fictions ou de motiver une ontologie des *possibilia*, certains auteurs ont parfois essayé de ranger les personnages de fiction parmi les possibles non actualisés. Les personnages de fiction ont longtemps fourni des exemples d'entités purement possibles parmi les plus fascinants, et ils ont souvent été utilisés dans les arguments visant à démontrer l'existence d'entités possibles non actualisées. Kripke, par exemple, utilise Sherlock Holmes comme un exemple (qu'il abandonne plus tard) d'entité qui « n'existe pas, mais qui aurait pu exister dans d'autres états des choses» ; Plantinga considère l'affirmation « Hamlet et Lear *de facto* n'existent pas, mais il est clair qu'ils auraient pu exister », comme l'un des arguments les plus persistants en faveur des possibles non actualisés[27]. A première vue, il semblerait donc que même s'il n'y a personne qui possède *de facto* toutes les propriétés attribuées à Hamlet dans la pièce de Shakespeare, rien se semble exclure qu'une telle personne puisse exister, ce qui ferait d'Hamlet l'habitant d'un autre monde possible.

Cette approche est totalement différente de celle proposée par la théorie artefactuelle, qui considère en revanche les objets fictionnels non pas comme des personnes possibles mais comme des vrais personnages. Certes, il serait tentant de s'accommoder des personnages de fiction de cette manière, et il est vrai aussi que les personnages de fiction fournissent parfois des exemples (délibérément) drôles d'entités purement possibles — mais dès qu'on essaye d'identifier un personnage de fiction avec un individu purement possible qui possède toutes et seulement les propriétés attribuées au personnage de l'histoire, des graves problèmes surgissent immédiatement. Premièrement, comme cela a été souvent remarqué, il est clair qu'il y aurait tout simplement trop d'individus possibles qui feraient l'affaire, sans aucun moyen de choisir parmi eux[28]. Puisque les descriptions présentes dans les œuvres littéraires n'arrivent jamais à déterminer complétement tous les caractères des personna-

---

[27] Kripke 1971, p. 65 (Cf. également sa rétraction à la p. 172). Plantinga discute et refuse cet argument en faveur de l'existence d'entités possibles non actualisées (Plantinga 1974, pp. 153 suiv.).

[28] Des variantes de ce problème sont discutées dans Kripke 1972, pp. 157-158 (tr. fr. pp. 145-6) et Plantinga 1974, pp. 157-158.

ges qu'elles décrivent, il y a toujours un large éventail de propriétés qui reste indéterminé (le groupe sanguin, le poids, le régime alimentaire, les activités journalières etc.). Dès lors, dans la mesure où les caractéristiques d'un personnage de fiction laissées indéterminées par l'histoire, sont susceptibles d'être remplies de multiples manières par tout un tas de personnes possibles différentes, si on essaye d'identifier les personnages de fiction avec des personnes possibles on se met vite dans l'embarras. Choisir l'une de ces personnes possibles et affirmer qu'elle est identique à tel personnage fictionnel, voilà un geste désespérément arbitraire. Et s'il arrive qu'une description attribue à un personnage des propriétés incompatibles (ce qui en ferait un objet impossible), nous avons en revanche non pas beaucoup trop d'objets possibles susceptibles de faire l'affaire, mais pas assez.

Un autre problème des théories possibilistes, est que (tout comme celles meinongiennes) elles n'ont aucun moyen de rendre compte du caractère créé des personnages de fiction. Même si on arrivait à trouver un seul détective possible, susceptible d'être identifié avec Sherlock Holmes, il s'agirait d'un homme possible ayant la propriété d'être né au XIXème siècle, non de quelqu'un ayant été créé par Arthur Conan Doyle. Pour finir, les théories possibilistes, celles meinongiennes ainsi que toute autre théorie identifiant les personnages sur la base des propriétés qui leur sont attribuées, excluent la possibilité qu'il puisse y avoir plusieurs histoires autour d'un seul personnage. En effet, si on attribue au personnage en question ne serait-ce qu'une seule propriété différente, celui-ci devient, tout simplement, un autre personnage. C'est pourquoi, aucune de ces théories n'a les moyens d'expliquer comment il est possible qu'un seul et même personnage apparaisse dans plusieurs histoires différentes, dans plusieurs séries, et même dans des éditions légèrement modifiées ou des traductions d'une vieille histoire. C'est sans doute à cause de tous ces problèmes que les théories possibilistes ne sont pas trop populaires parmi les auteurs qui prennent au sérieux les fictions. Et il est vrai aussi que, autant Kripke que Plantinga, après avoir considéré cette option, l'ont finalement rejetée. Pour toutes ces raisons, il semble clair que les objets possibles ne feraient pas de bons candidats au poste de personnages de fiction. Et puisque ce genre de théorie semble difficilement tenable, je ne m'y attarderai pas davantage[29].

---

[29] Cela permet néanmoins d'établir un contraste utile pour discuter de la place des personnages de fiction en métaphysique modale. J'y retourne donc, brièvement, au Chapitre 3.

Les personnages de fiction en tant qu'objets de reference

D'autres théories de la fiction considèrent les objets fictionnels comme des simples objets de référence, qu'il faut postuler afin de rendre compte d'un certain type de discours littéraire. Il s'agit des théories avancées, entre autres, par Crittenden, qui traite les objets fictionnels comme des « objets grammaticaux », et Van Inwagen, qui considère les objets fictionnels comme les « entités théoriques » auxquelles se réfèrent les œuvres de critique littéraire. Ces approches convergent avec l'approche artefactuelle sur des points très importants, et si elles s'en écartent, c'est moins à cause de divergences de fond qu'en raison de la capacité de la théorie artefactuelle d'en combler les vides. Mais il y a également d'importantes différences de méthode.

Crittenden, qui travaille à partir d'une conception du langage plutôt wittgensteinienne, estime que les objets fictionnels sont des (simples) objets de référence voire des objets grammaticaux. Bien qu'il admette que les noms fictionnels se réfèrent à certains objets, il souligne sans cesse que ceux-ci ont le statut de simples objets de référence, disponibles pour que des lecteurs, des critiques et d'autres praticiens des jeux de langage de fiction puissent s'y référer. Mais, à proprement parler, ces objets n'existent pas et ils ne doivent pas « être compris comme s'ils avaient une quelconque sorte de réalité ».[30]

Bien que Crittenden nie que les personnages de fiction existent, il leurs reconnaît (sur la base des conventions des pratiques langagières) plusieurs caractéristiques qui recoupent celles indiquées à son tour par la théorie artefactuelle. Il croit, par exemple, que les objets fictionnels sont des entités créées par des auteurs lorsqu'ils écrivent des histoires, et qu'il s'agit d'entités qui dépendent de certaines formes d'intentionnalité et de pratiques langagières. Mais il a l'air de penser la dépendance comme une sorte de non-existence honoraire, si bien qu'en disant que les objets fictionnels n'ont « aucune sorte d'existence que ce soit » il veut dire plutôt qu'ils n'ont pas d'existence *indépendante*. Les recherches sur la dépendance que nous allons proposer devraient contribuer à empêcher toute confusion entre l'existence dépendante d'un objet et sa non existence (réelle), ou son manque de statut métaphysique.

---

[30] Crittenden 1991, p. 69.

En ce qui me concerne, je partage entièrement l'envie de prendre au sérieux nos pratiques langagières au sujet des fictions. J'accepte également l'idée que nos pratiques littéraires puissent fonctionner comme des guides précieux pour développer une théorie de la fiction (et cela dans la mesure où mon objectif est, justement, de traiter les personnages de fiction comme des entités capables d'éclaircir une très grande partie de nos pratiques communes). Mais la position antimétaphysique wittgensteinienne de Crittenden le conduit à surestimer le rôle des pratiques sans se confronter avec l'ontologie de la fiction. Les problèmes ontologiques sont ainsi remplacés par de simples questions de pratique linguistique :

> Le discours fictionnel n'est fondé sur aucune réalité métaphysique ; le fait fondamental de toute explication du statut des personnages de fiction c'est cette pratique linguistique elle-même — et non un royaume ontologique indépendant (Crittenden 1991, p. 69).

Plutôt que d'utiliser les pratiques linguistiques comme des guides pour comprendre quel type de choses les personnages de fiction sont censés être, Crittenden leur attribue le pouvoir de déterminer la vérité et la fausseté des énoncés sur les fictions. Et même ces cas particuliers, où la question de savoir ce qui est vrai ou faux des personnages de fiction pose des problèmes majeurs, il les réduit à des simples questions relatives à l'étude de nos pratiques courantes. Il réduit ainsi la valeur de vérité des affirmations concernant les personnages de fiction aux pratiques reconnues relatives à leur vérité ou fausseté :

> De tels objets [fictionnels] (...) ont des propriétés seulement dans la mesure où les expressions attribuant des propriétés sont correctement appliquées dans un type de discours comme la fiction ou le mythe. Que ces expressions soient appliquées comme étant vraies ou fausses, cela dépend de considérations purement linguistiques ou conceptuelles et non d'une réalité externe et indépendante (Crittenden 1991, p. 97).

Mais force est de reconnaître qu'en parlant des fictions il peut nous arriver de nous tromper. Nous pourrions nous tromper lorsqu'il s'agit de savoir si, par exemple, des personnages que nous croyons identiques le sont réellement, ou si des propriétés que nous attribuons habituellement à un personnage lui reviennent vraiment. Quand il faut prendre une décision au sujet de l'identité ou des propriétés d'un personnage de fiction, nos pratiques elles-mêmes font appel à des déterminations qui sont au-delà de la pratique (comme, par exemple, l'origine du personnage). Crittenden lui-même arrive parfois à reconnaître l'importance du rôle joué par les critères extérieurs (comme le contexte historique en amont de l'écriture) lors de la détermination de l'identité d'un personnage (Crittenden 1991, pp. 43-44). Mais utiliser ces critères pour déterminer les conditions d'identité des personnages de fiction nous force *eo ipso* à aller au-delà de la pratique et à poser la question suivante : que sont censés être ces objets susceptibles de justifier nos pratiques ainsi que les révisions de nos pratiques ? Cela nous force également à considérer les personnages de fiction non seulement comme de simples objets de référence, mais comme des objets à part entière (quoique dépendants), susceptibles de rendre vraies ou fausses, raisonnables ou pas raisonnables, nos affirmations et nos pratiques les concernant. Il faut donc un pas de plus, en direction d'une étude ontologique détaillée des objets fictionnels qui ne se limite pas à l'étude des pratiques linguistiques qui les concernent.

Parmi les traitements analytiques contemporains de la fiction, le plus proche de la théorie artefactuelle est celui, développé par van Inwagen, selon lequel les personnages de fiction sont « des entités théoriques de la critique littéraire »[31]. En traitant les personnages de fiction comme ces entités décrites par la critique littéraire, van Inwagen souligne à juste titre l'importance qu'il y a à les postuler afin de donner un sens aux discours critiques à leur sujet. Les deux positions coïncident à plusieurs égards, premièrement et avant tout par l'affirmation que les personnages de fiction existent.[32]

La différence la plus importante entre la théorie artefactuelle et celle de van Inwagen, vient du fait que celui-ci ne fait pas grand-chose pour décrire le statut ontologique des créatures de fiction qu'il postule. Il décrit les personnages de fiction comme « des entités théoriques », des entités théoriques dont il se limite à dire qu'on s'y réfère par le lexique propre aux disciplines théoriques, et qui rendent vrais certains des énoncés de celles-ci. Ainsi, dans le cas des créatures de fiction :

---

[31] Van Inwagen 1977, p. 303.
[32] Les deux positions aussi traitent de la même manière des prédications des objets fictionnels, bien que les explications de la référence des noms fictionnels diffèrent. Cf. Chapitres 7 et 4 respectivement.

Parfois, si ce qu'on dit dans une œuvre de critique littéraire est vrai, alors il doit y avoir des entités d'un certain type, des entités qui ne sont jamais des sujets de discours non littéraires, et qui génèrent le domaine extensionnel des termes théorétiques généraux propres à la critique littéraire. C'est cela que j'appelle des « entités théoriques de la critique littéraire »[33].

Mais van Inwagen ne nous dit pas ce que ces personnages de fiction sont censés être, mais seulement ce que sont les choses qui rendent vrais certains (lesquels ?) énoncés de la critique littéraire. Il ne dit pas, par exemple, si les personnages de fiction sont créés ou non, s'ils peuvent apparaître dans plusieurs textes, ou comment ils se rapportent aux lecteurs. Il ne nous laisse aucun moyen de déterminer les conditions d'identité qui les concernent, d'établir la valeur de vérité des énoncés critiques censés les concerner ou de vérifier si et dans quelle mesure ces créatures sont similaires à d'autres types d'entités. Van Inwagen les place dans la même catégorie que les autres entités dont traite la critique littéraire (les intrigues, les romans, la disposition des rimes ou les figures), mais leurs rapports avec d'autres types d'entités (les œuvres musicales, les exemplaires des textes et les universaux) restent obscurs. En somme, rien ne nous permet de situer les personnages de fiction dans le cadre d'une ontologie générale ou de mesurer la parcimonie des théories qui les postulent ou qui ne les postulent pas.

A mes yeux, l'exclusion de tous ces aspects qui relèvent d'une véritable théorie métaphysique de la fiction, n'est pas un hasard. En effet, autant la théorie de Crittenden que celle de van Inwagen essayent de proposer une explication largement déflationniste des personnages de fiction : il s'agit simplement d'entités qu'il nous faut postuler dans le seul but de rendre intelligibles certains types de discours peu ordinaires (théoriques ou fictionnels). De son côté, Crittenden va jusqu'à affirmer que poser de telles questions métaphysiques est une méprise, qui résulte d'une attention trop sérieuse au statut ontologique de ce qui n'est en fait que de simples objets de référence. Cependant, l'un comme l'autre s'accordent sur un point : ils considèrent la fiction (mais pour van Inwagen il en va de même de tout discours théorique) comme un cas particulier où il faut postuler des objets théoriques ou des simples objets de référence pour rendre compte de nos discours. Et c'est justement sur ce point que ces deux théories diffèrent radicalement de la théorie artefactuelle, car celle-ci affirme

---

[33] Van Inwagen 1977, p. 303.

plutôt que les personnages de fiction ne sont pas des entités théoriques ou de simples objets de référence, pas plus que les tables et les chaises, les assemblées générales, ou les œuvres musicales. Il s'agit plutôt d'un certain type d'objets auxquels on se réfère ; des types d'objets qui ne sont pas extraordinaires mais extrêmement similaires à certaines entités ordinaires comme les histoires, les gouvernements et bien d'autres objets quotidiens.

Les personnages de fiction en tant qu'objets imaginaires

Une autre thèse qui, en dépit de différences importantes, est sur la même longueur d'onde que la théorie artefactuelle, décrit les personnages de fiction comme des objets imaginaires, des entités créées et soutenues par des actes d'imagination. Il s'agit d'une thèse avancée, par exemple, par Sartre dans son travail sur l'imagination et que celui-ci applique non seulement aux objets imaginés mais aussi aux objets représentés dans les œuvres d'art ainsi qu'aux œuvres d'art elles-mêmes. D'après cette thèse, un objet imaginé est une entité créée par un acte de conscience imaginatif et qui existe pour autant qu'elle est imaginée. Comme Sartre l'écrit :

> L'acte d'imagination, nous venons de le voir, est un acte magique. C'est une incantation destinée à faire apparaître l'objet auquel on pense, la chose qu'on désire (...). La faible vie que nous leur insufflons vient de nous, de notre spontanéité. Si nous nous détournons d'eux, ils s'anéantissent.[34]

L'esprit est bien le même, car la théorie artefactuelle aussi insiste sur le fait que les personnages de fiction sont des objets créés — créés par les actes intentionnels de leurs auteurs. Les deux théories sont également proches dans la mesure où elles affirment que les personnages de fiction restent des entités dépendantes même après avoir été créés.

Mais dans la conception de Sartre, et de ceux qui soutiennent des thèses semblables, les objets imaginaires n'existent que pour autant que quelqu'un les pense. Mais si on voulait élaborer une théorie de la fiction autour de cette

---

[34] Sartre 1940, pp. 161-162.

thèse, on se heurterait à deux problèmes majeurs. Premièrement, l'idée que ces objets existent seulement pour autant qu'on les pense est contrée par nos pratiques habituelles qui traitent Holmes, Hamlet et les autres personnages de fiction comme des objets continuant d'exister même si personne ne les imagine. Elle semble d'ailleurs conduire à la conséquence bizarre selon laquelle ces personnages « vont et viennent à l'existence. »[35] Deuxièmement, si, comme le pense Sartre, un personnage de fiction n'est pas seulement créé par les actes imaginatifs de l'auteur, mais est constamment (re)créé par les actes imaginatifs de chaque lecteur, il semble difficile de voir comment nous pouvons légitimement affirmer de deux ou plusieurs lecteurs qu'ils sont en train de lire ou de faire l'expérience d'un seul et même personnage de fiction.

Ingarden a été le premier qui a suggéré un moyen d'éviter ces problèmes sans pour autant renoncer à l'idée que les personnages de fiction sont toujours, en un sens, dépendants de l'intentionnalité. Selon Ingarden, un personnage de fiction est « un objet purement intentionnel », un objet créé par la conscience et qui a « la source de son être et de son être-ainsi » dans l'intentionnalité.[36] Plus précisément, un personnage de fiction est créé par un auteur qui construit des phrases à son propos, mais il maintient son existence par la suite, non pas par l'imagination des individus, mais par les mots et les phrases elles-mêmes. Les mots et les phrases ont ce qu'Ingarden appelle « une intentionnalité d'emprunt », une capacité de représentation dérivée des actes intentionnels qui confèrent le sens aux formations phonétiques (et typographiques). Ainsi, bien que les personnages de fiction restent médiatement dépendants de l'intentionnalité, leur dépendance immédiate à l'égard des mots et des phrases leurs donne une indépendance relative vis-à-vis des actes de conscience :

> Autant des mots isolés que des phrases entières se signalent — comme on l'a déjà dit — par leur intentionnalité d'emprunt conférée par les actes de conscience. Celle-ci permet aux « objets » purement intentionnels de se dégager du contact immédiat des actes de conscience en voie d'effectuation et d'acquérir ainsi une relative indépendance (Ingarden 1931, tr. fr. p. 117).

---

[35] Cette phrase est empruntée à Wolterstorff, qui avance des critiques similaires contre le traitement des œuvres d'art en tant qu'entités imaginaires par R. G. Collingwood (cf. Wolterstorff 1980, p. 43).
[36] Ingarden 1931, § 19.

Dans la mesure où de tels fragments de langue sont publics et stables, plusieurs personnes peuvent penser à un seul et même personnage de fiction, et le personnage peut ainsi continuer à exister même si personne ne pense à lui, pourvu qu'il continue à être représenté par de tels fragments de langue. En somme, Ingarden nous a montré la voie pour reconnaître la dépendance des personnages de fiction à l'égard de la conscience, sans leur faire perdre leur statut d'entités stables et publiquement accessibles. C'est son travail qui est le véritable prédécesseur historique de la théorie défendue ici.

Sur ce point, il en va de même pour la théorie artefactuelle qui contourne les difficultés de la position sartrienne par un double mouvement : elle maintient que les actes intentionnels d'un auteur sont nécessaires pour la venue à l'existence d'un personnage de fiction, mais elle refuse l'idée que celui-ci existe seulement pour autant que quelqu'un le pense. Au contraire, dans la plupart des cas, les personnages de fiction continuent d'exister grâce à l'existence d'un ou plusieurs exemplaires de l'œuvre littéraire qui les concerne. Bien que cette œuvre littéraire nécessite, afin de continuer à exister, de la présence constante d'une communauté capable d'en lire et comprendre le texte, elle n'a nullement besoin que quelqu'un soit tout le temps en train de la lire ou de la penser (pas plus que l'existence de l'argent n'a besoin de quelqu'un qui se dise explicitement « c'est de l'argent ! », mais seulement d'une communauté prête à le reconnaître comme tel). Ainsi, plus besoin de se dire que les personnages de fiction font du va et vient dans l'existence en fonction des pensées des gens : ils existent pour autant que les œuvres littéraires qui les concernent continuent d'exister. De plus, selon la position que je défends, les personnages de fiction ne sont pas constamment récréés par chaque personne qui les pense ; au contraire, c'est en lisant la même œuvre que plusieurs lecteurs différents peuvent accéder au même objet fictionnel.[37]

---

[37] Dans le Chapitre 6, j'en dirai un peu plus sur la question de savoir comment on peut légitimement affirmer que des lecteurs différents font l'expérience du même personnage de fiction.

Chapitre 2

La dépendance existentielle : nature et variétés

J'ai affirmé que les personnages de fiction sont des objets dépendants, dont l'existence même dépend de celle d'entités comme les œuvres littéraires et les actes créatifs d'un auteur. Mais la dépendance prend des formes extrêmement différentes selon qu'elle concerne les actes créatifs d'un auteur (dont les fictions dépendent seulement pour venir à l'existence) ou des œuvres littéraires (dont elles dépendent pour continuer à exister). Il serait donc trompeur de parler des personnages de fiction, d'une manière uniforme et indifférenciée, en termes d'« objets dépendants ». Pour mieux comprendre le statut des objets fictionnels, nous devons donc faire un pas en arrière et examiner le concept général de dépendance existentielle et en déterminer avec soin les différentes formes.

Mais on aurait tort de croire que la dépendance devrait concerner seulement ceux qui traquent les objets fictionnels et d'autres bizarreries ontologiques. La dépendance est un phénomène très commun et prend des formes très variées. Avoir des notions claires de dépendance est important pour comprendre non seulement le statut des objets fictionnels, mais aussi celui des entités culturelles et institutionnelles ainsi que de certains objets biologiques, physiques, et même abstraits. Finalement, montrer les notions de la dépendance qui sous-tendent notre conception des personnages de fiction amène, une fois de plus, à insister sur le fait que les objets fictionnels doivent être compris de la même manière que beaucoup d'autres entités du monde de tous les jours (sans doute la majorité). En même temps, le fait d'élaborer les outils nécessaires pour comprendre les objets fictionnels, signifie préparer le terrain pour analyser la structure de nombreuses autres entités.

Mais avant de pouvoir utiliser la dépendance pour expliquer le statut ontologique des personnages de fiction et des autres objets, nous avons d'abord besoin d'une théorie de la dépendance qui serait, à la fois, suffisamment générale pour couvrir tous les cas de figure possibles (en mettant ainsi en évidence leurs points communs) et suffisamment raffinée pour rendre compte des écarts importants qui subsistent entre les différents types de dépendance. Bien que cette notion remonte au moins à Aristote, les recherches contemporaines sur la dépendance puisent leurs sources dans le travail mené par Husserl dans les *Recherches Logiques*, ouvrage dans lequel on trouve plusieurs définitions de la notion de « fondation », en tant que relation de dépendance entre une entité et une autre entité sans laquelle celle-ci ne saurait exister. L'étude de l'œuvre de Husserl sur la dépendance a récemment renouvelé l'intérêt pour ce concept de dépendance, et a permis d'en apprécier le rôle central pour résoudre plusieurs problèmes ontologiques. Les travaux qui se réclament de cette tradition husserlienne ont énormément contribué à clarifier et à peaufiner plusieurs définitions des types de relations où la dépendance est en jeu[38].

Cependant, bien que ces études récentes aient grandement contribué à la clarification du concept de dépendance et à son utilisation dans le débat actuel, elles souffrent généralement de trois défauts qui les empêchent d'atteindre le niveau qu'exige une théorie suffisamment générale et détaillée de la dépendance : 1) elles mélangent les questions de dépendance avec d'autres questions comme celles de la partie et du tout ou de l'identité et de la différence ; 2) souvent, elles ne sont pas assez générales pour expliquer les relations de dépendance entre états de choses, caractéristiques d'un objet et propriétés ; 3) elles n'arrivent pas à expliquer certaines variations importantes à l'intérieur des relations de dépendance (notamment celles qui interviennent dans les cas où le facteur temps entre en considération).

Si l'on veut proposer une théorie de la dépendance, la première chose à faire est d'identifier le trait commun à tous les cas de dépendance, de sorte que, en dépit des paramètres variables, celle-ci puisse être comprise comme un phénomène unitaire. Je me limiterai ici à la dépendance existentielle, souvent définie dans sa forme élémentaire par la formule suivante : « si α existe, alors il est nécessaire que β existe ». Cette formule conditionnelle établit une condition de dépendance nécessaire extrêmement importante de α à l'égard de β. Mais, tout comme les définitions de la causalité purement contrefactuelles, elle ne parvient pas à exprimer la relation métaphysique dans son intégralité. Car le contrefactuel peut bien être vrai de α et β même si ceux-ci ne sont liés par aucune relation ontologique véritable (par exemple, si β est quelque chose de né-

---

[38] Pour une analyse claire et complète de la notion de fondation de Husserl, Cf. Simons 1992. Parmi les études de la dépendance élaborées à partir de l'œuvre de Husserl, on peut signaler Simons 1987 et Smith 1982.

cessairement existant)[39]. Cette définition contrefactuelle devrait néanmoins permettre d'approcher une première conception de la dépendance, à partir de laquelle il est possible de dégager les principales variantes de la relation de dépendance fondamentale (pourvu qu'on ne s'égare pas en oubliant qu'il s'agit seulement ici d'une approximation formelle de ce qui, au bout du compte, reste une relation de type métaphysique).

En outre, il est important de bien cerner le phénomène de la dépendance, afin d'éviter de le confondre avec d'autres sujets d'investigation. Historiquement, la dépendance a souvent été confondue ou étudiée conjointement avec d'autres questions ontologico-formelles. Dans l'œuvre pionnière sur la dépendance d'Husserl et d'Ingarden, les questions de dépendance sont mélangées avec celles des relations du tout et des parties. Les études contemporaines sur la dépendance corrigent ce problème, mais elles excluent souvent les cas d'identité entre entité de support et entité dépendante, en mélangeant à nouveau la question de la dépendance avec d'autres questions de type ontologique. Il est sans doute trivial (et peut-être même trop trivial pour mériter d'être mentionné dans les études courantes sur la dépendance) ou inintéressant de faire remarquer que toute chose dépend d'elle-même pour sa propre existence — mais cela est vrai cependant. Trivialité mise à part, une autre raison d'exclure les cas d'auto-dépendance semble avoir trait à l'importance de la distinction entre les soi-disant entités dépendantes et les entités indépendantes[40]. Si toute chose dépendait d'elle-même, alors il n'y aurait pas d'entités indépendantes *stricto sensu* ; en excluant l'auto-dépendance, cette distinction peut donc

---

[39] Pour une discussion de ces difficultés, Cf. Fine, 1995, pp. 270-272 ; Gorman 1995.

[40] Les cas d'auto-dépendance sont exclus par le fait que Husserl renvoie à « une unité plus compréhensive » dans la définition qu'il propose de la dépendance, à savoir que : « un α ne peut exister comme tel que dans une unité qui l'embrasse et qui le relie avec un μ » (Husserl, 1900-1, tr. fr., tome 2.2, p. 44). Husserl proposera, plus loin, une définition de la dépendance qui se passe de la référence aux touts méréologiques, ce qui permet d'aboutir à une définition plus générale : α dépend de β si et seulement si « un α, par essence, (…) ne peut pas exister sans que n'existe aussi un β » (tr. fr., tome 2.2, p. 61). Dans sa récente théorie de la dépendance, élaborée à partir de l'œuvre de Husserl, Simons travaille d'abord à partir de l'ancienne définition et exclut explicitement les cas triviaux d'auto-dépendance (Cf., par exemple, l'article « The Fomalization of Husserl's Theory of Wholes and Parts », in Smith 1982, p. 124 et Simons 1987, p. 295).

être maintenue. Mais comme nous le verrons dans le Chapitre 8, on peut classer les entités d'une manière plus claire et pertinente en fonction de ce dont elles dépendent plutôt qu'en fonction du fait qu'elles sont dépendantes ou non — si bien qu' on ne devrait pas avoir de regrets à renoncer à opérer une telle distinction, surtout si le fait de parler d'auto-dépendance rend possible d'expliquer la dépendance existentielle avec davantage de souplesse et de généralité.

Afin de ne pas mélanger la question de la dépendance avec d'autres questions et parvenir ainsi à une théorie générale de la dépendance, je ne m'intéresserai pas aux autres relations qui interviennent entre des termes déjà liés par des relations de dépendance (comme la relation d'identité, de tout à partie, ou d'exemplification). Bien que ces différences soient de la plus grande importance pour comprendre pleinement la structure ontologique des termes ainsi que leurs relations mutuelles, on peut néanmoins définir la relation de dépendance sans tenir compte de ces variantes.

Un troisième objectif de notre étude sur la dépendance est d'élargir le traitement de la dépendance jusqu'à y inclure les relations de dépendance entre états de choses, caractéristiques d'un objet et propriétés. Les travaux sur la dépendance se limitent souvent à traiter des relations de dépendance entre objets. Mais il peut y avoir aussi des dépendances entre états de choses : si l'être de Jones est indépendant de ses électeurs dans la mesure où il pourrait exister sans eux, l'état de choses *que Jones est maire* peut dépendre des actions d'une certaine portion de l'électorat local. Il n'en va pas autrement des propriétés, lesquelles sont elles aussi susceptibles d'être mutuellement dépendantes, à tout le moins dans le sens où il y a des propriétés qui ne sauraient être exemplifiées sans d'autres — par exemple : rien ne peut être coloré sans être étendu. De même, les propriétés particulières ou les tropes d'objets peuvent dépendre non seulement des objets qu'ils qualifient, mais aussi d'autres tropes et d'autres états de choses, à l'image de la forme d'un ballon qui peut dépendre de la pression de l'air qu'il contient. En effet, pour tous ces types d'entités il peut y avoir des relations de dépendance et il peut y en avoir de toutes sortes ; dans les pages qui suivent, j'utiliserai des exemples qui concernent chacun de ces types d'entités, ce qui devrait donner une idée de la grande variété de cas qui tombent sous la rubrique de la dépendance. Car si l'on veut parvenir à formuler une théorie générale de la dépendance, il faut rendre compte de toutes ces variantes. Le fait de toutes les retenir permet non seulement d'expliciter un plus grand nombre de cas de dépendance, mais aussi de redéfinir à partir de cette notion élémentaire des concepts tels que « propriété essentielle », « partie essentielle », « propriété relative » etc., ce qui permet de recourir à cette notion pour élucider d'autres questions métaphysiques.

On peut rendre compte de toutes ces variantes en stipulant que, dans la définition élémentaire de dépendance évoquée plus haut, α et β peuvent être tant des objets que des propriétés, des propriétés particulières (tropes) ou des états de choses. Par mesure de simplicité, j'utiliserai le terme « individu » pour parler indifféremment d'objets individuels, de tropes, d'événements, de processus ou d'états de choses. Je considérerai donc les états de choses non pas comme des universaux mais comme des individus, car ils peuvent instancier des universaux mais ne peuvent pas être eux-mêmes instanciés par un individu.

L'autre tâche cruciale qu'une théorie générale de la dépendance doit remplir consiste à distinguer soigneusement les différents types de relations de dépendance, et ce afin d'éviter les équivoques et de préserver la diversité des cas rencontrés. Une distinction importante, souvent avancée, est celle entre la dépendance *rigide*, ou dépendance vis-à-vis d'un individu particulier, et la dépendance *générique*, ou dépendance à l'égard d'une chose quelconque d'un type particulier. Par exemple, dans certaines théories des tropes, le trope d'une coloration particulière comme le rouge de cette pomme peut être considéré comme rigidement dépendant de la pomme en question, alors que la pomme dépend d'une manière simplement générique du fait d'avoir un certain trope de coloration ou un autre (elle pourrait devenir verte ou marron sans cesser d'être cette pomme-ci).

Une autre distinction, tout aussi importante mais souvent négligée, porte sur les intervalles de temps pendant lesquels une entité en requiert une autre pour exister[41]. Nous l'avons vu, les personnages de fiction ont besoin des actes créatifs de leurs auteurs pour venir à exister (bien qu'ils puissent conti-

---

[41] L'élève de Husserl Ingarden représente une importante exception. Il développe une théorie de la dépendance qui prend en charge le temps en distinguant la *dérivation*, qu'il définit comme l'incapacité à exister à moins d'être produit par une autre entité, de la *contingence*, qui est l'incapacité à continuer d'exister sans le support d'une autre entité (Ingarden 1964). La distinction entre dérivation et contingence préfigure les notions de dépendance historique et dépendance constante développées ici. Pour plus d'indications sur le travail précurseur d'Ingarden autour de la dépendance, Cf. mon étude Thomasson 2003.

nuer à exister sans eux) alors que pour continuer à exister ils ont besoin de l'existence d'un exemplaire de l'histoire qui les concerne. Cette distinction est importante non seulement pour comprendre la fiction mais aussi pour distinguer, par exemple, entre le type de dépendance qui lie les artefacts et leurs producteurs ou les enfants et leurs parents, et celui qui rattache les tropes à leurs objets ou les objets culturels concrets (comme les billets de banque) à leurs fondations physiques.

Il y a enfin des différences importantes à établir au niveau du degré de nécessité engendré par cet énoncé « si α existe, alors il est nécessaire que β existe ». Husserl distinguait la nécessité formelle, qui s'établit simplement en fonction de certaines relations formelles subjectivement neutres (par exemple : « il est nécessaire qu'un tout ne puisse exister sans ses parties »), d'une nécessité matérielle, fondée sur la particularité de certaines espèces matérielles (comme par exemple : « Il est nécessaire que toute chose colorée soit aussi étendue »[42]). Ces deux types de nécessité peuvent être découverts a priori, à partir de la seule connaissance de certains principes formels et de la compréhension des essences matérielles en question ainsi que de leurs relations. A partir de travaux très récents en philosophie de l'esprit et en philosophie des sciences, nous pourrions sans doute ajouter un troisième type de nécessité : la nécessité nomologique, imposée par les lois de la nature et susceptible d'être découverte empiriquement. Ainsi, par exemple, la dépendance de toute chose vis-à-vis d'elle-même est une dépendance formelle, exprimable de manière abstraite (sans aucune référence au type de chose dont il est question), de même que d'autres relations de dépendance comme « il est nécessaire que si α existe, α existe » ou « si α et β existent, α existe ». En revanche, des dépendances comme celle d'un animal à l'égard de son corps, d'une œuvre d'architecture à l'égard d'un édifice, ou d'un mari (*en tant que* mari) à l'égard de sa femme (*en tant qu'*épouse) sont des dépendances matérielles, fondées sur la nature des types de choses en question ; des dépendances qu'on peut découvrir a priori, à condition de savoir de quel type de choses il s'agit, mais qu'on ne saurait généraliser à d'autres types de choses. La dépendance du feu à l'égard de l'oxygène, des êtres humains à l'égard d'une certaine pression atmosphérique, ou (dans la plupart des cas) les relations de dépendance admises entre la pensée et les pro-

---

[42] Pour la discussion et ces exemples, Cf. Husserl 1900-1, tr. fr., tome 2.2, pp. 35-39.

cessus cérébraux, sont des cas (supposés) de dépendances nomologiques, fondées sur les lois de la nature et susceptibles d'être découvertes par la recherche empirique. Le degré de nécessité d'une dépendance formelle est donc plus fort que celui des deux autres et il les recouvre : les lois matérielles d'essence et les lois de la nature sont en effet soumises aux contraintes formelles, si bien que tout ce qui est formellement nécessaire est aussi matériellement et nomologiquement nécessaire. De même, la nécessité matérielle entraîne la nécessité nomologique — les lois de la nature ne peuvent pas violer ce qui est nécessaire à l'égard de la nature des espèces matérielles en question. En bref, la dépendance formelle entraîne la dépendance matérielle et la dépendance matérielle entraîne la dépendance nomologique.

On pourrait en dire davantage sur tous ces types de nécessité et sur leurs variantes, et il faudrait sans doute en distinguer d'autres encore, mais je laisserai cela pour une autre occasion. Les rapports de dépendance qui nous intéressent en ce qui concerne les personnages de fiction semblent être, de manière prédominante, des dépendances matérielles, fondées sur la nature des personnages fictionnels et des œuvres littéraires en tant que tels. Dans la suite de ce chapitre j'étudierai donc des exemples de ces types de dépendances, afin de donner une idée plus précise des variations qui les concernent. Par la suite, pour simplifier les choses, je me limiterai à l'étude de la dépendance matérielle, sauf mention contraire de ma part.

Pour comprendre la dépendance d'une manière approfondie et en faire un concept utile — susceptible d'être employé pour analyser des différences fines comme celles que nous venons d'évoquer, et sans passer en revue tous les cas de dépendance — il nous faut une théorie ramifiée de la dépendance capable de rendre compte des différentes variantes de dépendance existentielle. En plus des variantes relatives à la force de la nécessité, on peut définir un large spectre de relations de dépendance diverses en modifiant la définition de base suivant deux axes de variation : 1) on détermine si la dépendance est relative à un individu particulier (rigide), ou si elle exige seulement qu'il y ait quelque chose d'une espèce donnée (générique) ; 2) on détermine les variations dans le (ou les) temps pendant le(s)quel(s) l'entité indépendante est requise. Je vais examiner et définir quelques-unes des variations les plus importantes qui se produisent suivant ces deux axes, et je proposerai au fur et à mesure des exemples de chaque type de dépendance (de tels exemples, dont le seul but est d'illustrer d'une manière claire les différents types de dépendance, ne sont pas censés suggérer des réponses à d'autres questions philosophiques ou pratiques). Je conclurai le chapitre en indiquant des relations importantes entre ces différents types de dépendance.

LA DEPENDANCE

La forme la plus complète et la plus générale de dépendance est celle décrite dans le paragraphe précédent : il est nécessaire que si α existe, β existe, où les périodes pendant lesquelles chacune des deux entités existe restent entièrement indéterminées[43]. Il s'agit d'une forme de dépendance très faible dans la mesure où tout ce qu'elle exige est que, si α existe à un certain moment, alors β existe à un certain moment (qui peut être soit avant, soit après, soit en même temps que le premier). Chacune des variétés de dépendance que nous allons présenter maintenant sera définie d'une manière plus étroite à partir de cette définition générale de dépendance. Nous pouvons commencer par distinguer la dépendance constante, qui est une relation telle qu'une entité α requiert qu'une autre entité β existe à tout moment de son existence, de la dépendance historique ou dépendance pour la venue à l'existence, qui est une relation telle qu'une entité α requiert qu'une entité β existe à un moment donné, avant ou pendant son existence[44]. Il ne s'agit pas des seuls cas de dépendance possibles, mais seulement de quelques-uns parmi les plus intéressants et les plus généraux.

Il est difficile de trouver des exemples concrets pour illustrer la définition générale de dépendance et qui ne soient ni des exemples de dépendance constante, ni de dépendance historique. Certaines entités dépendantes sont foncièrement indifférentes vis-à-vis des moments auxquels les entités indépen-

---

[43] Cela ressemble à ce que Simons appelle « fondation faible » (cf. Simons 1982, p. 295), à ceci près que notre définition permet aux termes d'être des objets, des situations, ou des propriétés ; celle de Simons, en revanche, exige que les deux termes soient des individus.

[44] Husserl distingue entre les entités dépendantes « dans l'ordre de la coexistence » et celles « qui dépendent de l'ordre de la succession » (Husserl 1990-1, tr. fr., tome 2.2, pp. 40-44). Ce que j'appelle « une dépendance constante » semble correspondre à ce que Husserl appellerait « une fondation dans l'ordre de la coexistence ». Les exemples de Husserl de fondation sont presque exclusivement des cas dans lesquels la dépendance en question est constante, donc qu'un α ne puisse *jamais* exister sans un μ.

dantes qui les soutiennent existent : on dit parfois des universaux qu'ils existent seulement s'ils sont instanciés à un *moment quelconque* T, passé, présent ou futur[45]. L'idée est la suivante : bien que les universaux dépendent du fait qu'ils sont instanciés, ils ne dépendent ni constamment ni historiquement de leurs instances, car il n'est pas nécessaire que l'existence de celles-ci précède ou accompagne le moment T où l'on peut dire de l'universel en question qu'il existe.

On peut imaginer aussi d'autres variations temporelles, comme la dépendance intermittente, la dépendance future, et ainsi de suite. Des cas comme : « un léger mouvement de la croûte terrestre est une secousse d'avertissement, s'il est suivi d'un plus grand tremblement de terre », ou « un animal qui témoigne d'une nouvelle mutation est le fondateur d'une nouvelle espèce seulement si lui et sa progéniture arrivent à se reproduire et à survivre dans le futur » sont des exemples d'un d'état de choses (*qu'un mouvement est une première secousse* ou *qu'un animal fonde une espèce*) dépendant d'autres états de choses se produisant à un moment donné dans le futur[46]. Il est certes difficile de trouver des exemples plausibles, mais leur simple possibilité montre qu'il n'est pas inconcevable que quelque chose puisse être dépendant sans être ni constamment ni historiquement dépendant. Cela dit, puisque les cas de dépendance constante et de dépendance historique sont visiblement les plus importants et les plus communs, c'est sur eux que je concentrerai mon attention.

La dépendance constante

La notion de dépendance la plus forte et la plus importante est la dépendance constante. Une définition préalable et plutôt générale de « α est

---

[45] Cf. Armstrong 1989, pp 74-75.
[46] On pourrait définir la dépendance future en général de la manière suivante : il est nécessaire que si α existe à un moment T, alors β existe à un moment quelconque après T. Quelqu'un pourrait objecter qu'avec ces exemples on n'arrive pas à saisir les propriétés fondamentales qui appartiennent à la « nature » de la chose, mais même s'il est difficile de trouver des exemples convaincants, il est certain que l'idée de la dépendance future est au moins concevable.

constamment dépendant de β » peut être formulée comme suit : « il est nécessaire qu'à tout moment de l'existence de α, β existe ». Si l'entité qui joue le rôle de fondement doit être nécessairement un certain individu particulier, la relation de dépendance constante est rigide. A bien des égards, la variante de dépendance constante la plus intéressante concerne les objets. Non seulement il peut y avoir des objets identiques avec eux-mêmes (tout est constamment dépendant de lui-même dans la mesure où il est nécessaire qu'à tout moment de l'existence de α, α existe) mais un objet peut dépendre également, d'une manière constante et rigide, de l'une de ses parties ou de l'un de ses moments ; par exemple il est possible que je dépende d'une manière constante et rigide de mon cerveau, dans la mesure où il est nécessaire qu'à tout moment de mon existence mon cerveau existe lui aussi. Si α est constamment dépendant de β d'une manière rigide, et que β est une partie propre de α, nous pouvons dire de β qu'il est une « partie essentielle » de α. Une entité peut aussi être constamment et rigidement dépendante de quelque chose qui n'est ni identique avec elle-même ni avec l'une de ses parties. A titre d'exemples d'individus constamment dépendants, on peut citer les propriétés particularisées, dans la mesure où on dit souvent qu'elles dépendent constamment des objets qu'elles déterminent : il est nécessaire qu'à tout moment de l'existence de ce rouge-ci (de cette pomme), cette pomme existe aussi.

Or, bien que la relation de dépendance constante ne soit souvent étudiée qu'en rapport aux objets, sa définition s'applique tout aussi facilement aux relations de dépendance entre complexes d'individus ou de propriétés. L'un des deux termes de la relation de dépendance constante peut être un état de choses. A titre d'exemple on peut mentionner des cas comme l'état de choses *que Mary a le droit de conduire* qui est constamment dépendant de l'état de chose *que le permis de Mary est valide*. Il peut aussi y avoir des cas où un état de choses est constamment dépendant d'un autre qui comprend le même individu (par exemple, α peut être identique à β : *que Jane est une sprinteuse* dépend du fait *que Jane est bipède*) ou d'autres cas où les deux états de choses comprennent la même propriété mais deux individus différents (par exemple, *que la jupe d'une danseuse est peinte en bleu* dépend du fait *que certaines taches de peinture sont bleues*). Finalement, un état de choses peut dépendre rigidement d'un objet, ou vice versa. Par exemple, l'état de choses *que Margaret Thatcher est une femme* dépend de Margaret Thatcher, et Margaret Thatcher peut être constamment et rigidement dépendante de l'état de choses *que Margaret Thatcher est un être humain*.

Nous pouvons distinguer en outre des cas particuliers de dépendance rigide dans lesquels une *propriété* dépend constamment et rigidement d'un individu particulier. Qu'une propriété P soit constamment et rigidement dépendante de β signifie que : si à un moment T il y a une chose quelconque qui est P, alors à ce même moment T il doit y avoir aussi β. Ces exemples sont peut-être moins intéressants qu'abondants. Qu'on pense, par exemple, à la propriété d'être la femme d'Henri VIII : pour que quelqu'un soit la femme d'Henri VIII il faut l'état de choses particulier *qu'Henri VIII est un homme*.

Mais il peut y avoir aussi des relations de dépendance constante générique : l'entité α exige constamment qu'il y ait quelque chose qui instancie une propriété donnée, même s'il n'y a aucun individu particulier exemplifiant cette propriété dont α dépend. Par exemple, à tout moment de l'existence des Etats-Unis, il doit y avoir quelque chose qui instancie la propriété d'être un citoyen des Etats-Unis, bien qu'il n'y ait pas un citoyen particulier dont l'existence soit requise pour que les Etats Unis continuent d'exister. Objets, états de choses et propriétés peuvent tous entrer dans des relations de dépendance générique constante. Dans certains cas même α ou une partie de α peuvent instancier cette propriété si bien que α peut parvenir à remplir cette condition par lui-même ; par exemple, qu'une usine soit en état de marche exige qu'il y ait une source d'énergie, mais une usine peut aussi se servir de sa propre source d'énergie.

La dependance historique

Dans les cas de dépendance constante une entité dépend d'une autre à tout moment de son existence. Mais il y a aussi un autre type de dépendance, tout aussi important et répandu : la dépendance historique, qui apparaît quand une entité en exige une autre afin d'entrer initialement dans l'existence mais qui, une fois créée, peut continuer à exister indépendamment de celle-ci. Cette variété de dépendance est plus faible que la dépendance constante, car elle n'exige pas que l'entité de support soit présente à tout moment de l'existence de l'entité dépendante.

Si la dépendance historique en question requiert l'existence d'un individu particulier on pourra dire qu'il s'agit d'une « dépendance historique rigide ». Par exemple, je dépends historiquement et rigidement de mes parents ; ils sont nécessaires pour que je puisse venir à l'existence mais, une fois créé, je peux continuer à exister sans eux. Pareillement, un échantillon E d'alcool est dépendant d'une manière historique et rigide d'un échantillon particulier E_1 de sucres simples (s'il y avait une quantité numériquement différente de sucre, cela aurait produit une quantité numériquement différente d'alcool, car les atomes mêmes qui composent l'alcool auraient été différents). Mais une fois que l'alcool est produit, ces molécules de sucre n'ont pas besoin de continuer à exister (et, en réalité, elles ne le peuvent pas). Les propriétés, aussi, peuvent être dépendantes à la fois historiquement et rigidement : pour que quelqu'un ait la propriété d'être le fils d'Adam, il faut qu'Adam lui-même ait existé, avant ou pendant que l'état de choses *que quelqu'un est le fils d'Adam* existe, bien qu'il puisse continuer à être le fils d'Adam même après qu'Adam lui-même a cessé d'exister.

On pourrait aller jusqu'à affirmer (dans une veine plutôt kripkéenne) que toute entité créée doit être créée par un individu déterminé et pas seulement par un individu d'un certain type spécifique, car la source déterminée de l'existence d'un étant créé fait partie de son essence. La Reine Elisabeth, une entité historiquement dépendante, ne dépend pas simplement du fait qu'il y a des entités *comme* ses parents : elle dépend historiquement de ces *mêmes* parents. Pour que la Reine Elisabeth existe, il est nécessaire non seulement qu'elle ait été créée par quelqu'un, ou qu'elle ait été créée par des gens ayant telles ou telles caractéristiques, mais qu'elle ait été créée par l'union de George VI et d'Elisabeth (plus précisément par l'union de tel spermatozoïde et tel ovule)[47]. A la lumière de ces considérations, on pourrait penser que le concept d'une dépendance qui soit historique et générique est dépourvu de sens, car tout objet, s'il est dépendant historiquement, est également dépendant historiquement et rigidement d'un individu particulier, et pas seulement d'une quelque entité qui remplit certaines conditions.

Que la dépendance historique rigide soit — comme nous montrent tous ces exemples — une relation extrêmement importante et répandue,

---

[47] Kripke prend ici l'exemple de la Reine Elisabeth (Kripke 1972, pp. 110-113 ; tr. fr. pp. 100-101).

n'empêche pas qu'il puisse y avoir de la place pour des dépendances historique et générique. On peut imaginer qu'il s'agit du type de dépendance qui relie une entité aux conditions nécessaires à sa création qui ne sont pas pour autant contenues dans son identité d'entité créée. Le catalyseur d'une réaction est un parfait exemple de dépendance historique et générique d'un objet. Comme les molécules d'un catalyseur ne se combinent pas d'elles-mêmes avec les éléments chimiques initiaux pour former le produit, n'importe quel échantillon pour un type de catalyseur efficace ferait l'affaire. Par exemple, l'alcool est formé à partir d'un échantillon de sucres simples qui est ensuite mélangé avec de la levure, celle-ci jouant simplement le rôle de catalyseur. La levure ne fait pas partie du composé final, elle ne fait que faciliter la réaction, si bien que, à partir du même sucre initial, on aurait pu utiliser des tas de paquets de levure différents et toujours aboutir à un seul et même lot d'alcool. Par conséquent, bien qu'un échantillon donné d'alcool soit dépendant rigidement et historiquement du sucre dont il est formé, il ne dépend que *génériquement* et historiquement de la levure (ou de tout autre catalyseur approprié). Le bronzage peut servir d'exemple pour illustrer la dépendance générique historique des états de choses. La venue à l'existence de l'état de choses *que la peau de Jim est bronzée* à un moment particulier de l'année (disons, le Memorial Day) exige la présence de rayons UVA mais aucun rayon UVA particulier n'est par contre exigé pour ce bronzage, et la peau de Jim peut rester bronzée (pendant une certaine période) sans qu'il soit besoin de la présence continue de rayons UVA[48].

Les relations entre les differents types de dependance

Avec toutes ces variantes de relations de dépendance — liées à la nécessité, au temps, à la rigidité de la dépendance, aux types d'entités qui jouent de rôle de termes de la relation — il est facile de comprendre pourquoi le fait de parler simplement de « dépendance », d'une manière large et indifféren-

---

[48] Le bronzage, ainsi que toute propriété adventice d'un objet, correspond à ce qu'Ingarden appelle « propriété acquise » d'un objet. Cf. la discussion des propriétés acquises dans Ingarden 1947-65, vol. II.1, 362-379.

ciée, risquerait de produire un certain nombre d'équivoques, en masquant d'importantes différences entre les relations de dépendance en jeu. En revanche, si on explicite les variations à l'intérieur des relations de dépendance et de leurs termes, on peut atteindre une compréhension de la dépendance beaucoup plus fine et augmenter considérablement la portée et l'efficacité du concept de dépendance dans les contextes philosophiques les plus divers.

Mais si l'on veut élaborer une théorie de la dépendance qui soit d'une quelconque utilité philosophique, il faut plus qu'une simple énumération des différentes formes qu'elle est susceptible de prendre. Nous avons besoin notamment de savoir comment ces différentes formes de dépendance sont mutuellement liées. A partir des définitions proposées nous pouvons déjà indiquer un certain nombre de relations évidentes entre les différentes variétés de dépendance étudiées.

1. Si α est constamment dépendant de β, alors α est historiquement dépendant de β.

Premièrement, la dépendance constante entraîne la dépendance historique ; si une fête, par exemple, a besoin d'invités pour continuer à exister, alors elle doit aussi en avoir besoin pour commencer à exister, car à aucun moment de son existence elle ne pourrait se passer des invités et donc, *a fortiori*, elle ne pourrait même pas commencer à exister si à un moment donné (ou à un moment précédent) il n'y avait pas déjà des invités.

2. Si α est historiquement dépendant de β alors α est dépendant de β.

Pareillement, s'il y a de la dépendance historique ou de la dépendance constante (prises séparément) alors il y a de la dépendance tout court. Car si une chose dépend de quelque chose d'autre pour venir à l'existence (ou pour continuer à exister), il faut que la chose dont elle dépend existe à un moment ou à un autre, si bien qu'elle en dépend aussi en un sens général.

1. Si α est rigidement/constamment/historiquement dépendant d'un état de choses incluant la propriété Q, alors α est génériquement/constamment/historiquement dépendant de Q.

Cela veut dire que la dépendance rigide (de tout type) à l'égard d'un état de choses particulier qui inclut une propriété entraîne une dépendance générique (du type en question) à l'égard de quelque chose qui instancie cette propriété : si le fait d'être vivant est constamment et rigidement dépendant des battements de mon cœur, alors on peut dire aussi que le fait que je sois en vie est génériquement et constamment dépendant de ce *quelque chose* qui bat. Si rien ne bat, alors je ne peux pas être en vie.

1. La dépendance est transitive.
2. La dépendance constante est transitive.
3. La dépendance historique est transitive.

Finalement, chaque type de dépendance est transitif : si un personnage fictionnel dépend d'une œuvre littéraire qui le concerne, et qu'une œuvre littéraire dépend de ses exemplaires, alors un personnage de fiction dépend des exemplaires de l'œuvre qui le concerne ; pareillement, si je suis dépendante historiquement de ma mère et elle de sa propre mère, alors je dépends historiquement de ma grand-mère. Dans la mesure où la dépendance est transitive, les entités dépendantes peuvent être stratifiées : une entité peut dépendre immédiatement d'une autre, qui à son tour dépend d'une autre encore, et ainsi de suite.

Les personnages de fiction offrent un terrain particulièrement propice et fécond pour élaborer une théorie de la dépendance, non seulement car ils sont impliqués dans plusieurs types de rapports de dépendance à l'égard de plusieurs types d'entités, mais aussi parce que les entités de base dont ils dépendent sont stratifiées : ils dépendent des œuvres littéraires, qui dépendent à leurs tour d'autres entités. Nous pouvons maintenant utiliser ce système de dépendances pour revenir sur notre compréhension préalable des objets fictionnels afin de la rendre plus précise et détaillée. Les détails de la théorie de la dépendance se révéleront tout aussi cruciaux lorsqu'il s'agira de déterminer, dans la Deuxième Partie, la place occupée par les personnages de fiction au sein d'un système général de catégories. Mais il ne faudra pas oublier que le phénomène de la dépendance est extrêmement général, et que non seulement les fictions, mais aussi beaucoup d'autres types d'entités se trouvent impliqués dans les types de relations de dépendance évoqués — relations qui, dans le cas des personnages de fiction, sont agencées d'une manière particulièrement intéressante.

Chapitre 3

Les personnages de fiction en tant qu'artefacts abstraits

D'après le tableau qu'on vient de brosser, les personnages fictionnels apparaissent comme des entités dépendantes d'ordre supérieur, et, plus précisément, comme des entités qui dépendent à plusieurs égards de plusieurs entités. Nous pouvons maintenant étudier plus en détail ce en quoi consistent ces dépendances et découvrir que, en raison leurs relations de dépendance, les personnages de fiction sont davantage des artefacts abstraits — des types d'entités qu'on rencontre souvent mais qui sont encore peu reconnus. Afin de rendre leur statut ontologique plus clair, je vais commencer par utiliser les analyses de la dépendance du chapitre précédent dans le but de préciser davantage l'idée de théorie artefactuelle qu'on vient de présenter d'une manière générale. Je me pencherai ensuite sur la manière dont ces entités dépendantes s'insèrent à l'intérieur d'une métaphysique modale générale.

Les dependances des personnages de fiction

Tout d'abord, les personnages de fiction dépendent d'une manière directe 1) des actes créatifs de leur ou leurs auteurs et 2) d'une œuvre littéraire. Il est clair que la dépendance du personnage de fiction à l'égard des actes intentionnels de son ou de ses créateurs est une dépendance rigide historique. Sa dépendance historique à l'égard de certaines formes d'intentionnalité indique qu'il s'agit d'un artefact, un objet créé par l'activité délibérée d'un être humain (ou d'un autre être intelligent). Ces types d'objets ne nous sont certainement pas inconnus ; au contraire, des ordinateurs aux couverts, en passant par les canapés, les artefacts sont des entités que nous trouvons partout et sans effort dans notre vie quotidienne. Pourtant, peu d'efforts ont été faits pour les intégrer dans une ontologie philosophique car, d'un côté, on a craint que leurs conditions d'identité soient trop difficiles à démêler ; de l'autre, car on ne savait pas grand-chose de la dépendance à l'égard des pensées et des pratiques des êtres humains. Or, en tant qu'artefacts, les personnages de fiction sont tout à fait comme les autres artefacts. Et le fait d'en définir les conditions d'identité et les dépendances mutuelles peut donc ouvrir la voie à une meilleure compréhension des artefacts en général.

Un deuxième type de dépendance immédiate propre aux personnages de fiction est la dépendance générique constante qui les relie à certaines œuvres littéraires qui les concernent : constante, dans la mesure où un personnage existe seulement aussi longtemps que l'œuvre littéraire qui le concerne continue d'exister ; générique, car le personnage peut continuer à exister grâce à la présence d'une œuvre littéraire quelconque parmi celles qui le concernent. Dans la mesure où la dépendance est transitive, un personnage de fiction est à son tour génériquement dépendant des entités sous-jacentes dont dépend l'œuvre littéraire en question. Mais les œuvres littéraires, tout comme les personnages de fiction, sont des entités impliquées dans de multiples rapports de dépendance. Si l'œuvre littéraire, comme le personnage de fiction, dépend d'une manière rigide et historique des actes de son créateur, ce fait n'épuise pas son réseau de dépendances car elle dépend aussi de l'un de ses exemplaires ou de ses traces ainsi que d'un public capable de la comprendre. Puisqu'une œuvre littéraire ne dépend pas d'un exemplaire particulier mais seulement d'un exemplaire ou d'une trace quelconque, sa dépendance constante à l'égard de l'existence de quelque chose ayant les caractéristiques pertinentes pour qu'il soit considéré comme un exemplaire ou une trace, est seulement une dépendance de type générique[49] ; de même, puisqu'aucun lecteur particulier n'est requis ici, le besoin de lecteurs compétents n'est qu'un cas de dépendance constante générique. Avec la dépendance à l'égard des œuvres littéraires et celle à l'égard des auteurs nous avons épuisé la liste des entités dont les personnages de fiction dépendent d'une manière immédiate ; les dépendances à l'égard des auteurs, des exemplaires ou des traces et des lecteurs compétents épuisent à leur tour les dépendances directes des œuvres littéraires. Naturellement, on est loin d'avoir atteint le dernier maillon de la chaîne des dépendances des personnages de fiction, car il est assez probable que les lecteurs compétents et les exemplaires d'une œuvre littéraire dépendent à leur tour d'autres types d'entités.

---

[49] Ces conditions seront étudiées plus en détail dans le Chapitre 5.

Or, si d'après notre conception les personnages de fiction sont des artefacts, il ne s'agit pas pour autant d'artefacts concrets comme les tables ou les chaises. En effet, malgré leurs dépendances à l'égard d'entités ordinaires comme les exemplaires de textes ou les auteurs, les personnages fictionnels ne sont absolument pas localisés dans le temps ni dans l'espace et, en ce sens, il s'agit plutôt d'artefacts abstraits. Comme on peut le vérifier empiriquement, les personnages de fiction ne se trouvent pas dans les endroits où les œuvres littéraires les situent. Quiconque s'attendrait à trouver Sherlock Holmes au 221B Baker Street ou quelque part ailleurs dans le continuum spatio-temporel, commettrait une erreur très naïve. Plus précisément, en tenant Holmes pour une entité spatio-temporelle (peut-être un homme réel) plutôt qu'un personnage fictionnel, celui-là commettrait une erreur de catégorie.

Mais mis à part le recours aux endroits qu'ils sont censés occuper, la seule manière convenable pour trouver un autre candidat pour localiser spatio-temporellement un personnage de fiction consiste à dire que celui-ci se trouve « dans » l'œuvre littéraire et donc là où se trouve l'œuvre elle-même. Mais où se trouvent donc les œuvres littéraires ? Seuls les exemplaires d'une œuvre littéraire, non l'œuvre elle-même, sont dotés d'une localisation particulière. Une œuvre littéraire ne dépend que d'une manière générique de l'un de ses exemplaires (de ses traces, souvenirs etc.). Donc, bien qu'elle puisse apparaître dans des instances de textes divers, l'œuvre ne saurait être identifiée avec aucune d'entre elles, car elle peut survivre à la destruction de tous ces exemplaires sauf un, peu importe lequel. Mais on ne peut pas non plus considérer l'œuvre littéraire comme un *scattered object*, un objet éclaté qui se trouverait dans la totalité de ses différents exemplaires, car l'œuvre elle-même ne subit aucun changement de taille, de poids, ou de lieu si certains de ces exemplaires venaient à être détruits ou déplacés[50].

On aurait donc tort de vouloir localiser les personnages de fiction au même endroit que les exemplaires des œuvres littéraires dans lesquelles ils semblent être situés, récités ou produits. Certes, nous disons que les personnages de fiction sont « dans » certaines œuvres littéraires, mais les décrire comme étant « ici », à l'intérieur des œuvres littéraires, est au mieux métaphorique. Prendre cette façon de parler au pied de la lettre entraînerait deux erreurs.

---

[50] On trouve des arguments similaires chez Ingarden 1931 (§§1-7) et Wollheim 1968 (§§ 5-8) qui critiquent l'identification des œuvres littéraires avec leurs exemplaires, pris singulièrement ou ensemble.

Premièrement, on confondrait l'œuvre littéraire abstraite, qui n'a aucune localisation spatio-temporelle, avec ses exemplaires concrets, qui eux en ont une. Deuxièmement, ce serait confondre une description (ou le *token* d'une description) du personnage de fiction avec le personnage lui-même. Les *tokens* de descriptions des personnages peuvent être situés dans les exemplaires de l'œuvre littéraire, mais le fait qu'une description d'une certaine entité ait une localisation particulière ne veut pas dire que l'entité en question soit localisée au même endroit. Jamais on ne commettrait une telle erreur pour une personne réelle décrite dans une œuvre littéraire : du fait que Nixon soit décrit dans *Tous les hommes du Président* personne ne tirerait la conclusion que Nixon, l'homme, se trouve partout où se trouvent des exemplaires de ce texte.

Mais les exemplaires du texte sont les entités concrètes les plus proches dont les personnages de fiction dépendent. Si les personnages de fiction étaient dépendants, d'une manière constante et rigide, à l'égard d'une seule entité spatio-temporelle particulière, nous aurions peut-être une raison de les localiser à partir de leur fondement. Mais puisqu'ils ne sont pas constamment et rigidement dépendants d'une entité spatio-temporelle particulière, il n'y a aucune raison de les rattacher à la localisation spatio-temporelle d'aucune des entités qui les soutiennent.

Or, si l'on ne saurait localiser les personnages de fiction ni à partir des lieux qui leur sont attribués par l'histoire, ni à partir de l'emplacement des exemplaires des œuvres littéraires, en l'absence d'autres candidats plus plausibles, il semblerait plus sage de les traiter tout simplement comme des entités qui *n'ont pas* de localisation spatio-temporelle. Et c'est justement ce que nous faisons tout le temps : les lecteurs expérimentés traitent les personnages de fiction comme étant dépourvus de toute localisation spatio-temporelle, et donc, en ce sens, comme des entités abstraites[51]. Nous pouvons donc en conclure que, pour le dire d'une façon ramassée, les personnages de fiction peuvent être caractérisés comme un certain type d'objets abstraits.

Mais admettre qu'il y a des objets abstraits entraîne d'aller au-delà des ontologies traditionnelles, limitées à une ou deux catégories. Les tentatives de bâtir une ontologie à partir de la seule catégorie des particuliers spatio-

---

[51] Ainsi, « abstrait » veut simplement dire ici « dépourvu de localisation spatio-temporelle ». Mais le terme « abstrait » a aussi de nombreuses autres significations. Je discuterai de ce problème au Chapitre 8.

temporels sont plutôt fréquentes. Le besoin d'introduire des entités mathématiques a conduit cependant d'autres auteurs (parfois avec réticence) à admettre une catégorie supplémentaire, celle des entités abstraites platonisantes : intemporelles, immuables, sans localisation spatio-temporelle. Mais les personnages de fiction et les autres entités abstraites dépendantes ne sont pas non plus à leur place dans une telle catégorie ; bien que dépourvues de localisation spatio-temporelle (et, en ce sens, abstraites) beaucoup d'entre elles dépendent en réalité d'entités contingentes, et ne devraient pas être traitées comme des entités nécessaires. De plus, les artefacts abstraits ne sont pas intemporels : ils ont été créés à un moment donné, dans des circonstances données, ils peuvent changer, et après avoir été créés ils peuvent à nouveau cesser d'exister.

Les personnages de fiction en metaphysique modale

Une manière d'expliquer le mode de fonctionnement de notre approche, ainsi que les avantages de notre analyse des personnages de fiction vis-à-vis des approches rivales (possibilistes ou abstractionnistes meinongiennes) consiste à montrer comment des personnages de fiction conçus comme des artefacts abstraits pourraient s'inscrire à l'intérieur d'une métaphysique modale générale. Une métaphysique modale traditionnelle inclut tant des entités concrètes réelles que des entités concrètes possibles ; si on inclut également des entités abstraites, celles-ci sont généralement considérées comme des habitants de tous les mondes possibles. Il y a trois réponses standard à la question de savoir dans quels mondes possibles peut exister un personnage de fiction : 1) la conception des adversaires des fictions, selon laquelle il n'y a pas d'objets fictionnels dans les mondes réels, pas plus que dans aucun des mondes possibles ; 2) la conception possibiliste, selon laquelle les personnages de fiction sont des entités possibles, et ils existent donc dans les mondes possibles (mais pas dans le monde réel) ; 3) et la conception abstractionniste, selon laquelle les personnages de fiction, tout comme les autres objets abstraits, existent dans tous les mondes possibles (y compris dans le monde réel).

Le fait d'avoir démêlé les rapports de dépendance des personnages de fiction nous permet de proposer une quatrième réponse à la question de l'appartenance d'un personnage de fiction à tel ou tel autre monde possible. La voici : chacun des personnages fictionnels qui nous sont familiers (réels) existe dans le monde réel ainsi que dans tous ces mondes possibles qui contiennent l'ensemble des entités de support nécessaires à son existence. Par exemple, les mondes sans Shakespeare sont aussi des mondes sans Hamlet, Macbeth et tout le reste ; les mondes sans les histoires de Holmes sont aussi des mondes sans Sherlock Holmes ; et les mondes qui manquent entièrement de tout être conscient sont des mondes qui manquent entièrement de personnages de fiction. Notons que cette solution présuppose aussi l'existence, dans les autres mondes possibles, d'entités réelles comme des auteurs et leurs actes créatifs. Ainsi, si on accepte l'idée que dans les autres mondes possibles il n'y a pas d'individus réels mais seulement des "contreparties", alors il n'y a *eo ipso* que des "contreparties" de personnages de fiction. C'est seulement en admettant que dans les autres mondes existent les entités réelles dont ils dépendent qu'on peut finir par admettre l'existence de personnage de fiction véritables.

Nous pouvons établir des conditions plus précises pour déterminer les mondes dans lesquels se trouve un personnage, en examinant les relations de dépendance particulières qu'il entretient. Dans la mesure où un personnage de fiction est rigidement dépendant de son auteur pour venir à l'existence, tout monde possible qui contient un personnage donné est un monde dans lequel on trouve également son auteur avec ses actes créatifs. En réalité, on pourrait même ajouter que, puisqu'un personnage ne peut exister avant qu'il ne soit créé par de tels actes, tout temps ou tout monde qui contient un personnage donné est un monde qui doit aussi contenir, dans un temps antérieur ou en même temps, les actes créatifs de l'auteur. En outre, puisqu'un personnage de fiction dépend constamment de l'existence d'une œuvre littéraire à son sujet, tous les mondes (et tous les temps) qui contiennent un personnage donné sont aussi des mondes (et des temps) qui contiennent une certaine œuvre littéraire quelconque s'y rapportant. Mais puisqu'un personnage peut continuer à exister grâce à deux ou plusieurs œuvres littéraires différentes, il peut apparaître dans des œuvres littéraires différentes dans des mondes possibles différents, à condition que son "point source", c'est-à-dire les actes créatifs de son auteur, existe dans les mondes possibles en question, et que les œuvres littéraires qui portent sur le personnage puissent y être aussi. Chaque monde peut donc assurer l'existence de Holmes par des œuvres littéraires différentes : on pourrait imaginer que dans certains mondes ne soit conservé que *Les cinq pépins d'orange*, dans d'autres seulement *Un scandale en Bohème*. Dans d'autres mondes encore, où Doyle aurait écrit une nouvelle histoire de Holmes (qui n'existe pas dans notre monde réel), l'existence de Sherlock aurait pu être assurée par cette nouvelle œuvre littéraire, même s'il n'y avait pas les autres.

Si on admet que la présence conjointe des actes créatifs d'un auteur et d'une œuvre littéraire qui porte sur un personnage est suffisante pour que le personnage fictionnel en question existe, alors celui-ci existe *dans tous* ces mondes qui contiennent l'ensemble des entités sous-jacentes requises *et seulement* dans ceux-ci. Si une quelconque condition devait faire défaut, alors le monde ne pourrait pas contenir le personnage, même s'il contient quelques-uns de ses fondements. Si Doyle n'existe pas dans un monde, alors Holmes n'y est pas non plus. S'il y avait un monde dans lequel les œuvres de Doyle n'avaient jamais été traduites, et que tous les usagers de l'anglais avaient été éliminés et qu'il n'y avait plus personne par conséquent pour comprendre ou se souvenir de ses œuvres, alors, dans ce monde, Sherlock Holmes cesserait également d'exister, et ce même si des exemplaires imprimés des œuvres de Doyle y étaient préservés. Si dans un autre monde encore, la première œuvre de Doyle consacrée à Holmes n'avait jamais été publiée, si Doyle avait abandonné l'écriture et détruit tous les exemplaires du manuscrit et s'il n'avait parlé à personne des histoires qu'il recèle, Holmes disparaîtrait de ce monde en même temps que les derniers souvenirs de Doyle.

Le fait de traiter ces personnages comme des membres du monde réel et (seulement) de certains mondes possibles nous permet d'expliquer d'une manière plutôt simple la vérité apparente d'énoncés comme : bien qu'il y ait un personnage tel que Sherlock Holmes, si Arthur Conan Doyle avait été davantage occupé par son travail de médecin, Holmes n'aurait peut-être jamais été créé. Les autres manières courantes de déterminer dans quels mondes possibles se trouve un personnage de fiction, ne permettent pas semble-t-il de rendre compte de vérités fondamentales telles que celle-ci. Les adversaires des objets fictionnels considèrent sans doute le fait que le travail médical de Doyle lui laissait beaucoup de temps libre comme un élément de peu d'importance, car à leurs yeux Sherlock existe aussi peu maintenant que si Doyle ne s'était jamais mis à écrire. Les auteurs qui traitent les objets fictionnels comme des entités possibles irréelles ou des entités abstraites nécessaires ne s'intéressent pas davantage à ces conditions favorables, car ils estiment que l'entité possible ou abstraite Holmes était bien là — avant *et* après sa découverte par un auteur. Bien que Doyle ait relaté les événements de la vie de Holmes, ce fait n'a pas plus d'importance pour l'existence de Holmes que les œuvres littéraires sur Richard Nixon pour l'existence de Nixon lui-même. Ces deux positions peuvent, au mieux, considérer ces entités comme ayant été sélectionnées et décrites à un moment donné, mais elles ne peuvent pas les considérer comme ayant été créées par les actes de leurs auteurs. Le fait que la théorie artefactuelle soit capable d'expliquer cette croyance fondamentale ainsi que la pertinence des énoncés sur des personnages de fiction qui auraient pu ne jamais venir à l'existence en fait une alternative particulièrement attirante.

De plus, la théorie artefactuelle nous permet aussi d'examiner à quelles conditions il aurait pu y avoir d'autres personnages de fiction que ceux qui existent effectivement. S'il y a un monde dans lequel Doyle arrête d'écrire des histoires sur Holmes et s'adonne à l'écriture de romans d'amour mettant en scène un charpentier malheureux, nous pouvons dire qu'il est possible qu'il y ait un charpentier fictionnel créé par Doyle, qui existe dans ces mondes où il a été créé par Doyle et maintenu à l'existence par une ou plusieurs histoires d'amour possibles. Mais le charpentier fictionnel de cet autre monde resterait néanmoins un personnage de fiction possible et non un charpentier possible. Quiconque souhaite maintenir une distinction ontologique nette entre entités possibles et entités réelles trouvera cette thèse plutôt attrayante. En effet, alors que dans les théories possibilistes ou abstractionnistes, ces deux personnages partagent le même statut ontologique, ils diffèrent seulement en ceci que dans le monde réel on a écrit seulement au sujet de Holmes (qui n'est donc fictionnel qu'ici), selon la théorie artefactuelle Holmes et le charpentier sont des entités, respectivement, réelle et possible — ce qui respecte donc la différence ontologique apparente entre ces personnages qui existent et ceux qui auraient pu exister.

Les fictions et les autres entités abstraites dependantes

J'ai proposé d'envisager les personnages de fiction non pas comme des entités simplement possibles, ni comme des entités abstraites nécessaires, mais comme des entités dépendantes qui sont présentes dans tous les mondes dans lesquels elles trouvent leurs fondations nécessaires, et seulement dans ceux-là. Cette solution au problème de la place des objets fictionnels dans une métaphysique modale dévoile une nouvelle manière de concevoir la place des entités abstraites dépendantes en général à l'intérieur d'une ontologie des mondes possibles. Une manière qui pourrait se révéler plus adaptée à l'explication d'au moins un certain type d'entités abstraites, et qui pourrait même parvenir à séduire certains partisans des entités abstraites.

Lorsqu'elles sont étudiées à l'intérieur d'une ontologie des mondes possibles, les entités abstraites sont souvent traitées comme les habitants de *tous* les mondes possibles, comme des êtres idéaux et nécessaires. Mais cela peut paraître étrange, notamment si on pense à certains types d'entités abstraites comme les œuvres littéraires ou les œuvres musicales. Car celles-ci, comme les personnages de fiction, ont plutôt l'air d'être des entités créées — créés par des compositeurs ou des auteurs particuliers, qui les portent à l'existence dans des circonstances historiques et culturelles déterminées — et non des entités découvertes ou sélectionnées à l'intérieur d'un royaume omnitemporel d'entités idéales[52]. Le fait d'accepter la catégorie des entités abstraites dépendantes nous permet ainsi de rendre compte d'une manière plus précise d'entités comme les personnages de fiction, les œuvres littéraires et les œuvres musicales et de nous donner les moyens de les étudier sans avoir besoin de postuler des objets indépendants idéaux de type platonisant.

Mais le choix de considérer toutes les entités abstraites comme des êtres nécessaires est sans doute peu attrayant aussi pour tous ces auteurs — comme ceux qui adoptent une conception *in rebus* des universaux[53], qui ont une théorie constructiviste des entités mathématiques[54] ou qui considèrent certaines idées comme les produits de cultures ou d'actes mentaux individuels

---

[52] Ingarden soutient que les œuvres littéraires ne peuvent pas être considérées comme atemporelles à l'image des entités idéales (Ingarden 1931, tr. fr. pp. 28-31). Dans son étude « What a Musical Work Is » Levinson propose des arguments similaires, en affirmant que les œuvres musicales ne sauraient être identifiées à de simples structures abstraites (cf. Levinson 1990, pp. 65-78).

[53] David Armstrong défend une théorie des universaux *in rebus* et soutient que les seuls universaux existants sont ceux instanciés à un certain moment, soit-il passé, présent ou futur (cf. Armstrong 1989 pp. 75-82).

[54] Pour une explication claire du constructivisme mathématique cf. Posy 1974, pp. 125-159.

— persuadés que certaines espèces d'entités abstraites sont dépendantes[55]. En effet, dans tous ces cas, il sonnerait faux de dire que de telles entités sont présentes dans tous les mondes possibles, même si elles n'y sont pas instanciées ou créés.

En ce qui concerne les personnages de fiction, j'ai insisté sur le fait qu'ils sont abstraits (car ils n'ont pas de localisation spatio-temporelle) mais qu'ils ne sont pas pour autant des habitants de tous les mondes possibles (car ils habitent seulement ces mondes qui contiennent les entités dont ils dépendent). Cette réponse à la question de savoir dans quels mondes possibles se trouvent certains personnages de fiction dérive directement de leur statut d'entités dépendantes. Mais ce même principe s'applique aussi aux autres types d'entités dépendantes, dont on peut dire qu'ils existent dans tous les mondes possibles où se trouvent les entités de support qui les fondent. Ainsi, d'après la conception *in rebus* des universaux, l'universel *être-rouge* existe exclusivement dans les mondes dans lesquels il y a quelque chose de rouge (car il dépend du fait d'être instancié). Une œuvre musicale comme une symphonie peut exister seulement dans les mondes qui contiennent son créateur ainsi qu'au moins une de ses interprétations. Une entité mathématique, conçue dans un cadre constructiviste, peut exister seulement dans les mondes contenant les actes mentaux du type en question. De la même façon, une idée culturellement délimitée ne peut exister que dans un monde où elle a été développée par certains actes intentionnels d'une communauté donnée, et une loi d'Etat ne peut exister que là où elle est décrétée par un pouvoir législatif légitime.

En suivant cette méthode, on peut faire varier les mondes possibles non seulement en fonction des entités ordinaires et spatio-temporelles mais aussi du type d'entités abstraites qu'ils contiennent ; on peut donc repérer des entités contingentes abstraites et dépendantes à partir des mondes possibles dans lesquels se trouvent les entités qui les soutiennent. Il y a donc autant de voies pour établir dans quels mondes une entité abstraite peut exister que de modes où celle-ci peut être (ou ne pas être) dépendante.

Pourtant, notre proposition de postuler des objets fictionnels (ainsi que d'autres entités abstraites semblables) conçus de telle manière risque sans doute d'être accueillie avec crainte et réticence par nombre de partisans d'une

---

[55] Dans son étude inédite « The Background of Intentionality », David W. Smith soutient que les idées et les contenus intentionnels devraient être considérés comme des entités dépendantes, créées.

ontologie traditionnelle à une ou deux catégories. Il y a notamment deux grandes inquiétudes qu'il nous faudra affronter avant d'envisager sérieusement la possibilité d'admettre de telles entités dans notre ontologie. Un premier problème, pour tous ceux qui souhaitent postuler l'existence d'entités abstraites de toute sorte, est le suivant : comment peut-on connaître ou se référer à de telles entités si elles ne s'insèrent pas dans l'ordre causal des objets spatio-temporels ? Et voici l'autre problème, incontournable si nous voulons inclure les personnages de fiction (mais aussi d'autres types d'entités abstraites) dans notre ontologie : est-il possible d'établir des conditions d'identité satisfaisantes pour ce genre d'entités ?

Je m'attacherai à présent à montrer comment on peut résoudre ces problèmes en traitant les personnages de fiction comme des entités relativement familières, liées au monde quotidien qui nous entoure par des relations de dépendance. Trouver des solutions claires pour les objets fictionnels considérés comme des entités abstraites dépendantes ne devrait pas seulement nous aider à redouter un peu moins le soi-disant caractère récalcitrant des objets fictionnels, cela devrait aussi préparer le terrain pour rendre acceptables des analyses portant sur le statut ontologique des autres objets culturels et abstraits, fondées sur la notion de dépendance.

Chapitre 4

La référence aux personnages de fiction

Les théories dominantes de la référence des noms ont insisté sur le fait que les noms, à la différence des descriptions, fonctionnent par référence directe à leurs objets, et sur le rôle essentiel joué par les circonstances causales et historiques dans notre capacité à faire référence aux objets par le biais de leurs noms. Le cas des noms fictionnels semble venir court-circuiter ce modèle. Si les objets fictionnels n'ont pas de localisation spatio-temporelle, alors ils sont causalement inertes ; mais s'ils sont causalement inertes, on ne comprend pas comment les circonstances causales ou historiques pourraient jouer le moindre rôle dans la référence des noms fictionnels.

Cette incompatibilité apparente entre la thèse du caractère référentiel des noms fictionnels et celle du caractère essentiel des caractéristiques causales ou historiques pour la détermination de la référence des noms, a poussé plusieurs auteurs à refuser la première thèse. C'est le cas des théories causales traditionnelles, qui traitent les noms des personnages de fiction comme des termes non référentiels. Dans *La logique des noms propres*, Kripke va encore plus loin en affirmant que les noms fictionnels véritables *ne peuvent pas* se référer à des objets, soient-ils réels ou possibles[56]. Et en effet, tout partisan d'une explication ne serait-ce que partiellement naturaliste de la référence des noms, qui tienne compte du rôle essentiel joué par les chaînes causales ou historiques, ne peut qu'avoir de bonnes raisons de s'inquiéter au sujet de ce cas particulier que sont les noms fictionnels. Les auteurs qui ont voulu prendre au sérieux le discours sur les fictions, se sont parfois saisis de l'autre branche du dilemme. Ils ont donc soutenu que puisque les théories causales ou historiques *ne peuvent*

---

[56] C'est-à-dire, à condition qu'ils soient vraiment des noms fictionnels et qu'ils ne se réfèrent pas à une entité réelle (Kripke 1972, pp. 24, 157-8 ; tr. fr. pp. 12-3, 145-6). Kripke reconnaîtra plus tard que bien que les noms fictionnels ne se réfèrent à aucune personne réelle ou possible, ils peuvent se référer à des personnages abstraits fictionnels. Je discuterai ce point, brièvement, par la suite.

accorder aucune référence aux noms fictionnels, il faut tout simplement abandonner le recours au modèle historico-causal de la référence[57].

Les soucis de référence posent des problèmes à ceux qui souhaitent postuler des objets fictionnels dans la mesure où, si on ne pouvait pas se référer à des personnages de fiction, il n'y aurait aucun intérêt à les postuler, et le processus par lequel on parvient à les connaître deviendrait quelque chose de mystérieux. Mais si on pouvait se référer aux personnages de fiction seulement (ou principalement) par le biais de descriptions et non par des noms, les noms de fictions feraient en quelque sorte bande à part, ce qui rendrait les objets fictionnels plus suspects encore et nous obligerait à abandonner tout espoir de développer une théorie de la référence unique, valable tant pour les noms fictionnels que pour les noms réels[58].

Ce problème n'est pas propre aux objets fictionnels mais concerne aussi d'autres entités abstraites. Il concerne notamment toutes ces entités qui prétendent se tenir en dehors de l'ordre spatio-temporel et causal, comme les entités mathématiques ainsi que toute autre entité abstraite[59]. Résoudre ce problème pour les objets fictionnels, pourrait donc préparer le terrain à ceux qui souhaitent faire de même pour d'autres entités abstraites.

Si on considère les personnages de fiction comme les habitants d'un autre domaine ontologique totalement indépendant du monde spatiotemporel, on voit mal alors comment on pourrait attribuer au contexte historique et causal un rôle quelconque pour déterminer la référence de leurs noms. Mais si on conçoit les personnages de fiction comme des entités historiques intimement liées aux entités spatiotemporelles dont elles dépendent, des entités aussi ordinaires que des exemplaires de textes, rendre compte du rôle des circonstances causales ou historiques dans la référence des noms fictionnels est loin d'être impossible. Même si dans le cas des personnages de fiction, un nom ne peut pas être rattaché directement à son référent d'une manière causale, il peut néanmoins être causalement rattaché à l'un des *fondements* du référent (en l'occurrence, le texte) auquel le référent est à son tour lié par la relation de dépendance ontologique. On peut donc se référer à des entités abstraites par le

---

[57] Crittenden 1991, p. 37.
[58] C'est à cause de ce problème que van Inwagen considère la référence par description comme le moyen principal pour faire référence aux personnages de fiction (Van Inwagen 1977, p. 307).
[59] Au sujet des entités mathématiques, Cf. Benacerraf 1973.

biais de leurs fondements spatio-temporels. En effet, on peut appliquer aux noms d'entités fictionnelles une version modifiée du modèle de base — élaboré par Kripke dans *La logique des noms propres* et modifié par Gareth Evans dans *Les variétés de la référence* — selon lequel la détermination de la référence des noms se fait par le « baptême » et le prolongement et la diffusion de l'usage d'un nom par la chaîne de communication. Un tel modèle peut être appliqué aux noms des entités fictionnelles à condition d'accepter l'idée qu'un parcours de référence directe peut être établi non seulement à partir de relations causales mais aussi sur la base de relations de dépendance ontologique. Et, comme je vais le montrer à la fin de ce chapitre, il y a de bonnes raisons d'accepter un tel élargissement, indépendamment de toute question relative à la fiction.

Kripke et les noms de fictions

L'argument original de Kripke, selon lequel les noms fictionnels ne peuvent pas avoir de référence, se trouve implicitement formulé dans quelques remarques succinctes qu'on peut trouver dans le *Supplément* à *La logique des noms propres*, où l'auteur essaye de tirer parti de sa thèse « surprenante » selon laquelle le manque de référence de prédicats comme « être une licorne » et de noms comme « Holmes » n'est pas seulement contingent[60]. L'analyse de Kripke est articulée en deux thèses : une thèse métaphysique et une autre épistémologique. D'après la thèse métaphysique, non seulement il n'y a pas de Sherlock Holmes réel, mais il n'y a non plus aucune personne possible qui, si elle existait réellement, serait Sherlock Holmes :

> Je défends aussi la conception métaphysique suivante : à supposer que Sherlock Holmes n'existe pas, on ne peut dire d'aucune personne possible que, si elle avait existé, elle *aurait été Sherlock Holmes*. Plusieurs personnes différentes, y compris des personnes réelles comme Darwin ou Jack l'éventreur, auraient pu accomplir les exploits de Sherlock Holmes, mais nous ne pourrions dire d'aucune d'entre elles qu'elle serait Holmes, si elle avait accompli ces ex-

---

[60] Kripke 1972, pp. 23-24 ; tr. fr. p. 12.

ploits. Imaginez le contraire, et dites-moi laquelle ç'aurait été. (Kripke 1972, p. 158 ; tr. fr. pp. 146-147)

L'idée fondamentale qui se cache derrière cet argument est que les personnages présentés et inventés dans les œuvres littéraires ou les mythes sont simplement décrits par des mots, si bien que tout ce que nous avons pour déterminer la référence est une espèce de description. Mais Kripke avait établi qu'aucune description ne suffit à déterminer la référence d'un nom, d'un terme d'espèce naturelle etc. En raison de sa forme logique, un nom (à supposer qu'il ait une référence) se réfère à un individu singulier. Mais les descriptions qu'on trouve dans les œuvres littéraires n'arrivent pas à caractériser d'une manière univoque le moindre individu, réel ou possible. Car aux descriptions incomplètes présentes dans les œuvres littéraires, viendrait correspondre un nombre infini d'individus possibles, différents les uns des autres en raison de ces propriétés que l'œuvre littéraire aurait laissées indéterminées. L'ensemble de ces remarques fournit un excellent argument contre l'identification entre personnages de fiction et entités possibles non actualisées mais, comme je vais le montrer, n'interdisent pas aux noms fictionnels d'avoir une référence.

La thèse épistémologique de Kripke propose un autre moyen pour montrer que les noms d'entités fictionnelles ne peuvent pas avoir de référence. Si on tombait sur un détective qui avait toutes les propriétés de Holmes et seulement celles-là, ce fait ne suffirait pas à prouver que Sherlock Holmes existe, car il pourrait s'agir d'une simple coïncidence. Pour prouver que cet individu existant est bien Sherlock Holmes, il faudrait aussi le recours à une connexion historique — en d'autres termes, il faudrait montrer que Conan Doyle lorsqu'il utilisait ce nom dans ses textes, se référait précisément à cet homme-là (ce qui voudrait dire qu'il avait appris à utiliser ce nom à l'intérieur d'une chaîne de communication pertinente).

L'idée à la base de ce deuxième argument semble être la suivante : les noms ont une référence en vertu de la connexion entre l'usage du nom et une pratique d'usage du nom historique qui remonte à un acte de baptême ; or, si en utilisant le nom « Holmes » Conan Doyle ne se rattache à aucune de ces pratiques, le fait de tomber sur une personne réelle qui correspond à la description de Holmes, ne suffit pas à prouver que c'est à cette personne que Doyle se réfère lorsqu'il écrit sur Holmes — nous ne pourrions donc pas identifier cette personne avec Holmes.

Tout cela signifie donc que nous tenons une condition nécessaire stricte pour qu'un nom « fictionnel » ait une référence : « Sherlock Holmes » a une référence si et seulement s'il y a une et une seule personne (réelle) au sujet de laquelle Conan Doyle écrivait en créant le personnage. On présuppose ainsi qu'un nom peut avoir une référence seulement si l'individu auquel il se réfère n'est pas fictionnel ; si un nom fictionnel a une référence, c'est qu'il est attribué à l'intérieur d'une chaîne de communication à une seule personne dans le monde réel, tout comme n'importe quel nom ordinaire (d'où sa capacité de désigner le même individu à travers tous les mondes possibles). Mais si nous avons besoin d'un acte de baptême pour fixer le référent d'un désignateur rigide, il est clair qu'il n'y a aucune entité purement possible capable de se présenter devant un auteur (ou devant qui que ce soit d'autre qui aurait commencé la chaîne d'usage du nom dont l'auteur participe) pour se faire baptiser. Il en découle que, dans la mesure où ils ne sauraient être attribués à des choses possibles lors d'un acte de baptême, ces noms — s'il s'agit vraiment de noms fictionnels, et non des noms appliqués à des personnes réelles — ne sauraient non plus se référer à qui que ce soit de réel ou possible.

Mais les dernières leçons de Kripke consacrées aux fictions (les « Conférences John Locke » de 1973 intitulées *Référence et Existence*) montrent clairement que les résultats de *La logique des noms propres* sont bien plus limités qu'on a voulu l'admettre : si les noms fictionnels ne sauraient se référer à des *personnes*, possibles ou réelles, rien ne prouve qu'ils ne pourraient se référer à des *personnages de fiction*. Comme Kripke le met bien en évidence dans la troisième conférence, il y a deux sens dans lesquels on peut dire que Sherlock Holmes existe. Premièrement, dans le sens où il est vrai que, d'après l'histoire, Holmes existe ; deuxièmement, dans le sens où il est vrai qu'il y a un tel personnage fictionnel. Or, bien qu'à l'origine, dans la narration d'histoires, des noms comme « Sherlock Holmes » n'aient qu'une simple référence présomptive, le langage ordinaire finit par leur octroyer des référents en inventant une ontologie des personnages de fiction. De tels personnages, soutient Kripke, devraient être conçus comme des entités contingentes et, "en un sens", abstraites, issues du monde réel, qui existent en vertu des activités de narration et qui sont susceptibles d'être identifiées sur la base de leurs origines dans les pratiques de narration. Pour autant qu'on en puisse juger à partir de ces courtes remarques issues d'une seule conférence, Kripke semble défendre ici une position au sujet des personnages de fiction, qui est à plusieurs égards très proche de la nôtre. Cependant, dans la mesure où Kripke n'a jamais développé ces idées et a choisi de ne pas publier ses conférences, nous ne pouvons que faire des conjectures vis-à-vis de sa position finale à ce sujet. Dans tous les cas, même s'il finit par accepter que des noms comme « Sherlock Holmes » puissent référer à des personnages fictionnels abstraits, il ne va pas plus loin, et il ne montre pas non plus comment établir et argumenter en faveur d'une telle référence à l'intérieur d'un modèle historico-causal comme le sien. C'est ce que nous allons faire maintenant.

Le baptême des objets fictionnels

Les premiers arguments avancés par Kripke dans *La logique des noms propres* sont en partie corrects : si Arthur Conan Doyle n'était pas en train de partager certaines pratiques de dénomination en vigueur pour se référer à une personne réelle, alors il n'y aurait rien de *réel* (spatio-temporel) auquel le terme « Holmes » se réfèrerait ; et cette thèse serait vraie même si on tombait sur une personne qui correspond à ces descriptions. De plus, il n'y a aucun homme possible auquel ce nom se réfère. Mais avec tout cela on n'a pas encore prouvé que le nom « Holmes » ne peut pas avoir de référence.

En effet, même si le premier Kripke avait raison d'affirmer que les noms véritablement fictionnels ne se réfèrent en aucune manière à des personnes réelles ou possibles, il serait faux d'en conclure que ceux-ci manquent de toute référence (ce que Kripke lui-même reconnaît par la suite). Pour arriver à cette conclusion, on devrait supposer, sans justification aucune que (1) les œuvres de fiction n'offrent que des descriptions ; (2) puisqu'il n'y a pas de choses spatio-temporelles susceptibles d'être baptisées, il ne peut pas y avoir de baptême et, donc, de référence rigide (du type exigé par les noms) ; (3) si les noms fictionnels ont un référent, celui-ci peut seulement être une personne, possible ou réelle. Mais si on renonce à l'idée que les noms fictionnels se réfèrent à des personnes possibles ou réelles et qu'on admet qu'ils font plutôt référence à des types d'artefacts abstraits, alors le problème change complètement.

Toute cette idée de baptiser des objets fictionnels (ou d'autres entités non-spatiotemporelles) a souvent été considérée comme absurde parce que, dans tous ces cas, il n'y a visiblement rien qu'on puisse indiquer et nommer[61]. Je peux montrer du doigt l'enfant que je nomme « Richard Nixon » et ainsi déterminer la référence de ce nom pour tous les mondes possibles ; mais il n'y a rien que Virginia Woolf, moi-même ou qui que ce soit d'autre puisse montrer du doigt en déclarant : « Ceci s'appelle Clarissa Dalloway ». De même, (normalement) il n'y a rien qui puisse correspondre à la description initiale que nous pourrions donner pour identifier préalablement un objet, en lui attribuant un nom. Mais tout cela ne prouve nullement qu'il n'y ait pas d'acte de baptême pour les personnages de fiction, mais seulement qu'un tel acte doive être conçu d'une manière différente que par rapport aux objets spatiotemporels[62].

Si on ne peut pas montrer directement du doigt un personnage de fiction qui se trouverait à l'autre côté de la pièce, la fondation textuelle du personnage permet néanmoins d'établir une forme de référence quasi-indexicale — référence grâce à laquelle ce même objet fictionnel peut être baptisé par l'auteur ou les lecteurs. On peut produire quelque chose qui aurait la valeur d'une cérémonie de baptême en écrivant les mots d'un texte, ou simplement en la livrant explicitement dans le texte même, ou encore (si le personnage est nommé plus tard, par les lecteurs par exemple) en la laissant implicite dans le texte[63].

---

[61] Cf., par exemple, les arguments de Crittenden et de Hunter dont les théories historico-causales de la référence n'admettent pas que les noms fictionnels puissent avoir une référence (Crittenden 1991, p. 37 ; Hunter 1981), ceux de Plantinga selon lesquels les personnages de fiction ne peuvent pas être doublés (Crittenden, 1974, p. 155), ainsi que la thèse de van Inwagen où la référence par la description est considérée comme le principal moyen de référence aux personnages de fiction (van Inwagen 1977, p. 307).

[62] Parler d'une « cérémonie de baptême » ici, mais aussi dans l'explication de Kripke, est à vrai dire un peu simpliste et même métaphorique, car il n'est pas sûr qu'on puisse trouver (même dans les cas les plus ordinaires) un événement simple identifiable comme *la* cérémonie de dénomination. L'acte par lequel on attribue un nom à son objet, peu importe s'il s'agit d'entités réelles ou fictionnelles, peut être un processus long et étalé dans le temps ; parler d'une cérémonie particulière n'est qu'une manière simplifiée de parler d'un cas idéal.

[63] Zalta 2003 propose une solution similaire, en soutenant que les théories causales de la référence des noms peuvent être étendues au traitement des objets fictionnels dans la mesure où ceux-ci peuvent être baptisés par leurs histoires (à condition de comprendre la notion de baptême d'une manière plus ample). Sa

La forme de dénomination d'un personnage de fiction la plus typique (bien qu'il ne soit en rien nécessaire que la dénomination se passe de cette manière) est sans doute celle où un auteur nomme son personnage dans le texte où il apparaît. L'utilisation textuelle du nom d'un personnage de fiction dans le contexte d'une description à l'intérieur d'une œuvre de fiction opère à la manière d'une référence indexicale pour le personnage qui est fondé sur ces mêmes mots au sein de cette même histoire. Souvent, le fait d'utiliser un nom conjointement avec des mots qui décrivent un personnage constitue un acte de baptême « officiel » du personnage en question. Par exemple, dans les premières pages de *Silas Marner* de Georges Eliot, on peut lire : « dans les premières années de ce siècle, un tisserand de lin nommé Silas Marner travaillait à son métier dans une chaumière de pierre dressée au milieu d'une haie de noisetiers près du village de Raveloe, et non loin du creux d'une carrière de pierre déserte ». En employant ici le nom de « Silas Marner » c'est comme si on disait quelque chose comme « le personnage fondé sur ces mots-ci s'appelle "Silas Marner" ». En ce sens, l'utilisation même du nom dans le texte est une cérémonie de baptême, ou, du moins, une détermination explicite de son usage officiel et public. Le moment de la dénomination intratextuelle peut survenir à n'importe quelle étape de l'écriture ou de la révision : du tout début, où on introduit le personnage et on le présente, jusqu'aux dernières étapes de la révision finale, où l'auteur peut modifier ou attribuer un nom à un personnage qui n'en avait pas jusqu'alors. Si la cérémonie de dénomination est normalement

---

solution diffère cependant de la nôtre pour plusieurs raisons. Selon Zalta, c'est l'histoire *dans son ensemble* qui fonctionne en tant que « baptême étendu » d'un personnage de fiction ; par conséquent, on ne saurait donc affirmer qu'un personnage a été baptisé ou qu'un auteur s'y réfère tant que l'histoire n'a pas été écrite dans sa totalité. Selon mon approche, cette thèse n'est pas nécessaire : un personnage peut être baptisé initialement et l'auteur peut s'y référer plus tard en lui attribuant des nouvelles propriétés, dans la même histoire ou dans une autre. De plus, dans l'explication de Zalta la connexion référentielle entre l'histoire et le personnage baptisé est assurée par des principes métaphysiques a priori, qui garantissent qu'à chaque combinaison de propriétés décrites dans une histoire corresponde un et un seul objet abstrait. En revanche, dans la théorie artefactuelle, ce sont les chaînes de dépendances entre les histoires et les personnages qui nous permettent d'établir une référence rigide à un personnage de fiction par le biais d'un exemplaire de l'histoire, et de garder la rigidité de cette référence même si les propriétés attribuées à un personnage évoluent au cours d'une histoire ou d'une autre.

inscrite explicitement dans le texte c'est pour une bonne raison : cela permet en effet au personnage d'être ré-identifié à plusieurs endroits et à travers plusieurs descriptions. L'inscription explicite du baptême à l'intérieur du texte correspond à l'exigence de publicité caractéristique de toute cérémonie de baptême.

Il est clair que la phase pendant laquelle, à l'intérieur du processus d'écriture, le personnage est effectivement dénommé peut varier énormément. Un auteur peut choisir un nom avant même d'avoir commencé à composer son personnage, il peut le nommer pendant qu'il le développe ou donner un nom plus tard, dans la révision, à un personnage qui était resté jusque-là anonyme. Mais ce type de problèmes n'est pas différent de ceux qu'on rencontre pour la dénomination des individus réels, où parfois il n'y a pas de cérémonie identifiable et qui peuvent se voir attribuer un nom à un moment quelconque de leur vie. Il faut prendre ici la notion de « cérémonie baptismale » (comme cela était le cas déjà chez Kripke) d'une manière assez large et métaphorique, conformément à l'image générale d'un acte par lequel on attribue publiquement un nom à un individu — nom qui circule ensuite dans des chaînes de communication, qui se réfèrent, rétrospectivement et d'une manière rigide, à cet individu.

Mais bien que dans le cas paradigmatique de dénomination le nom soit explicitement inscrit dans le texte, il n'y a aucune raison de principe pour que la dénomination d'un personnage doive être accomplie par son auteur, ni même explicitement inscrite dans le texte. Il existe, en effet, un nombre incalculable d'exemples littéraires d'objets fictionnels restés sans nom dans leurs textes (que ce soit par inadvertance, pour le suspens, en raison d'un choix stylistique ou d'un souci d'innovation), prêts à être nommés un jour, ou qui ne le seront peut-être jamais. Dans certains cas, on trouve des types de descriptions qui fonctionnent comme des noms et qui permettent d'identifier le personnage, d'en garder la trace jusqu'à ce que la pratique du nom associée à quelque autre personnage identifié lui soit rattachée. La description qui permet d'identifier un personnage peut normalement fonctionner comme un nom, pourvu qu'elle soit unique dans son contexte et qu'elle soit utilisée d'une manière cohérente pour identifier un seul personnage (« la femme aux yeux gris »). Au fond, il n'y a aucune raison de principe pour qu'un personnage de fiction (ou qui que ce soit d'autre) soit nommé par quelque chose de semblable à un nom propre standard.

Mais il existe des cas bien plus compliqués. Des cas où on identifie des personnages non pas par le biais d'un nom propre ou d'une description univoque et réitérée, mais à travers l'unification de certains modèles de comportements, de styles vestimentaires, de façons de parler ou des descriptions qu'y sont associées. C'est le cas, par exemple, de la première partie du *Menteur* de Stephen Fry, roman dans lequel les personnages décrits par des passages du texte écrits en italiques ne sont ni nommés, ni représentés d'une manière fixe mais simplement présentés à partir des vêtements qu'ils portent à un moment donné. Puisque les vêtements changent, il n'y a pas de description invariable qui puisse jouer le rôle d'un pseudo-nom ; le lecteur ne peut unifier ces personnages qu'en reconnaissant certains styles vestimentaires[64]. Dans ces cas-là, la dénomination peut intervenir plus tard, par le biais d'une espèce de consensus entre les lecteurs et les critiques, plutôt que par stipulation explicite de l'auteur. Cela s'est produit, par exemple, avec la fameuse « Dame Noire » des sonnets de Shakespeare. Certes, une telle opération nécessite une forme d'identification publique du personnage à baptiser, mais dans la mesure où les lecteurs peuvent discuter et se mettre d'accord sur le personnage dont ils parlent, en identifiant l'œuvre littéraire dans laquelle il apparaît (par description ou ostension), et les passages du texte qui le décrivent, cela ne devrait pas représenter un problème. La chaîne de référence du nom commence plus tard, mais elle se réfère toujours à ce personnage-là, créé par cet auteur-là dans cette œuvre littéraire déterminée, de même qu'une personne réelle peut être baptisée plus tard dans sa vie. Une fois de plus, c'est grâce à la fondation textuelle du personnage qu'il est possible de produire une référence de type indexical au « personnage fondé par ces mots dans le texte » et, partant, occasionner une cérémonie de baptême.

---

[64] Cela montre bien le rôle des présupposés d'arrière-fond des lecteurs au sein de la constitution de l'intrigue du roman. Faute d'un tel ensemble de présupposés de fond (qui concernent, par exemple, les marques des vêtements qu'un individu est probablement en train de porter, etc.) un lecteur serait incapable de rattacher ces voix et ces actions aux mêmes personnages, susceptibles d'être ré-identifiés de chapitre en chapitre.

Maintenir une chaîne de référence

Une fois attribué à une entité fictionnelle, un nom fictionnel est ensuite utilisé dans une chaîne de communication, un peu comme les noms propres des personnes ordinaires, à ceci près que les personnes qui utilisent un nom fictionnel n'ont pas besoin d'en apprendre l'usage l'un de l'autre mais peuvent l'apprendre directement de l'œuvre littéraire. Kripke se limite à examiner les chaînes communicatives dans lesquelles le nom est transmis de « maillon en maillon », au sein d'une communauté linguistique donnée, mais en littérature, le nom d'un personnage peut tout aussi bien traverser la chaîne de publication des exemplaires du ou des romans dans lesquels le personnage apparaît. Tout comme la chaîne de communication, la chaîne de publication renvoie à l'origine du personnage et, normalement (c'est-à-dire, mis à part ces cas où le nom est attribué au personnage plus tard par les lecteurs) à l'acte de baptême[65]. Le nom d'un objet fictionnel est transmis, le plus fréquemment et de la manière la plus ferme, par les mots imprimés plutôt que par des mots prononcés. Les lecteurs s'initient à la pratique de dénomination en lisant un roman donné. D'habitude, le lecteur « apprend » le nom dès qu'il découvre le personnage en lisant le roman.

Même quelqu'un qui n'aurait jamais lu l'œuvre en question aurait le droit d'utiliser un nom pour se référer à un personnage de fiction. Peu importe qu'il n'ait qu'une connaissance approximative du personnage ou qu'il commette (quelques) erreurs, en lui attribuant certaines propriétés — la seule chose qui compte est qu'il ait appris à employer le nom à l'intérieur de la communauté qui en transmet l'usage à travers la chaîne de communication et de publication. Ce point est important pour expliquer le fait que quelqu'un qui n'a jamais lu ni vu la pièce *Hamlet*, et qui ne saurait fournir aucune description complète et précise d'Hamlet, puisse néanmoins utiliser ce nom pour se référer à ce même personnage auquel se réfèrent les critiques littéraires. Dans le cas des noms de fiction, comme dans celui des noms réels, nous pouvons reprendre la distinction d'Evans entre producteurs et consommateurs de la pratique de dénomination. Alors que dans le cas des noms réels, les producteurs connaissent directement l'individu nommé, et peuvent l'identifier et fournir des informa-

---

[65] Pour plus de détails au sujet de la préservation de la chaîne de publication d'une histoire, cf. le Chapitre 5.

tions à son sujet, susceptibles de traverser la chaîne de communication, les consommateurs sont quant à eux les parasites de la chaîne de dénomination : ils ont juste une certaine idée du nom et des informations qui lui sont associées, mais ils n'en connaissent pas le référent. Dans le cas des noms de fiction, on pourrait considérer les lecteurs compétents qui ont lu texte où le personnage apparaît et qui en connaissent directement les vicissitudes, comme des producteurs. Mais il peut y avoir aussi des consommateurs de la pratique du nom, des gens qui se limitent à apprendre des producteurs (ainsi que des autres consommateurs) qui les entourent juste le strict minimum qui leur suffit pour utiliser le nom correctement. Dans n'importe quelle culture ou époque il y a en effet des personnages littéraires extrêmement connus, dont on finit par parler publiquement sans jamais avoir lu les œuvres où ils apparaissent. Ce genre de situation est possible, car les producteurs arrivent à transmettre des informations pertinentes, associées au nom fictionnel, à ceux qui ne lisent pas le texte mais qui peuvent néanmoins apprendre des lecteurs l'usage approprié du nom, en devenant ainsi des consommateurs de la pratique du nom[66]. Ebenezer Scrooge, du *Conte de Noël* de Dickens, est un bon exemple pour illustrer la présence de ce type de personnages à l'intérieur de notre culture : la plupart des anglo-américains disposent d'informations suffisantes pour utiliser ce nom d'une manière correcte et transmettre aux autres des informations sur Scrooge (par exemple, apprendre à leurs enfants que trois fantômes lui ont rendu visite), même si seule une toute petite partie d'entre eux a vraiment lu le texte.

Tout comme les noms d'individus réels, les noms de personnages de fiction peuvent subir des changements de référence, même si les chaînes de

---

[66] Il est intéressant de noter que ces consommateurs peuvent être la source d'informations *externes* mais non *internes* au sujet du personnage. En effet, on peut apprendre qui est Hamlet dans une conversation, ne jamais lire la pièce, et pourtant faire des recherches pour apprendre des informations externes au sujet de la manière dont les interprétations historiques d'Hamlet ont évolué. Ces informations pourront alors passer à d'autres membres de la pratique de dénomination. Bien qu'Evans ne fasse pas la distinction entre informations interne et externe, tout laisserait croire qu'il existe des cas parallèles dans le domaine des individus réels : quelqu'un qui n'a jamais rencontré Jones, et qui est donc un consommateur de la pratique de dénomination, pourrait néanmoins collecter des informations extérieures sur Jones (par exemple, le nombre de fois qu'il a été mentionné dans le journal local, ce que ses enfants pensent de lui etc.) et les faire circuler.

communication et de publication restent intactes. Un changement de référence se produit lorsque quelqu'un a l'intention de se référer à un autre objet (peut-être en pensant qu'il s'agit du même) ; on redirige ainsi la pratique de dénomination afin de faire référence à une entité différente de celle qui avait été initialement baptisée de ce nom. Un tel déplacement a eu lieu, par exemple, avec le nom « Frankenstein » qui à l'origine désignait le scientifique suisse sans courage créé par Mary Shelley, mais qui s'est ensuite déplacé (du moins dans les pratiques discursives ordinaires des enfants américains) pour référer finalement à un monstre vert, stupide et sans remords avec un boulon en travers du cou (plutôt qu'à ce monstre jaune, vif d'esprit et tourmenté qu'est la créature sans nom du Dr. Frankenstein). La meilleure manière d'éviter les glissements de référence est sans doute celle qui consiste à faire en sorte que la chaîne d'usage du nom reste étroitement liée à celle de la publication. En effet, les glissements de nom d'un personnage de fiction à un personnage imaginaire, sont plus probables si les pratiques d'usage d'un nom s'écartent de celles établies par les producteurs (qui ont lu le livre en question) pour être laissées entre les mains des consommateurs (qui ont plus de chances d'introduire dans la chaîne de dénomination de fausses informations).

Il est difficile d'établir avec précision à quel moment le changement dans les pratiques d'usage d'un nom passe de la simple diffusion d'informations fausses au sujet d'un individu réel ou fictionnel au point où on ne dirait plus qu'il s'agit du même individu mais d'une entité imaginaire ou mythique. Quoi qu'il en soit, je voudrais insister à nouveau sur le fait que ce même problème se pose autant pour les individus fictionnels que pour les individus réels. D'autant plus que, en termes de durée et de précision, la pratique de dénomination des individus fictionnels a au moins l'avantage de pouvoir compter sur des textes définitifs — des textes qui (dans la mesure où ils sont transmis plutôt par la reproduction de textes originaux que par simple transmission orale) permettent de maintenir des pratiques de dénomination relativement stables, susceptibles d'être préservées par les producteurs pour une période indéterminée. Les individus réels, en revanche, finissent par mourir, tout comme les producteurs qui étaient à l'origine de la pratique de dénomination, en laissant la tâche de poursuivre l'emploi de leurs noms aux conjectures des documents et aux ouï-dire de générations de consommateurs.

Qu'il s'agisse de noms d'individus réels ou fictionnels, la fréquence des changements de référence montre que la sauvegarde de la chaîne historique d'usage du nom qui remonte au baptême, est une condition nécessaire mais non suffisante pour qu'un certain usage du nom renvoie à l'individu en question. Les changements de référence sonnent comme un rappel : une théorie complète de la référence doit incorporer des facteurs autres que les circonstances historiques, à savoir les contenus mentaux des locuteurs. En admettant que la référence d'un nom s'appuie aussi sur d'autres facteurs, nous pouvons ainsi corriger les explications historico-causales sans pour autant abandonner le tableau général selon lequel les chaînes historiques et les baptêmes jouent un rôle central dans la détermination de la référence d'un nom, peu importe si on parle d'une personne réelle ou d'un personnage de fiction.

Résultats pour et par-delà la fiction

Afin de préserver l'idée centrale de toute théorie de la référence directe — à savoir que les chaînes historiques et causales jouent un rôle essentiel pour la détermination de la référence des noms — il faut trouver un moyen de préserver une explication uniforme de la référence valable autant pour les noms réels que pour ceux fictionnels. Dans notre théorie, le rôle essentiel des chaînes historiques et causales est préservé par le lien entre l'acte de production et la fondation spatiotemporelle du personnage de fiction. Mais nous avons suggéré également qu'il est possible d'élaborer une théorie de la référence améliorée, pourvu qu'on ne limite pas les relations engagées dans la réalisation de la référence directe aux seules relations causales. Si on est prêt à admettre que les chaînes de référence peuvent circuler non seulement à travers des chaînes causales et historiques mais aussi à travers des chaînes de dépendances, le projet d'une théorie élargie de la référence devient alors possible. Une théorie capable d'aller au-delà de la simple référence aux entités particulières spatiotemporelles issues de l'ordre causal, jusqu'à rendre compte non seulement des personnages de fiction, mais aussi d'autres entités comme les universaux, les histoires, les théories et les lois.

Mais avons-nous des raisons indépendantes pour admettre que les chaînes référentielles puissent parcourir non seulement des chaînes causales mais aussi des chaînes de dépendance ? Je crois que nous en avons deux. La première est que notre pratique du langage semble fonctionner de cette manière ; la deuxième est que, d'un point de vue général, cette thèse permet de séparer la réflexion sur la référence de tout souci de parcimonie ontologique. Quant au premier point, dans nos pratiques discursives ordinaires il nous arrive très souvent de nous référer à des entités abstraites par le biais des réalités spatiotemporelles concrètes dans lesquelles elles sont exemplifiées, représentées ou dont elles dépendent. En effet, si nous ne faisons pas attention au contexte et aux intentions du locuteur, il nous arrive souvent de ne pas savoir avec certitude si l'entité à laquelle on se réfère est un objet concret, l'une de ses propriétés dépendantes, le type d'entité qu'elle exemplifie, ou même une autre entité qu'il représente. En montrant du doigt une Studebaker en train de passer dans la rue, Pat fait l'observation suivante : « ça, c'est une super voiture ! ». Il peut faire référence à cette voiture-là en particulier, bien entretenue, avec un moteur refait à neuf et un couple boosté. Plus probablement, s'il ne connait pas spécialement cette voiture-là qui est en train de passer, Pat se réfère plutôt à un modèle de voitures en général, les Studebakers, en en indiquant un exemplaire particulier dans la rue. Dans ce cas-là, sa remarque peut être vraie même si la voiture en question est si mal entretenue qu'on la dirait prête pour la casse[67]. Mais on pourrait aussi se référer au modèle de voitures Studebakers en indiquant non pas une voiture réelle mais la copie d'un plan d'usine, bien qu'il puisse y avoir ici encore une ambigüité entre la référence au plan et celle à l'objet qu'elle représente. Maintenant, imaginons Jane s'écrier : « C'est une œuvre de génie ! ». Elle pourrait se référer au design remarquable de la voiture, ou à la manière exceptionnelle dont les détails sont inscrits sur le plan lui-même. De la même manière on pourrait faire référence à des objets (réels ou fictionnels) représentés en peinture en montrant du doigt la peinture elle-même, en disant « C'est Jupiter ! », pendant qu'on indique l'image d'un nuage dans le tableau du Corrège *Jupiter et Io*. Dans tous les cas, les références quasi-indexicales aux entités abstraites (comme les types de voiture) et aux objets représentés (les types de voitures, les silhouettes peintes) au moyen

---

[67] Les modèles de voitures semblent fournir un autre bon exemple d'artefacts abstraits, qui viennent à l'existence à un certain moment dans des circonstances particulières. Ainsi, il semble particulièrement approprié qu'on puisse se référer directement à ces modèles de voiture par des noms plutôt que par des descriptions. Une Studebaker n'est pas seulement n'importe quelle voiture montrant certaines propriétés de création. Levinson considère les modèles de voitures comme des objets créés, « mis en œuvre » (cf. Levinson 1991, p. 81).

d'exemples, de plans, ou encore de représentations, sont une partie essentielle de nos habitudes, linguistiques lorsqu'il s'agit de parler d'autre chose que de simples objets particuliers en face de nous. La capacité à nous référer directement à un personnage de fiction par un exemplaire du texte dans lequel il est représenté n'est pas différente en principe de notre capacité à nous référer à une voiture représentée par un plan ou à une figure représentée par un tableau.

Quant au second point, si on admet qu'on puisse se référer à des entités dépendantes par le biais des objets spatiotemporels dont elles dépendent, on dispose d'un bon moyen pour éviter que la thèse de l'importance des circonstances causales et historiques pour la référence ait besoin d'être liée à une ontologie particulière. Ceux qui adoptent des théories partiellement historico-causales de la référence *peuvent* épouser une ontologie parcimonieuse qui ne reconnaît que les entités physiques, mais ils *ne le doivent pas* forcément. Ceux qui sont convaincus que les chaînes causales et historiques jouent un rôle essentiel dans la référence des noms, mais qui veulent néanmoins admettre dans leurs ontologies des entités comme les œuvres musicales, les types de voiture, les théories scientifiques, ou les statuts légaux, se trouvent tous face au même problème : comment rendre compte de la référence aux entités abstraites à l'intérieur d'une théorie de la référence directe. En élargissant les théories traditionnelles de la référence directe pour permettre aux chaînes de la référence de parcourir tant des chaînes de dépendances que des chaînes causales et historiques, on dispose enfin d'un moyen pour comprendre la référence directe aux entités abstraites dépendantes en général[68]. Dans la mesure où celles-ci sont liées au monde spatiotemporel par des relations de dépendance, nous pouvons nous y référer à travers ces objets spatio-temporels dont elles dépendent. Tout comme on peut se référer directement à un personnage de fiction par le biais d'un exemplaire de l'œuvre littéraire, on peut aussi référer au *Troisième concerto pour violon* de Bach en en désignant ostensivement une interprétation particulière, diffusée à la radio ou écrite sur un exemplaire de la partition (« C'est l'œuvre de Bach que je préfère ! »). De même, on peut apprendre plusieurs choses sur les œuvres de Bach ou sur le moteur de la Studebaker par un accès cognitif direct à leurs fondations spatiotemporelles (en écoutant des interpré-

---

[68] Le problème persiste (ou exige une solution différente) pour toute entité conçue en tant qu'objet abstrait indépendant, à l'image, par exemple, des entités mathématiques du platonisme. Pour une telle solution, Cf. Linsky et Zalta 1995

tations, en lisant des partitions ; en réparant telle ou telle Studebaker ou en étudiant le plan du moteur). Dans chacun de ces cas, le contexte et le style de la formulation met en évidence le fait que ce n'est pas à cette interprétation-ci ou à cette automobile-là qu'on fait référence, mais à l'entité abstraite fondée sur celle-ci. Ainsi, nous pouvons faire en sorte que cette théorie fonctionne pour un bien plus grand nombre d'entités, en élargissant les théories de la référence directe et en admettant que l'on puisse établir une référence directe aux entités abstraites dépendantes et accéder à leur connaissance par le biais des objets spatio-temporels dont celles-ci dépendent. En somme, tous ceux qui seraient fascinés par le rôle des circonstances dans la détermination de la référence mais qui ne souhaitent pas rayer de leur ontologie toute entité qui ne soit pas particulière ou spatio-temporelle, auraient de bonnes raisons — indépendantes de notre intérêt pour les fictions — d'élargir la théorie en ce sens.

Ce n'est qu'en élargissant la théorie de cette manière qu'on peut, à la fois, montrer comment les noms fictionnels se réfèrent aux personnages de fiction, neutraliser les objections selon lesquelles il serait impossible de faire référence aux objets fictionnels ou d'en avoir une quelconque connaissance, et préserver un aspect important de nos discours sur les fictions. On découvre ainsi, non seulement que le fameux problème de la référence directe aux personnages de fiction peut être résolu, mais aussi que la solution trouvée indique la voie à suivre pour résoudre les problèmes de référence directe de tout un pan d'autres entités.

Chapitre 5

Des conditions d'identité pour les personnages de fiction

L'une des raisons d'inquiétude qui ont poussé nombre d'auteurs à rejeter les objets fictionnels est le risque d'avoir des ennuis, soit en tombant dans des contradictions, soit en essayant d'apprivoiser de telles entités si indisciplinées dans le cadre d'une théorie cohérente. Le fait de rejeter les objets fictionnels en raison de leur caractère prétendument récalcitrant remonte à Russell et à sa thèse selon laquelle les objets non existants de Meinong seraient « capables d'enfreindre la loi de la contradiction », mais c'est à Quine qu'on doit sa récente popularité — Quine, dont les propos qualifient les objets possibles non actualisés (et sans doute les autres soi-disant non existants) de « foyers d'éléments désordonnés » incapables d'une véritable individuation et récalcitrants à toute théorie philosophique.[69].

Les auteurs qui essayent d'établir des conditions d'identité pour les objets fictionnels procèdent généralement en réduisant les objets fictionnels à des objets abstraits idéaux, leurs conditions d'identité étant ainsi réduites à celles d'entités plus familières et dociles. Mais ces tentatives manquent, inévitablement, des aspects importants de nos pratiques ordinaires d'identification ou de différenciation des personnages. Cette difficulté n'est d'ailleurs pas propre à la fiction : en effet, on rencontre aussi nombre de problèmes d'identité très embêtants pour d'autres artefacts culturels, comme les statues et les monuments, les œuvres musicales et les œuvres littéraires. N'étant identifiables ni avec de simples entités physiques concrètes, ni avec des entités abstraites idéales, de tels objets réclament ainsi des conditions d'identité propres et différenciées.

En concevant les objets fictionnels comme des artefacts abstraits nous sommes en mesure d'établir des critères pour identifier des objets fictionnels à la fois dans et à travers les œuvres littéraires. Des critères qui sont non seulement aussi clairs et précis que ceux des objets ordinaires, mais qui sont également conformes à nos pratiques courantes d'identification ou de différencia-

---

[69] Russell 1905 ; cf. également Quine 1953, p. 4 (tr. fr. pp. 28-29).

tion des personnages. Et, une fois de plus, les moyens employés pour établir ces conditions d'identité indiquent la voie à suivre pour découvrir les conditions d'identité d'autres types d'objets dépendants, y compris des œuvres littéraires dont les objets fictionnels dépendent.

Difficultes avec les conditions d'identité meinongiennes

Les théories des objets fictionnels les plus populaires, celles meinongiennes, ont beaucoup fait pour relever le défi d'établir des conditions d'identité claires, en attribuant aux personnages de fiction des conditions d'identité parallèles à celles conçues pour les ensembles ou pour d'autres entités abstraites indépendantes. Selon la théorie meinongienne de Parsons, par exemple, il y a un objet unique corrélé à chaque ensemble de propriétés (nucléaires). Il en découle que les objets fictionnels x et y sont identiques si et seulement si x et y ont exactement les mêmes propriétés nucléaires[70]. La théorie des objets fictionnels en tant qu'entités abstraites élaborée par Zalta propose des conditions d'identité similaires : deux objets abstraits quelconques (y compris des objets fictionnels) ne sont identiques que s'ils encodent exactement les mêmes propriétés[71]. On peut difficilement demander à une théorie d'être plus claire et mieux ordonnée. Mais en dépit de l'admirable simplicité des conditions d'identité livrées par les théories meinongiennes, celles-ci finissent par se perdre dans un dédale de problèmes dès lors qu'il s'agit d'identifier les objets fictionnels d'une manière qui soit conforme à nos pratiques d'identification ou de différenciation des personnages de fiction.

Afin de révéler ces défauts, prenons le cas de Pamela. Nos usages critiques présupposent que la Pamela de Richardson dans *Pamela* et la Pamela de Fielding dans *Joseph Andrews* sont un seul et même personnage : inventé par Richardson, il est repris par Fielding qui, dans sa parodie, lui attribue de nou-

---

[70] Parsons 1980, pp. 18-19,188.
[71] Zalta 1983, pp. 13, 93. Bien que Zalta admette que les personnages de fiction puissent exemplifier certaines propriétés (parmi lesquelles figure celle d'« être créés par un auteur »), celles-ci n'ont aucun rôle dans la détermination de leur identité.

velles propriétés. En revanche, comme je l'ai montré dans le Chapitre 1, si un étudiant tombait par hasard sur un récit inconnu où il était question d'une servante nommée « Pamela » qui subit les tentatives de séduction d'un gentilhomme de campagne, et s'il s'avérait que ce texte n'a aucun lien avec les œuvres de Fielding ou de Richardson, les ressemblances entre les personnages ne seraient que le fruit d'une pure coïncidence. Nous dirions sans doute que toutes ces « Pamela » sont des personnages tout à fait semblables, bien que distincts. Pour rendre l'exemple encore plus clair, imaginons une espèce de Pamela jumelle, écrite par un après-midi pluvieux de 1957 par tel Fred Jones, qui, par pure coïncidence — sans aucune connaissance directe ni indirecte de l'œuvre de Richardson ou de Fielding —, attribue à sa Pamela exactement les mêmes propriétés que Richardson avait attribué à la sienne. Dans la mesure où, selon les pratiques courantes en critique littéraire, deux personnages ne sont identiques qu'à condition d'avoir une origine commune, et puisque dans notre exemple une telle condition n'est pas remplie, les deux Pamela seraient, au mieux, extrêmement semblables mais pas identiques. Ainsi, toute théorie qui voudrait proposer des conditions d'identité pour les personnages de fiction est mise au défi d'établir des critères capables de nous expliquer pourquoi la Pamela de Richardson est la même que celle de Fielding, mais différente de celle de Jones.

Les conditions d'identité proposées par les meinongiens ne sont en mesure de faire ni l'un ni l'autre. Dans la mesure où elles n'accordent aucun rôle aux circonstances de la création au sein des conditions d'identité des personnages de fiction, les théories meinongiennes sont obligées de dire que tous les personnages ayant les mêmes propriétés sont identiques, même si le fait d'avoir été créés de telle ou telle autre manière, n'est qu'accidentel. Elles doivent donc affirmer que la Pamela de Richardson et celle de Jones ne sont qu'un seul et même personnage, en ignorant ainsi l'importance jouée par l'origine historique dans nos pratiques ordinaires d'identification des personnages de fiction.

Certes, le fait de tomber sur des cas où des propriétés strictement semblables sont attribuées à deux personnages est tellement invraisemblable qu'il ne faudrait peut-être pas trop s'en inquiéter. Mais si une théorie n'est pas capable d'expliquer l'identité de personnages apparaissant dans plusieurs œuvres littéraires ou même dans des versions légèrement différentes d'un même ouvrage, l'affaire se fait plus délicate. Aborder la question de l'identité trans-textuelle des personnages pose en effet d'énormes problèmes aux théories qui identifient ceux-ci seulement sur la base des propriétés qui leur sont attribuées. Car si une seule propriété devait changer (par exemple, si on effaçait un simple mot de la nouvelle édition du roman), alors nous aurions affaire à deux personnages distincts. Finalement, ces théories font apparaître des personnages distincts là où, normalement, nous serions enclins à penser qu'il n'y en a qu'un seul : dans les textes réimprimés avec des erreurs typographiques, dans les traductions, dans les suites etc. Nous aurions ainsi tout un tas de Jay Gatsby, plusieurs Anna Karénine, une longue chaîne de personnages différents tous appelés « Sherlock Holmes », ainsi que deux Pamela *distinctes*, celle de l'histoire de Richardson et celle de la parodie de Fielding. Ces conséquences violent les règles implicites de nos pratiques critiques d'identification des personnages et elles représentent ainsi des réponses inadéquates au défi d'offrir des conditions d'identité pour les objets fictionnels.

Les tentatives pour surmonter ces difficultés, en permettant ainsi d'identifier les personnages à travers les œuvres littéraires sans abandonner l'idée qu'il s'agit d'entités purement abstraites individuées uniquement sur la base de leurs propriétés, ont été nombreuses. Une première stratégie consiste à limiter l'identité à un personnage "minimal", partagé par toutes les œuvres. En ce sens nous pouvons dire que toute œuvre porte sur le même personnage dans la mesure où elle contient une partie commune (une configuration de base, présente dans chaque œuvre mais que chacune développe à sa manière)[72]. Une deuxième tentative emprunte le chemin inverse : on part du personnage maximal (avec les propriétés qui lui sont attribuées dans l'ensemble de toutes les œuvres) et on affirme que des œuvres différentes portent sur le même personnage dans la mesure où elles décrivent les parties d'un même tout[73]. Je soutiens que ces deux stratégies sont toutes les deux vouées à l'échec : la première ne parvient pas à établir des conditions d'identité sensées et mène à des conséquences absurdes ; la deuxième est soit inutile soit une pétition de principe.

La première tentative pour expliquer qu'un personnage puisse apparaître dans plusieurs œuvres littéraires différentes est développée par Wolterstorff. Il propose une théorie des personnages de fiction en tant qu'entités abstraites un peu différente, mais qui s'appuie néanmoins sur le même principe

---

[72] Cette solution est avancée dans Wolterstorff 1980, pp. 144-149 et Reicher 1995.
[73] Reicher 1995.

général : les conditions d'identité des personnages de fiction découlent uniquement des propriétés auxquelles ils sont corrélés. D'après Wolterstorff, les personnages de fiction sont des *types*, à savoir des personnes-*type* choisies par un auteur lorsqu'il écrit une œuvre littéraire. Ainsi quand Gogol écrivait des mots au sujet d'un personnage appelé « Chichikov », il décrivait un certain type de personne, ce type de personne auquel appartiennent seulement tous ces individus qui exhibent l'ensemble des propriétés attribuées à Chichikov. On dira ainsi des propriétés attribuées à Chichikov (mais aussi d'autres propriétés qui ne sont pas explicitement mentionnées dans l'œuvre mais simplement présupposées) qu'elles sont « essentielles au type » Chichikov : si quelqu'un appartient au type Chichikov, c'est qu'il exhibe l'ensemble de ces propriétés.

Wolterstorff admet que cette position se heurte à des difficultés lorsqu'il s'agit d'expliquer l'identité apparente d'un personnage à travers plusieurs textes et le sens d'énoncés comme « l'auteur aurait pu décrire le personnage d'une manière légèrement différente ». Car, selon Wolterstorff, il y a une correspondance biunivoque entre propriétés et types[74]. Ainsi, si des propriétés différentes sont attribuées à un personnage dans une œuvre différente ou si un personnage se voit attribuer des propriétés différentes dans un monde possible où l'auteur l'aurait décrit un peu différemment, alors il faut tout simplement affirmer que l'auteur a choisi un type différent qui possède des propriétés essentiellement différentes. Il en découle que si Gogol avait écrit *Les âmes mortes* d'une manière légèrement différente, le personnage appelé « Chichikov » aurait reçu des propriétés légèrement différentes ; mais alors, Gogol n'aurait pas simplement créé Chichikov d'une manière un peu différente, il aurait écrit d'un tout autre personnage, car il aurait esquissé une personne-type différente (qui exige de ses exemples possibles la possession d'attributs différents) (Wolterstorff 1980, p. 148).

Mais, comme Wolterstorff l'admet, cette conclusion s'oppose à nos intuitions ordinaires selon lesquelles :

> Gogol aurait certainement pu présenter le personnage de Chichikov d'une manière différente — plus détaillée, moins détaillée, alternative etc. Cela ne veut pas dire seulement qu'il aurait pu écrire un texte différent, dans un monde où le composant maximal dont la propriété essentielle est d'être appelée « Chichikov » était différent. Il aurait pu représenter ou décrire Chichi-

---

[74] Wolterstorff 1980, p. 47.

kov différemment. En ce sens, en écrivant un seul livre Conan Doyle nous a offert, en même temps, toutes les aventures *ultérieures* de Sherlock Holmes. Puis, il y a aussi le phénomène voisin des écrivains différents qui racontent l'histoire de Hercule, de Don Juan, de Faust — et qui la racontent différemment (Wolterstorff 1980, p. 148).

Pour expliquer en quel sens il est vrai que Gogol aurait pu écrire différemment de Chichikov, ou que Doyle a écrit toutes les histoires au sujet du même Sherlock Holmes, ou, encore, que Faust apparaît dans les œuvres de Goethe et de Marlowe, Wolterstorff commence par isoler les soi-disant composants d'une histoire (les types *carrosse*, *carrosse jaune*, etc.). Ces composants ont chacun une « partie logique » — il s'agit, en gros, de ces types qui contiennent essentiellement un sous-ensemble des propriétés essentielles au composant (par exemple, *carrosse* est une partie logique de *carrosse jaune*). On peut alors distinguer les « composants maximaux » des histoires (ces composants des histoires qui ne sont pas eux-mêmes des parties logiques d'autres composants) des simples composants. Les personnages sont alors identifiés avec les composants maximaux des histoires.

Voyons maintenant comment cela devrait nous aider à identifier des personnages à travers plusieurs œuvres littéraires. Considérons le problème de savoir en quel sens l'énoncé « Faust apparaît dans les œuvres de Marlowe et de Goethe » est vrai. Premièrement, nous devons certainement distinguer le Faust du *Faust* de Goethe de celui du *Dr. Faustus* de Marlowe ainsi que des autres. Mais nous pouvons aussi parler de Faust comme d'une certaine personne-type qui a été sélectionnée par tous ces personnages qui, au sein de tradition littéraire occidentale, exhibent le même « noyau » de propriétés. Wolterstorff appelle cela tout simplement « le personnage Faust », un personnage qui possède essentiellement des propriétés telles que : pouvoir être appelé « Faust », faire un pacte avec le Diable, etc. (Wolterstorff 1980, p. 149). On dira alors que le personnage de Faust est un composant du *Faust* de Goethe, mais qu'il n'en est pas un composant maximal. Le composant maximal correspondant est le Faust du *Faust* de Goethe, qui contient le personnage de Faust à titre de partie logique. Le Faust du *Faust* de Goethe contient alors, essentiellement, toutes les propriétés essentielles au personnage de Faust (alors que l'inverse n'est pas vrai) si bien qu'on peut dire qu'il « inclut » ce dernier. Il en va de même du Faust du *Dr. Faustus* de Marlowe. Bien que le Faust de Goethe et le Faust de Marlowe ne soient pas identiques, un seul et même Faust apparaît autant dans le *Faust* de Goethe que dans le *Dr. Faustus* de Marlowe et il est une partie logique de chacun des personnages développés. A partir de là, nous pouvons dire d'une manière tout à fait légitime qu'il y a un seul personnage, Faust, qui apparaît dans chacune de deux œuvres. Tous les Faust apparaissant dans des œuvres littéraires particulières ne sont que des développements particuliers du « Personnage Faust » de base ; on peut dire ainsi que toutes ces œuvres différentes portent sur le même personnage, même si le personnage complet de chaque œuvre (le Faust de Goethe, le Faust de Marlowe) est différent.

La solution de Wolterstorff repose sur l'idée que si on considère (à raison) que des personnages apparaissant dans des œuvres littéraires différentes sont identiques, on peut isoler un noyau de propriétés distinctives propres à ce personnage et, donc, identifier le personnage de base avec le type qui ne contient que ces propriétés essentielles (et qui, par conséquent, apparaît à titre de composant dans chacun des personnages développés). Mais alors, en quoi consiste un tel noyau de propriétés ? Dans l'exemple de Faust cité par Wolterstorff, on évoque des propriétés telles que conclure un pacte avec le Diable, être appelé « Faust », etc. (Wolterstorff 1980, p.149). Mais ne pourrais-je écrire une œuvre littéraire dans laquelle Faust, dans un moment de moindre ambition, décide de *ne pas* faire un pacte avec le diable et décide de vivre une vie paisible de patiente recherche scientifique ? Pourquoi pas. Mais alors, quelles sont les propriétés qui appartiennent au « noyau » en question ? Même le fait d'être appelé « Faust » ne semble pas essentiel : je pourrais écrire une autre pièce au sujet d'un homme qui est tout à fait comme Faust et l'appeler « Phaust » et toujours parler du même personnage. Suffit-il qu'il soit un homme ? Certainement pas, sinon nous devrions admettre l'inacceptable conclusion que toutes les œuvres littéraires qui portent sur des hommes — des œuvres au sujet de Holmes, Faust et ainsi de suite — ne seraient au fond que des développements d'un seul et même personnage de base.

En somme, la thèse selon laquelle les personnages de fiction pourraient être identifiés à partir d'un personnage de base qui ne contient qu'un noyau de propriétés essentielles se heurte à un dilemme insurmontable. Soit on inclut trop de propriétés, et on élimine a priori plusieurs œuvres possibles relatives au même personnage (par exemple, une œuvre dans laquelle Faust refuse de céder au Diable). Soit on inclut trop peu de propriétés (par exemple, être un homme, être intelligent), et on finit par identifier des œuvres comme étant relatives à un seul et même personnage de base alors que, en réalité, elles portent sur des personnages totalement différents.

On pourrait essayer de résoudre ce problème à l'aide de conditions un peu plus souples : au lieu de fixer un ensemble de propriétés nucléaires, on pourrait simplement dire que deux personnages sont « identiques » s'ils partagent un certain nombre de propriétés communes. Cela nous obligerait à abandonner l'idée selon laquelle il y aurait un personnage de base apparaissant dans chaque œuvre de Faust (dans la mesure où, dans la théorie de Wolterstorff, les personnages sont des personnes-type qui ne sont identiques que si elles possèdent les mêmes caractéristiques essentielles), mais nous laisserait affirmer qu'il y a un sens dans lequel les personnages d'œuvres littéraires différentes sont les mêmes, à savoir si leurs propriétés se chevauchent d'une manière substantielle, et s'ils ont un air de famille. Mais cette solution ne nous met pas pour autant à l'abri du risque d'identifier des personnages qu'il aurait fallu distinguer, et de distinguer ceux qu'il aurait fallu identifier. Des personnages peuvent être semblables sans être les mêmes : si on extrait un noyau de propriétés, et que l'on établit que deux personnages sont identiques s'ils en partagent un certain nombre, tous les célibataires de la haute bourgeoisie riches et stupides, toutes les jeunes femmes arrivistes et calculatrices et toutes les vieilles tantes envahissantes des romans de P.G. Wodehouse devraient être identifiés comme étant les mêmes personnages. En outre, si dans le but d'éviter les identifications indésirables, on finit par choisir un noyau de propriétés raisonnablement large, on risque de distinguer tous ces personnages (pourtant identiques) qui changent ou évoluent énormément au fil d'une série d'ouvrages, car ils pourraient avoir moins d'éléments communs que les célibataires de Wodehouse.

Une autre tentative pour identifier les personnages à travers des suites d'ouvrages différentes est celle proposée par Reicher. Plutôt que de chercher le personnage minimal commun à toutes les œuvres littéraires, l'auteur propose de s'intéresser au « personnage total » (*Gesamtfigur*) maximal, issu de l'ensemble de tous les épisodes d'une série[75]. Elle propose notamment de considérer Sherlock Holmes comme le personnage qui encode toutes les propriétés qui lui sont attribuées dans l'ensemble des histoires qui le concernent,

---

[75] Reicher 1995 propose ici une manière de compléter, et non de remplacer, la solution de Wolterstorff, que l'auteure discute d'ailleurs avec approbation.

faute de quoi il faudrait parler de plusieurs Holmes différents, chacun étant le Holmes d'une œuvre particulière. Reicher admet que, si chaque Holmes particulier encode un jeu de propriétés différent, alors le Holmes d'une œuvre n'est pas identique avec le Holmes d'une autre, et aucun Holmes particulier n'est identique avec le Holmes de la totalité de la série. Mais si on accepte de dire que toutes les séries d'œuvres littéraires ne sont qu'une seule grande œuvre littéraire, et qu'à chaque fois qu'on parle de Holmes on se réfère au Holmes de l'ensemble de l'œuvre (en unifiant ce que d'habitude nous avons plutôt tendance à considérer comme des œuvres littéraires distinctes), alors les Holmes de chaque œuvre partielle ne sont que des parties logiques du Holmes de l'ensemble de la série. On peut ainsi, tout à fait raisonnablement, parler d'un même Holmes apparaissant (en partie) dans chaque histoire partielle.

Mais un problème surgit immédiatement : sur quelle base peut-on décider si telle œuvre littéraire fait partie d'une même série, et pas telle autre ? Il est clair qu'il nous faut des critères fiables pour établir si plusieurs œuvres différentes doivent être unifiées à titre d'épisodes d'une même série « totale ». Faute de tels critères, rien ne pourrait m'empêcher de mettre ensemble *Hamlet*, *Tom Sawyer*, et *Une étude en rouge* et considérer ainsi Hamlet, Tom et Holmes comme le même personnage sous prétexte qu'il s'agirait de parties d'un même personnage total. Et on remarquera en passant qu'on ne peut pas exclure de telles combinaisons en disant simplement que ce personnage total ne saurait encoder des propriétés contradictoires (comme « être danois » et « être anglais »), car il arrive souvent qu'on attribue à un seul et même personnage des propriétés contradictoires même au sein d'ouvrages qui font vraiment partie d'une même série (c'est le cas de Watson dans les histoires de Holmes). Il est clair que Reicher n'a pas envie que l'on considère Hamlet, Tom et Holmes comme des parties d'un même personnage total, et, à vrai dire, cela ne fait aucun doute que ces œuvres littéraires ne sont pas les parties d'une suite. Mais l'intérêt de notre exemple est dans le fait de montrer l'urgence d'une étude des conditions qui nous permettent de décider si une œuvre littéraire est la suite d'une autre[76].

---

[76] Notons, de plus, que ce même problème relatif à l'identification du personnage à travers les textes se pose aussi pour les différentes éditions et traductions d'une même œuvre littéraire et pour les différentes œuvres littéraires qui, sans être l'une la suite de l'autre, développent un même mythe commun ou une même légende. Il en découle que, afin d'élaborer une théorie complète, nous aurions

De quelles conditions peut-il s'agir ? On ne peut pas dire, sous peine de circularité, qu'il s'agit d'œuvres qui portent sur le même ou les mêmes personnages. D'un autre côté, comme nous l'avons déjà rappelé, si on établit qu'elles doivent porter sur le même personnage, on finit par produire de mauvaises identifications, dans la mesure où une suite peut porter sur un personnage qui change beaucoup d'une œuvre à l'autre ; de même, deux œuvres littéraires peuvent porter sur des personnages similaires même si elles ne sont pas l'une la suite de l'autre.

Mais alors quelles conditions pourraient mieux fonctionner ? Un critère qui va de soi est que, pour qu'on puisse dire qu'il est en train d'écrire une suite, l'auteur d'une œuvre doit connaître de près (de première ou de seconde main) l'œuvre précédente dont la sienne est la suite, et il doit avoir l'intention d'écrire au sujet des mêmes personnages. C'est sans doute pour cette raison qu'il nous est si facile de parler des suites écrites par le même auteur (qui pourrait connaître les personnages originaux mieux que leur propre auteur ?). Cela explique aussi pourquoi nous sommes prêts à traiter comme des suites des œuvres littéraires écrites plus tard par quelqu'un qui connaît bien l'œuvre originale, et qui essaye ainsi de décrire d'autres événements concernant les mêmes personnages, alors que nous ne considérons pas les œuvres littéraires sur des personnages semblables comme des suites, si leur ressemblance n'est que le simple fruit du hasard.

Toutes ces conditions pour établir des suites sont certainement plus en accord avec nos pratiques ordinaires d'identification et de distinction des personnages, mais elles nous obligent à abandonner le principe fondamental de toute théorie qui conçoit les fictions comme des entités abstraites : le principe selon lequel les conditions d'identité découlent exclusivement des propriétés encodées par les personnages. Les conditions d'identité pour les personnages à travers les textes que nous avons proposées nécessitent en effet l'apport d'éléments historiques. Pour que deux personnages puissent être identifiés, ils doivent apparaître dans des textes historiquement et intentionnellement apparentés l'un à l'autre par le fait que l'auteur du texte suivant connaît et a l'intention de se référer au personnage du premier.

---

besoin d'établir des conditions d'identité capables de rendre compte de tous ces cas de figure. En suivant l'exemple de Reicher, je me limiterai ici à examiner le cas des suites.

Cependant, tant qu'on ne peut pas compter sur des critères fiables pour établir dans quelle mesure une œuvre est la suite d'une autre, cette dernière méthode d'identification des personnages est inutile. Mais si pour expliquer correctement la notion de suite il faut accepter une condition comme celle que nous venons de proposer dans le paragraphe précédent (et je n'en vois pas d'autres), on refait entrer par la petite porte l'idée que les conditions historiques sont nécessaires à l'identification des personnages. Cela nous permet, certes, d'établir des conditions d'identité satisfaisantes, mais au prix de l'abandon de la position fondamentale selon laquelle seules les propriétés (encodées) par un personnage sont déterminantes pour son identité.

La moralité de cette histoire est simple : des personnages semblables ne font pas des personnages identiques (pas plus que des personnages dissemblables ne font des personnages différents). Ce problème hante toute tentative pour identifier et distinguer des personnages uniquement sur la base des propriétés qu'ils possèdent ou encodent (sans établir s'ils ont tous les mêmes propriétés, une partie de propriétés identiques, les mêmes propriétés essentielles, ou simplement un minimum de propriétés identiques). Au lieu de les traiter comme des entités abstraites idéales qu'on ne distingue que par leurs propriétés, nous pouvons aller plus loin dans l'analyse et traiter les personnages de fiction comme des entités historiques individuées, au moins en partie, par les circonstances de leur création.

Les conditions d'identite a l'interieur d'une œuvre litteraire

En traitant les personnages de fiction comme des entités dépendantes, nous pouvons nous rapprocher davantage d'une compréhension de nos pratiques d'identification/distinction ordinaires qui les concernent. La conception de l'identité des personnages qui découle d'un tel traitement est la suivante : on peut traquer l'identité des personnages de fiction (ainsi que des autres objets dépendants) en traquant la préservation de leurs bases. Et bien que nous ne pourrons pas aboutir à un ensemble fini de conditions d'identité nécessaires et suffisantes, il nous sera néanmoins possible d'établir, en suivant le critère des conditions de préservation des fondements nécessaires aux personnages de fiction, des conditions d'identité qui soient au moins aussi claires que celles de nos objets les plus ordinaires. Car force est d'admettre qu'on ne dispose pas non plus d'un ensemble fini de conditions d'identité nécessaires et suffisantes pour les objets spatio-temporels de moyenne taille et qu'au lieu de cela on trouve souvent soit plusieurs conditions simplement nécessaires (comme la continuité spatio-temporelle ou l'égalité des espèces) soit une condition suffisante infinie (le fait d'avoir toutes les mêmes propriétés au même moment).

Etablir des conditions d'identité pour les personnages de fiction veut dire se fixer deux tâches principales : établir ces conditions à l'intérieur d'une même œuvre et à travers plusieurs œuvres littéraires. Je commencerai par la tâche la plus facile, qui consiste à proposer un ensemble limité de conditions suffisantes (mais non nécessaires) pour l'identité des personnages à l'intérieur d'une œuvre littéraire ; je proposerai ensuite une condition nécessaire (mais non suffisante) pour l'identité des personnages de fiction à travers plusieurs œuvres littéraires. La condition nécessaire permet de déterminer si des personnages qui apparaissent dans plusieurs romans sont identiques ou différents. Elle permet également de régler un certain nombre de cas évidents d'identité présomptive. Ainsi, même s'il y a des entités qui ne satisfont pas notre ensemble rigide de conditions suffisantes, nous pouvons néanmoins leur appliquer d'une manière convenable les concepts d'identité et de différence.

Pour que deux personnages de fiction, x et y, soient identiques[77] il suffit de remplir les deux conditions suivantes:

1. x et y apparaissent dans la même œuvre littéraire ;
2. dans l'œuvre littéraire on attribue à x et y exactement les mêmes propriétés.

Par « apparaître dans la même œuvre littéraire » il faut comprendre, à peu de choses près, ceci : un personnage apparaît dans une œuvre littéraire dans

---

[77] Il faut souligner que ces conditions d'identité sont suffisantes, mais non nécessaires. Je vais prendre en considération et examiner, à la fois, le cas où un seul et même personnage apparaît dans plusieurs œuvres littéraires et celui où lui sont attribuées des propriétés différentes, dans le paragraphe suivant.

la mesure où des propriétés lui sont attribuées dans cette œuvre[78]. Le fait d'attribuer à *x* et *y* exactement les mêmes propriétés, permet de distinguer les différents personnages apparaissant dans la même œuvre littéraire, Gudrun et Ursula, Rosencrantz et Guildenstern etc. Bien qu'elles ne soient pas nécessaires, ces deux conditions nous permettent néanmoins de justifier certaines de nos croyances les plus fondamentales relatives à l'identité des personnages (comme, par exemple, le fait que deux lecteurs de *Northanger Abbey* lisent l'histoire du même personnage Catherine Morland, et que Dr. Jeckyll soit Mr. Hyde).

Le fait d'avoir établi que les personnages apparaissent dans la *même* œuvre littéraire, présuppose évidemment des conditions d'identité pour les œuvres littéraires, ce qui n'est pas surprenant étant donnée la dépendance immédiate des personnages à l'égard des œuvres dans lesquelles ils apparaissent. Si on veut donc établir les conditions d'identité des personnages, il faut d'abord reculer d'un cran et examiner les conditions d'identité des œuvres littéraires. Cette stratégie ne se limite pas à jeter les bases d'une analyse des conditions d'identité des personnages de fiction, elle permet également d'indiquer les conditions d'identité des entités abstraites dépendantes *en général*, sans les confondre avec celles des entités spatio-temporelles ou des abstractions idéales.

Afin d'établir des conditions suffisantes strictes pour déterminer si deux livres sont des copies d'une même œuvre littéraire, je commencerai par distinguer trois termes : texte, composition et œuvre littéraire. Le choix de ces termes est quelque peu arbitraire, mais il me semble correspondre aussi étroitement que possible aux caractéristiques qu'il s'agit de distinguer. Par « texte » j'entends une suite de symboles dans une langue (ou des langues) ; par « composition » j'entends, approximativement, tout texte créé par un certain auteur dans certaines circonstances historiques ; par « œuvre littéraire » j'entends, grossièrement, tout roman, poème, nouvelle, etc. ayant certaines qualités esthétiques et artistiques et portant d'habitude sur des personnages et des événements divers. Pour chacun de ces termes on peut parler de *types* abstraits (de textes, de compositions ou d'œuvres littéraires) et de *tokens* particuliers (des copies ou des instances de textes, compositions ou œuvres littéraires). Cette terminologie devrait s'éclaircir grâce aux définitions suivantes.

---

[78] La condition d'apparaître dans une œuvre littéraire reprend celle proposée dans Zalta 1983, p. 92.

Deux livres ayant le même type de symboles présentés dans le même ordre sont le même type de texte[79]. Cependant, des livres issus du même type de texte peuvent ne pas être des copies de la même composition. Si, par exemple, deux auteurs composaient tout à fait par hasard des récits formulés de la même façon, nous aurions des livres issus du même type de texte, mais deux compositions différentes.

Puisque les instances de composition sont diffusées à travers les copies des textes et que l'identité d'une composition dépend de sa dérivation spécifique à partir d'une origine, alors, afin de concevoir des conditions d'identité suffisantes pour établir si les instances d'un texte sont des copies de la même composition, il faut pouvoir s'assurer que la relation de dérivation à partir d'une origine soit préservée tout au long de la chaîne de reproduction des copies. Pour que le *token* d'un texte puisse valoir en tant que copie directe (et parfaite) d'un autre, il faut qu'il soit causalement relié au premier et qu'il appartienne au même *type*. Mais on aurait envie de dire que les copies directes d'un original (le premier folio) ne sont pas les seules copies de la composition originale, car il y a aussi les copies de ces copies, et ainsi de suite. Nous pouvons donc inclure des copies tout au long de la chaîne, en définissant récursivement la propriété « être copie de » de la manière suivante : x est une copie de y si x est une copie directe de y ou s'il existe un z, tel que x est une copie de z et z est une copie de y (où x, y et z sont les *tokens* d'un texte). Ainsi, pour que le *token* d'un texte x soit la copie du *token* d'un texte y, x doit être le produit d'une telle chaîne de copies qui remonte jusqu'à y[80].

Mais pour que x et y, à savoir deux *tokens* d'un texte, soient des copies d'une même composition, il n'y a aucun besoin qu'ils soient rattachés à la même chaîne de copies. Supposons que je fasse deux copies de Hamlet, appelons-les a et b, puis, que je fasse une copie de a et une copie de b, appelons-les respectivement x et y. D'après le critère précédant x n'est pas une copie de y, ni

---

[79] Afin d'établir ce que veut dire « être le même type de texte » ayant les mêmes symboles dans le même ordre, on peut proposer l'explication suivante : les textes x et y (quelle que soit leur taille) sont le même type de texte si et seulement si ils sont compris comme les mêmes par les membres du groupe linguistique en question dans tous les contextes (même intensionnels).
[80] Je ne décris ici que les conditions pour les exemplaires parfaits, car je me limite à montrer les conditions suffisantes d'identité.

y une copie de *x*, et pourtant on voudrait pouvoir dire qu'il s'agit d'instances de la même composition. Plusieurs chaînes de copies peuvent donc être dérivées de la même origine, et *x* et *y* peuvent être des copies de la même composition même s'ils découlent de chaînes de copies différentes, la seule condition requise étant qu'ils aient une origine commune. Pour le dire d'une manière plus formelle, *x* et *y* sont des instances de la même composition si et seulement si *x* est *y*, ou *x* est une copie de *y*, ou *y* est une copie de *x*, ou si étant donné un texte *z*, *x* est une copie de *z* et *y* est une copie de *z*. Cela permet non seulement aux chaînes de copies de bifurquer à partir de la même origine pour prendre des directions différentes, mais aussi aux *tokens* d'un texte d'être les copies d'une même composition, en vertu du fait qu'ils dérivent d'une manière spécifique d'une origine commune même si leurs chemins de dérivation sont distincts.

Même si le fait d'être dérivé d'une manière spécifique suffit pour faire de *x* et de *y* des instances de la même composition, cela ne suffit pas pour faire de *x* et *y* des instances de la même œuvre littéraire. En effet, les œuvres littéraires ne sont pas de simples suites de symboles, elles requièrent également une certaine communauté d'individus ayant les compétences linguistiques et les connaissances d'arrière-fond nécessaires pour lire et comprendre l'œuvre littéraire en question. Une seule et même composition peut servir de fondation à deux œuvres littéraires différentes dans des contextes de lecture différents. Un exemple limite pourrait nous aider à éclaircir ce point. On peut certainement faire l'hypothèse de deux langues, l'Anglais et le Twanglais ayant les mêmes *types* de symboles (« a », « b », « c », etc.) et la même syntaxe, mais qui attribuent des sens différents aux mêmes suites de symboles. Dans ce cas, il pourrait y avoir deux œuvres complètement différentes (habitées par des personnages complètement différents, ayant des propriétés esthétiques et artistiques différentes) fondées sur la base d'un même texte, dont l'une dépendrait des utilisateurs compétents de l'Anglais, l'autre des utilisateurs du Twanglais (imaginons, si vous voulez, que l'auteur soit bilingue). La même chose pourrait se produire dans les cas où il n'y aurait pas deux langues différentes mais simplement deux cultures si différentes que, bien qu'étant en mesure de comprendre une œuvre littéraire, elles comprendraient des histoires différentes sur la base du même texte. C'est ainsi que fonctionnent, par exemple, les allégories et les parodies pendant les périodes de censure : une seule et même composition peut fournir un récit plaisant pour les enfants, une critique politique et un appel à l'insurrection pour les rebelles.

Mais il n'y a aucun besoin d'exiger que les lecteurs aient exactement les mêmes connaissances d'arrière-fond pour lire la même œuvre littéraire. En lisant *Orgueil et Préjugé* mes connaissances d'arrière-fond sur l'état actuel des ressources halieutiques mondiales ou de la réduction de la couche d'ozone sont tout à fait insignifiantes ; elles peuvent différer radicalement de celles d'un autre lecteur compétent sans que cela implique que nous soyons en train de lire des œuvres littéraires différentes sur la base des mêmes mots. Nous pouvons donc expliquer le rôle du lecteur (dont dépend l'œuvre littéraire) et établir des conditions suffisantes d'identité d'une œuvre littéraire de la manière suivante : si x et y sont des instances de la même composition et exigent les mêmes connaissances d'arrière-fond ainsi que les mêmes compétences linguistiques de la part des lecteurs, alors x et y sont des instances de la même œuvre littéraire[81]. Toute connaissance d'arrière-fond qui n'est pas « requise » par ces textes (comme celles relatives à la couche d'ozone) peuvent varier parmi les lecteurs sans que cela interfère avec leur capacité à être des lecteurs compétents de la même œuvre littéraire. Et si on ajoute cela aux conditions que nous avions établies pour déterminer l'identité du personnage, on obtient une image plus complète des conditions suffisantes d'identité du personnage.

Comme je l'ai dit dans les paragraphes précédents, ces conditions confirment un grand nombre de nos intuitions ordinaires au sujet de l'identité des personnages de fiction auxquelles nous ne voudrions pas renoncer. Cela confirme, par exemple, l'idée que deux lecteurs anglophones contemporains lisant deux copies numériquement différentes (mais parfaitement identiques) de *Northanger Abbey*, peuvent penser au même personnage de Catherine Morland et entamer une vraie discussion à son sujet. On peut également confirmer la vérité d'affirmations comme « Dr. Jeckyll est Mr. Hyde », car, en vertu de certaines affirmations d'identité dans l'œuvre qui font que Dr. Jeckyll et Mr.

---

[81] La thèse selon laquelle les présupposés de fond et les compétences linguistiques changent légèrement d'un individu à l'autre, ne doit pas nous amener à conclure que chaque personne lit une œuvre littéraire différente. D'une manière générale, une œuvre littéraire n'a besoin que d'un schéma rudimentaire de connaissances communes et de présupposés, combiné avec une compétence linguistique suffisante pour comprendre l'œuvre littéraire ; un tel schéma peut certainement être largement partagé par différents individus et, généralement, il est commun à la plupart des membres d'une culture donnée ou d'une communauté linguistique.

Hyde soient identiques, on peut attribuer au Dr. Jeckyll la totalité des propriétés préalablement attribuées à Mr. Hyde, et vice-versa, en sorte que, dans l'œuvre littéraire en question les deux possèdent la totalité de ces mêmes propriétés. En revanche, ces conditions *excluent* que la Pamela de Fred Jones et la Pamela de Richardson soient un seul et même personnage. Puisque les deux récits ont des origines différentes, les personnages n'apparaissent pas dans la même composition et, donc, n'appartiennent pas à la même œuvre littéraire — nous n'avons donc aucune raison de conclure qu'ils sont identiques, même s'ils partagent les mêmes propriétés. Mais il est clair que la Pamela de Richardson et celle de Fielding relèvent aussi d'œuvres littéraires différentes. Notre examen n'est donc pas encore terminé — il nous reste encore à étudier les cas où c'est l'identité des personnages à travers plusieurs œuvres qui est en question.

Les conditions d'identité à travers les œuvres littéraires

Le paragraphe précédent a établi des conditions d'identité des personnages de fiction suffisantes, mais pas nécessaires. Mais les cas dont on discute le plus souvent portent sur l'identité des personnages à travers des textes différents. En effet, pour comprendre nos traditions littéraires, il est plutôt important de reconnaître comment un seul et même personnage comme Sherlock Holmes peut réapparaître dans plusieurs œuvres différentes de la même série, ou qu'un personnage comme Gudrun puisse évoluer au cours des différents romans de D. H. Lawrence. Pareillement, beaucoup d'œuvres littéraires seraient incompréhensibles si on n'était pas en mesure de comprendre qu'elles incorporent des personnages célèbres issus d'autres œuvres. *Rosencrantz et Guildenstern sont morts* de Stoppard n'a pas beaucoup de sens si on ne voit pas que ces personnages sont les mêmes Rosencrantz et Guildenstern d'*Hamlet*, de même que *Joseph Andrews* perdrait beaucoup de son humour si Fielding avait juste inventé le nouveau personnage d'une jeune domestique au lieu de se moquer du personnage inventé par Richardson. Dans tous ces exemples nous pouvons raisonnablement affirmer que les personnages sont identiques, même s'ils apparaissent dans des œuvres différentes, ou dans différentes traductions ou encore dans des éditions différentes de la même œuvre littéraire. Il nous faut donc établir des conditions d'identité pour les personnages à travers les œuvres littéraires[82].

Les chances d'obtenir une série de conditions nécessaires et suffisantes pour l'identité des personnages semblent plutôt maigres. Mais il n'en va pas mieux dans les cas où il s'agit de formuler des conditions d'identité pour les êtres humains véritables. Nous pouvons au moins établir une condition nécessaire C, très importante, dont dépend l'identité des personnages x et y apparaissant respectivement dans les œuvres littéraires K et L. La voici : l'auteur de L doit connaître d'une manière adéquate le x de K et avoir l'intention d'incorporer x dans L en tant que y[83]. Par « connaître d'une manière adéquate » j'entends ce type de connaissance à même de permettre à l'auteur d'être un utilisateur compétent du nom de x (à supposer que x ait un nom), tel qu'il est utilisé dans K. Cela représente (conformément à nos analyses précédentes de la référence des noms fictionnels) une condition nécessaire pour que l'auteur de L se réfère à x dans L (et attribue ainsi de nouvelles propriétés à x). Si l'auteur se réfère à x il peut lui attribuer de nouvelles propriétés dans le nouveau contexte d'une œuvre littéraire L, auquel cas x apparaît comme un personnage (le personnage y) de L. *Stricto sensu* ce critère ne doit pas être considéré comme

---

[82] L'étude de la prédication menée dans le Chapitre 7 devrait montrer qu'il n'y a aucune raison de s'inquiéter d'une prétendue violation du principe d'indiscernabilité des identiques en attribuant à un personnage des propriétés différentes à l'intérieur de différentes œuvres littéraires ou éditions. Si des propriétés conflictuelles sont attribuées à un même personnage dans deux œuvres littéraires différentes, cela signifie simplement qu'il est tel et tel *selon une œuvre*, et qui ne l'est pas *selon l'autre*.

[83] Les inquiétudes à l'égard d'une excessive dépendance vis-à-vis des intentions de l'auteur peuvent être quelque peu soulagées en rappelant que – comme le montrent les exemples précédents – pour juger de telles intentions les meilleures pièces à conviction se trouvent dans le texte lui-même et non dans les interviews accordés par l'auteur (qui pourrait en effet avoir oublié ou ne pas être explicitement conscient des différentes icônes culturelles ou figures préalables à l'œuvre pendant l'écriture de l'ouvrage). De plus, il ne s'agit pas d'affirmer quoi que ce soit au sujet du rôle de l'intention de l'auteur dans l'interprétation du sens ou de la valeur de l'œuvre, mais seulement de rappeler que les faits historiques se rapportant à l'intention de l'auteur jouent un rôle important dans la détermination de problèmes factuels (par exemple, lorsqu'il s'agit de savoir si un personnage est une reprise ou une nouvelle création).

suffisant, mais il devrait néanmoins (une fois rattaché à des analyses textuelles plus fines et détaillées) constituer un bon repère pour établir si on peut raisonnablement affirmer que deux personnages sont les mêmes.

S'il y a des personnages qui remplissent cette condition, alors nous avons une bonne raison d'affirmer que x est y. Par exemple, si D.H. Lawrence avait une connaissance adéquate du personnage de Gudrun dans *L'Arc-en-ciel* (puisqu'il en était l'auteur) et, étant donnée la ressemblance entre celui-ci et le personnage du même nom apparaissant plus tard dans *Femmes amoureuses*, alors on a de bonnes raisons de croire que la Gudrun de *L'Arc-en-ciel* et celle de *Femmes amoureuses* aient été intentionnellement conçues comme étant le même personnage. Pareillement, nous avons de bonnes raisons de croire (étant données les ressemblances textuelles entre les deux pièces, ainsi que la mise en abîme de la forme théâtrale manifestée dans l'œuvre) que Stoppard a une plutôt bonne connaissance du Guildenstern de *Hamlet*, et qu'il connaît extrêmement bien le texte original. De plus, étant donné qu'il est important d'identifier ses personnages avec ceux de Shakespeare pour comprendre la finesse et l'humour de son œuvre, nous avons une autre bonne raison de croire que Stoppard a eu l'intention d'incorporer Guildenstern et compagnie dans *Rosencrantz et Guildenstern sont morts*. Si tout cela est correct, nous avons d'excellentes raisons de dire qu'un seul et unique Guildenstern apparaît dans les deux pièces. De même, sur cette même base, nous pouvons dire que la Pamela de Fielding est bien la Pamela de Richardson, mais que la Pamela de Fred Jones ne l'est pas. Car Fielding connaissait de très près le premier récit au point de pouvoir en faire une parodie minutieuse et il avait clairement l'intention de ridiculiser l'œuvre précédente en incorporant les personnages de celle-ci dans la sienne. En revanche, Fred ne savait rien (par définition) de la Pamela précédente, et n'avait pas l'intention de l'incorporer dans son œuvre littéraire, si bien que sa Pamela et celle de Richardson ne remplissent pas cette condition nécessaire et, donc, ne peuvent pas être le même personnage.

Même dans certains cas où la condition ci-dessus est remplie, il nous arrive parfois de dire que le personnage de telle suite n'est pas le même que celui de l'original. Mais il serait plus correct d'interpréter ce genre de propos moins comme des négations de l'identité du personnage, que comme des façons de dire qu'aucune personne *réelle* n'agirait tantôt comme le personnage de la première œuvre, tantôt comme celui de la suite. On entend souvent ce genre de reproches à l'égard de la Scarlett O'Hara de la suite d'*Autant en emporte le vent* par Alexandra Ripley, reproches qu'il faut comprendre plutôt comme des protestations vis-à-vis du manque de vraisemblance de la part de l'auteur (en particulier en ce qui concerne les lois de la psychologie) que comme une négation d'identité. En effet, c'est précisément parce qu'ils identifient implicitement les deux personnages que les lecteurs du deuxième roman sont mécontents de la tentative (ratée) de présenter un personnage vraisemblable.

Ce qui rend cette condition simplement nécessaire mais non suffisante est la possibilité de changements involontaires de référence. Même si le deuxième auteur utilise le nom de x, rien n'exclut la possibilité d'un changement de référence, suite auquel il ne se réfère plus vraiment au personnage précédant en lui attribuant de nouvelles propriétés mais il en crée un autre (peut-être même à son insu). Si dans une œuvre littéraire on trouvait, par exemple, un rocher (ou un chien ou une ville) appelé « Sherlock Holmes » sans que la référence au détective de Conan Doyle ne joue le moindre rôle dans la constitution des personnages ou de l'intrigue, il faudrait en conclure que l'auteur (en dehors de toute intention) n'aurait fait que donner à un nouveau personnage un ancien nom, et non attribuer de nouvelles propriétés à l'ancien Holmes. Certes, il peut y avoir des cas plus flous où on ne sait pas vraiment si l'auteur du deuxième texte dit seulement des choses étranges à propos de l'ancien personnage (ce qui pourrait faire partie de ses intentions) ou s'il en invente un nouveau (peut-être avec un ancien nom), des cas où on n'est même pas sûr de savoir ce qu'il faudrait faire pour régler le problème. Mais ce flou s'installe même à l'intérieur de nos pratiques linguistiques, puisque nous parlons communément d'un personnage qui « s'inspire » d'un autre personnage ou d'un personnage réel, ce qui témoigne d'un lien bien plus faible que celui d'identité. Mais des liens plus faibles que l'identité stricte sont aussi nécessaires pour traquer les cas où il est question d'individus réels : des gens qui changent radicalement, des jonquilles qui reviennent année après année sans être pour autant tout à fait identiques. Ces liens sont parfois étiquetés comme des cas de « survie » plutôt que d'identité exacte, et ils jouent un rôle important dans la fiction comme partout ailleurs[84].

Mais la présence de cas flous — dans lesquels n'importe quelle décision semble arbitraire — ne veut pas dire que le concept d'identité ne se laisse

---

[84] La notion de survie est proposée en tant que notion plus utile que celle d'identité et étudiée en détail dans Brennan 1998.

pas appliquer aux personnages de fiction. Les cas flous sont tout aussi gênants pour les théories qui essaient d'établir des conditions d'identité pour les individus réels, non seulement pour les personnes, mais encore plus pour les plantes, les navires, les champignons et des tas de pacotilles. En somme, les cas d'identités floues ne sont certainement pas propres aux personnages de fiction, et pourtant personne n'irait jusqu'à nier aux plantes et aux champignons tout droit de cité dans notre ontologie, sous prétexte que leur individuation serait gênante. Une fois de plus, il s'agit de problèmes qui ne sont pas spécifiques aux personnages de fiction[85].

Le plus important est d'avoir fixé des critères (sur la base des théories de la dépendance des personnages de fiction et de la référence des noms fictionnels développées plus haut) permettant d'établir deux conditions suffisantes rigides et une condition nécessaire d'identité — des conditions qui devraient nous aider à trancher dans beaucoup de cas d'identité présumée, et donner un sens à nos propos sur des personnages de fiction qui seraient « identiques à eux-mêmes et différents les uns des autres ». Il y a beaucoup de cas clairs d'identité ou de différence entre personnages, mais il y a aussi des cas où il est plus difficile de trancher, et nous avons maintenant les moyens de les aborder. Mieux encore, grâce aux conditions que nous venons d'établir, il est désormais possible de résoudre les problèmes d'identité d'une manière cohérente avec nos pratiques ordinaires d'identification ou de distinction des personnages de fiction. Ce fait distingue notre approche de celles qui réduisent les conditions d'identité des personnages à celles des entités idéales, et montre une fois de plus les avantages d'une analyse des personnages en termes d'entités abstraites dépendantes. De plus, cela prouve qu'il est possible d'établir des conditions d'identité pour tout genre d'entité dépendante, concrètes ou abstraites, en se demandant si leurs connections avec les entités qui les supportent sont ou ne sont pas préservées.

---

[85] Parsons 1987 soutient que, contrairement aux attentes, le fait de postuler des entités qui posent des problèmes au niveau de la détermination de leur identité, ne cause aucune des difficultés tant redoutées au niveau de la quantification. S'il en est ainsi, nous aurions donc d'autant moins raison de laisser de tels cas flous nous empêcher de postuler des objets fictionnels ou d'autres entités susceptibles d'inclure des cas d'indétermination.

DEUXIÈME PARTIE

Décisions ontologiques

Avant-propos

Dans la première partie, j'ai soutenu que nous devrions considérer les personnages de fiction non pas comme les étranges habitants d'un autre royaume, mais comme des artefacts culturels abstraits, aussi ordinaires que les œuvres littéraires dans lesquelles ils apparaissent. En acceptant cette thèse, on reconnaît que tous les problèmes des personnages de fiction (y compris ceux qui touchent à nos manières d'y faire référence, ou à la possibilité d'offrir des conditions d'identité) se retrouvent du côté des autres entités abstraites et des artefacts culturels. J'ai essayé de montrer comment surmonter ces problèmes, en considérant les personnages de fiction comme des entités dépendantes. Cela nous a permis de surmonter deux problèmes majeurs qui empêchaient de postuler les personnages de fiction, et d'indiquer le chemin à suivre pour faire de même avec d'autres cas d'objets abstraits dépendants. Mais tout cela nous a juste permis de rejeter les arguments de ceux qui *ne veulent pas* postuler les personnages de fiction, alors que nous n'avons encore fourni aucun argument positif pour les postuler.

Il est temps maintenant d'aborder la seconde question : devrions-nous admettre les personnages de fiction dans notre ontologie ? Le cas des personnages de fiction fournit l'occasion de réexaminer la question la plus importante : que devrions-nous, en général, admettre dans notre ontologie, et sur quelle base ? L'un des traits caractéristiques de la philosophie en général, et plus particulièrement de l'ontologie, est de nous aider à donner un sens à notre monde. Ainsi, le choix d'une ontologie a pour but d'adopter une base adéquate, à partir de laquelle on peut comprendre notre expérience et notre discours sur le monde. Certes, cela ne veut pas dire qu'il est impossible d'établir si nos expériences sont trompeuses, nos discours fallacieux ou si nos pratiques doivent être révisées. Il faut juste se mettre à la recherche d'une théorie capable d'analyser — d'une manière qui soit la plus systématique, juste et élégante possible — les modalités de notre expérience ainsi que la vérité et la fausseté de nos discours.

Mais ces simples critères de bon sens pour la construction d'une bonne théorie sont souvent oubliés au profit d'un jeu tape-à-l'œil où chacun essaye de montrer qu'il arrive à se « débrouiller » avec une ontologie la plus minimale qui soit. Au lieu de peser soigneusement les avantages et les inconvénients liés au choix d'admettre des entités comme les objets fictionnels, on veut les éliminer à tout prix. Au lieu d'évaluer l'adéquation théorique et la parcimonie ontologique d'une théorie à partir d'un cadre métaphysique général, on prend des décisions isolées et fragmentaires. Je propose en revanche de revenir à une méthode d'investigation moins hâtive et d'utiliser les personnages de fiction comme des cas paradigmatiques et révélateurs, à la lumière desquels on pourra mesurer méticuleusement les coûts et les bénéfices d'un cadre ontologique général, afin de déterminer si, tout bien considéré, il vaut mieux adopter une théorie qui postule les objets fictionnels plutôt qu'une autre qui les élimine.

Je commencerai donc par mesurer la justesse relative de ces théories de l'expérience et du discours qui postulent les objets fictionnels et de celles qui ne les postulent pas. Autant les théories de l'intentionnalité que celles du langage ont cherché à éviter de postuler les personnages de fiction, en concluant ainsi que ces expériences et ces énoncés n'ont pas de référence. Je soutiens, en revanche, que ces tentatives d'éviter la référence aux personnages de fiction, non seulement interfèrent avec notre capacité à rendre compte de nos croyances fondamentales et de nos pratiques discursives à l'égard des fictions, mais qu'elles mènent aussi à des théories de l'intentionnalité et du langage plutôt décevantes. Les théories de l'intentionnalité qui ne postulent pas les personnages de fiction sont en effet incapables d'expliquer la coprésence de certaines caractéristiques propre à la définition de l'intentionnalité ; les théories du langage en restent à un processus infini de révisions *ad hoc* et n'arrivent pas à fournir des analyses uniformes et systématiques de ces énoncés reposant uniquement sur leur forme logique. Ainsi l'envie d'offrir des théories de l'intentionnalité et du langage plus élégantes, plus adéquates et moins *ad hoc* fournit une forte motivation initiale pour postuler des objets de fiction. Mais je ne prendrai cela que comme une motivation initiale et non comme le fin mot de l'histoire. Car la motivation centrale de ceux qui refusent de postuler les objets fictionnels réside dans des considérations de parcimonie ontologique.

Je me tournerai ensuite vers un examen des avantages et des inconvénients d'une ontologie qui voudrait admettre des objets fictionnels. Un tel examen nécessite cependant une étude préliminaire, où il s'agira d'établir comment il faut procéder pour prendre des décisions ontologiques, relatives à ce qu'il faut ou ne faut pas admettre. Si on veut prendre des décisions ontologiques claires, précises et cohérentes il faut partir d'une ontologie catégoriale : un ensemble de catégories (exhaustives, détaillées et pertinentes) de choses dont on peut affirmer l'existence. Dans le Chapitre 8 je vais aborder cette première tâche ontologique en utilisant les résultats des recherches fondamentales sur la dépendance dans le but d'élaborer un système de catégories. Ce système de catégories ne se limite pas à déterminer l'espace conceptuel à l'intérieur duquel développer une vision d'ensemble, vaste et systématique, de ce qu'il y a ; il nous permet également d'affronter les ontologies rivales et de comparer les nouvelles solutions apportées aux vieilles difficultés ontologiques. Nous devrions ainsi pouvoir prendre des décisions systématiques et cohérentes et choisir si, au bout du compte, il faut ou il ne faut pas admettre dans notre ontologie certaines entités spécifiques, à l'image des objets fictionnels.

Le fait de prendre des décisions ontologiques à partir d'un système de catégories fait apparaître la différence entre vraie et fausse parcimonie. Le concept philosophique de « parcimonie » est beaucoup trop souvent invoqué, mais jamais vraiment examiné. L'attrait pour la parcimonie est d'ailleurs l'un des motifs les plus persistants derrière le rejet des personnages de fiction. Notre étude de la fiction nous donne ainsi l'occasion d'examiner ce concept de parcimonie ontologique, d'expliquer ce qui rend une théorie vraiment parcimonieuse et de démasquer ces cas où la prétendue parcimonie obtenue en éliminant certaines entités n'est qu'une fraude. En gardant soigneusement à l'esprit la distinction entre la vraie et la fausse parcimonie, on pourrait éviter beaucoup d'erreurs ontologiques. Et nous verrons que l'une de ces erreurs consiste à éliminer les personnages de fiction en faveur des œuvres littéraires.

Dans le dernier chapitre, je présenterai une tentative d'évaluation générale du domaine de l'« il y a ». Les systèmes catégoriaux inadéquats, fondés sur des divisions comme le réel et l'idéal, le matériel et le mental, mènent à l'exclusion systématique ou à la mauvaise interprétation de certains types d'entités, comme les objets fictionnels, les œuvres d'art et les objets sociaux et culturels de tout type. Toutes ces difficultés montrent la nécessité d'un nouveau tableau ontologique, plus large et plus varié. Et nous pouvons en esquisser un à partir d'une base ontologique relativement limitée, comprenant les objets spatio-temporels, les états mentaux et les choses qui en dépendent de différentes manières. Cela nous permet d'expliquer une variété d'objets bien plus large que d'habitude et, plus particulièrement, d'offrir une meilleure analyse des entités culturelles et des objets abstraits dépendants à l'intérieur d'un cadre systématique. J'esquisserai un tel tableau unitaire dans le chapitre conclusif, en insistant sur la grande variété d'entités du monde qui nous entoure qu'il permet de dévoiler.

Chapitre 6

Fiction et expérience

La tâche d'une théorie de l'intentionnalité est d'offrir une analyse de la capacité de nos pensées et de nos expériences d'être dirigées vers les objets du monde sur lesquels elles portent. Les théories contemporaines de l'intentionnalité, tout comme celles du langage, ont souvent été guidées par la volonté d'éviter de postuler des entités fictionnelles. Elles ont donc cherché des alternatives aux théories meinongiennes de l'intentionnalité tout comme Russell cherchait une alternative à la théorie meinongienne de la référence. La voie principale pour concevoir une théorie de l'intentionnalité qui évite les objets fictionnels est l'approche par le contenu, formulée en termes modernes d'abord par Husserl et défendue aujourd'hui par nombre de théories de l'intentionnalité, dont celles de Searle, Smith et Mc Intyre[86].

D'après les théories du contenu, les relations intentionnelles ordinaires aux objets de nos perceptions véridiques peuvent être décomposées en trois parties fondamentales : l'acte de conscience, l'objet, et le contenu. L'*acte de conscience* est l'acte particulier de perception, de pensée, de souhait etc. qui se produit à un endroit et à un moment déterminés. L'*objet* de la relation intentionnelle est ce qui est visé par ou ce sur quoi porte la perception, la pensée, etc. ; il s'agit normalement d'un simple individu physique ordinaire ou d'un état de choses sur lequel est tombé un acte intentionnel. Le *contenu d'un acte* joue un rôle analogue au sens frégéen : il s'agit de l'instance qui sélectionne ou prescrit l'objet d'un acte intentionnel. Il dépend de la manière dont le sujet conçoit l'objet et de la perspective à partir de laquelle il le perçoit, mais d'habitude il ne s'agit pas de quelque chose dont le sujet est clairement conscient pendant l'expérience intentionnelle. Plus précisément, le contenu n'est pas l'objet d'un acte intentionnel.

Cette simple structure acte-contenu-objet propre aux relations intentionnelles a permis aux théories du contenu d'éviter, d'une manière apparem-

---

[86] Searle 1983; Smith et McIntyre 1982.

ment simple, d'avoir à postuler les personnages de fiction. Les actes qui semblent porter sur des personnages de fiction, nous dit-on, ont un contenu mais pas d'objet. Dès lors, si je pense à Sherlock Holmes, ma pensée peut avoir un contenu comme <l'ingénieux détective qui vit à Baker Street>[87], mais ce contenu n'arrive pas à prescrire un objet, tout comme, dans une analyse frégéenne du langage, la description « l'ingénieux détective qui vit à Baker Street » est susceptible d'avoir un sens mais pas une référence. Comme Searle l'écrit :

> Si c'est par l'échec de la référence que la vérité de nos affirmations peut être mise en échec, nous ne sommes plus tentés de supposer qu'il faille ériger une entité à la Meinong comme étant ce sur quoi portent nos affirmations. Nous comprenons qu'elles ont un contenu propositionnel qui n'est satisfait par rien et qu'en ce sens elles ne portent « sur » rien. Or ce que je suggère est exactement identique : si c'est faute de l'objet référé pour leur contenu que nos étant intentionnels peuvent être mis en échec, nous ne devrions plus éprouver d'embarras au point d'être tentés d'ériger une entité intermédiaire à la Meinong ou un objet intentionnel intermédiaire comme étant ce sur quoi portent ces états[88].

Les théories de l'intentionnalité qui renoncent à postuler des objets fictionnels considèrent souvent cet abandon des fictions comme un avantage considérable[89]. Mais bien qu'elles semblent frayer le chemin d'une ontologie plus parcimonieuse, une question se pose : le fait de traiter nos expériences apparentes des personnages de fiction comme des actes « sans objet » peut-il vraiment conduire à une meilleure théorie de l'intentionnalité ? Je soutiens qu'il n'en est rien : toute théorie de l'intentionnalité qui renonce à postuler les objets fictionnels rencontre d'énormes problèmes lorsqu'il s'agit d'expliquer certaines caractéristiques de notre expérience des objets fictionnels.

---

[87] J'utilise des crochets pointus pour rendre explicites les cas où je parle de contenus.
[88] Searle 1983, p. 17 ; tr. fr. p. 33.
[89] Pour Searle il s'agit du « deuxième avantage » de son approche de l'intentionnalité (cf. Searle 1983, p. 16 ; tr. fr. p. 32). Cf. aussi Sajama et Kamppinen 1987, p. 75.

Les théories purement conceptuelles et la fiction

L'une des tâches les plus importantes d'une théorie de l'intentionnalité consiste à jeter les bases pour comprendre quelques-unes des caractéristiques de l'intentionnalité, comme la soi-disant indépendance vis-à-vis de l'existence (le fait supposé que les actes intentionnels n'ont pas besoin d'être dirigés vers des objets existants), la dépendance conceptuelle (le fait qu'un seul et même objet puisse être visé par deux actes intentionnels le concevant chacun d'une manière différente) et la sensibilité au contexte (le fait que deux actes intérieurement indiscernables quant à leurs contenus puissent viser des objets différents dans des contextes différents)[90].

D'après les théoriciens du contenu, la notion de « contenu » n'indique pas seulement la caractéristique fondamentale de l'intentionnalité, elle est aussi la clé pour en expliquer les caractères distinctifs. Et force est d'admettre que la théorie du contenu arrive à expliquer les caractères distinctifs de l'intentionnalité d'une manière tout à fait satisfaisante — pour autant qu'on puisse les étudier un à la fois. Par exemple, comme nous l'avons déjà rappelé, le théoricien du contenu analyse la caractéristique selon laquelle l'objet de l'acte intentionnel n'a pas besoin d'exister en disant qu'un acte intentionnel peut avoir un contenu qui, simplement, n'arrive à atteindre aucun objet. Le fait qu'une relation intentionnelle change selon la conception que le sujet a de l'objet peut être expliqué en disant que deux ou plusieurs contenus peuvent être dirigés vers un seul et même objet ; il n'y aurait donc aucun problème à admettre que des actes tout à fait différents ayant des contenus différents puissent viser la même entité. En outre, le théoricien du contenu peut expliquer d'une manière similaire comment une seule et même pensée ou concept a le pouvoir de viser deux objets différents ; dans des circonstances différentes, dit-il, deux instanciations du même contenu idéal en viennent à sélectionner des objets du monde tout à fait différents : deux pièces d'un centime qui apparaissent identiques à la perception, ou des liquides différents conçus d'une manière

---

[90] Certains de ces éléments distinctifs de l'intentionnalité ainsi que la terminologie utilisée pour les décrire sont issus de Smith et McIntyre, 1982, p. 10-18.

110/Fiction et Métaphysique

identique, autant sur Terre que sur Terre Jumelle, à partir du contenu <eau>[91].

De cette manière, la théorie du contenu peut facilement expliquer, l'une après l'autre, la plupart des caractéristiques majeures de l'intentionnalité. Mais une bonne théorie ne saurait se limiter à rendre compte de chacun des traits caractéristiques de l'intentionnalité d'une manière isolée, car ceux-ci peuvent tout aussi bien se produire ensemble. En particulier, un acte intentionnel apparemment dépourvu d'objet existant peut présenter une forme de dépendance conceptuelle ainsi qu'une sensibilité au contexte, tout comme n'importe quel acte de perception véridique. C'est lorsqu'il s'agit d'analyser de telles caractéristiques de notre expérience des objets fictionnels que les limites de la théorie du contenu font surface. Plutôt que de se lancer dans des analyses d'expériences de fictions plus complexes et significatives, les théories du contenu de l'intentionnalité ont habituellement contourné ces difficultés en se bornant à des cas marginaux et insolites (voir un centaure, par exemple) considérés en tant qu'exemples d'actes « qui ne sont dirigés vers aucun objet existant ». Mais l'analyse de nos relations intentionnelles aux objets fictionnels devrait être l'un des tests les plus importants pour évaluer une théorie de l'intentionnalité, non seulement dans le mesure où celles-ci représentent des cas paradigmatiques d'actes intentionnels apparemment dépourvus de référence à tout objet existant, mais aussi parce qu'il y a tout un pan d'expériences d'objets fictionnels qui réclame d'être compris d'une manière adéquate.

L'une des difficultés du traitement des expériences des personnages de fiction en tant que « actes sans objet » concerne le caractère quasi-relationnel de l'être-dirigé-vers propre à l'intentionnalité. L'intentionnalité a tout l'air d'être un exemple classique de relation, à savoir la relation entre la conscience et son objet. Caractériser l'intentionnalité comme une relation permet à la fois d'expliquer son caractère dirigé (en tant que rapport asymétrique entre quelque chose qui vise et quelque chose qui est visé) et la manière dont le monde réel et la conscience interagissent dans les actes de perception (comme deux termes d'un type de relation particulier, établi grâce à la médiation d'un contenu mental).

---

[91] Pour la discussion du cas de la planète jumelle par rapport aux théories de l'intentionnalité, Cf. l'essai inédit de D.W. Smith, « Thoughts ».

En admettant que certains actes intentionnels, y compris ceux qui sont dirigés vers des entités fictionnelles, soient entièrement dépourvus d'objet, la théorie du contenu entretient une ontologie minimale. Cependant, si l'intentionnalité est vraiment une relation, elle doit être conçue soit comme une relation à deux termes entre un acte et un objet (ce dernier, pouvant parfois faire défaut) soit comme une relation à trois termes entre un acte, un contenu et un objet (ce troisième terme pouvant parfois faire défaut)[92]. La théorie du contenu doit donc soit abandonner (comme le fait Johansson)[93] l'idée que l'intentionnalité est une relation, soit postuler un type de relation étrange et sans doute incohérent, dans le seul but d'expliquer l'intentionnalité. Dans les deux cas, tout ce qu'on peut apprendre au sujet de l'être-dirigé-vers propre de l'intentionnalité est qu'il s'agit d'un être-dirigé au moyen d'un contenu et, parfois, d'un être-dirigé vers rien du tout[94].

Cependant, que l'on arrive — ou qu'on puisse arriver — ou pas à se satisfaire de l'idée que l'intentionnalité n'est pas une relation ou qu'elle est une relation à n-termes variables (parfois trois, parfois deux…) cela importe peu, car les problèmes les plus graves pour la théorie du contenu se trouvent moins au niveau de la caractérisation de la relation intentionnelle qu'au niveau de l'analyse des autres caractéristiques de l'intentionnalité. En effet, dans la mesure où le théoricien du contenu traite les expériences de fiction comme des actes sans objet, ses solutions classiques aux problèmes de dépendance conceptuelle et de sensibilité au contexte ne semblent pas fonctionner pour les actes dirigés vers des fictions.

---

[92] Le fait d'attribuer à l'intentionnalité la structure de base d'une relation médiate entre deux termes (les termes étant l'acte et l'objet, médiatisés par le contenu) ou celle d'une relation à trois termes (acte, contenu, objet) n'introduit aucune différence de principe. Je préfère plutôt la première formulation dans la mesure où elle me semble correspondre le mieux à nos pratiques discursives. Par exemple, même si nous savons que le contenu est impliqué dans la détermination d'une telle relation, nous concevons la relation perceptive d'une manière plus naturelle comme une relation à deux termes entre l'acte et l'objet par le biais d'un contenu plutôt que comme une relation à trois termes.
[93] Johansson 1989, pp. 196-226.
[94] Pour les versions relationnelles de la théorie du contenu, Cf. Smith et McIntyre 1982, pp. 10-11 ; Grossmann 1983.

112/Fiction et Métaphysique

La dependance conceptuelle

Le fait que l'acte n'ait « besoin d'aucun objet existant » et que la relation intentionnelle soit « concept-dépendante » sont deux caractéristiques de l'intentionnalité parmi les plus importantes. Un regard rapide sur les personnages de fiction devrait suffire à montrer qu'il peut y avoir des actes intentionnels pour lesquels, d'après la théorie du contenu, il n'y a aucun objet existant mais qui semblent néanmoins concevoir un objet à partir de deux ou plusieurs concepts différents. Considérons les actes intentionnels suivants[95] :

Cas A :
1. Ma pensée au sujet de l'actuel président des Etats-Unis
2. Ma pensée au sujet du père de Chelsea Clinton

Cas B :
3. Ma pensée au sujet du Roi Lear
4. Ma pensée au sujet du père de Cordélia

La théorie du contenu peut analyser le fait que dans le cas A nous ayons deux actes intentionnels et deux manières différentes de concevoir un seul objet en disant que les deux actes ont des contenus différents, < l'actuel Président des Etats-Unis > et < le père de Chelsea Clinton > qui se dirigent néanmoins vers un seul et unique objet, à savoir Bill Clinton. Ainsi, la théorie du contenu est capable d'expliquer le fait que je peux avoir de nombreuses pensées différentes qui portent sur une seule et même personne réelle conçue de différentes manières.

Or, il faudrait qu'elle puisse en faire autant pour le cas B, et affirmer (autant que faire se peut) que les deux actes visent le même objet. Mais le problème avec les deux derniers actes est que, d'après la théorie du contenu, ils exhibent aussi le premier trait caractéristique de l'intentionnalité : l'objet de ces actes n'existe pas. La théorie du contenu, conformément à l'analyse précédente, en conclut ainsi que, dans le cas B, il y a deux actes intentionnels avec deux contenus différents mais sans objet. Nous avons donc perdu toute capaci-

---

[95] Par « pensée » il faut comprendre ici le simple fait de placer des objets devant l'esprit, de les concevoir, non d'en faire le thème d'une attitude propositionnelle.

té à rendre compte du fait que ces deux pensées portent sur la même chose, à savoir le Roi Lear, car la théorie du contenu semble se limiter à nous dire qu'il n'y a pas d'objet dans aucun des deux cas.

Si une théorie de l'intentionnalité n'arrivait pas à expliquer en quelle mesure les actes (1) et (2) portent sur le même objet, l'échec serait cuisant. C'est d'ailleurs ce genre d'objections qu'on a souvent adressées à la théorie du premier Brentano ainsi que, parfois, à celle de Meinong. Mais les actes intentionnels (1) et (2) sont structurellement parallèles aux actes (3) et (4), et l'idée que ces derniers portent sur le même objet fait tout aussi partie de notre expérience ; nous ne pourrions même pas commencer à lire et à comprendre un roman si nous ne pouvions pas unifier nos actes intentionnels ayant des contenus différents pour qu'ils puissent porter sur le même personnage. L'échec ne serait donc pas moins cuisant si une théorie de l'intentionnalité n'arrivait pas à expliquer que non seulement (1) et (2), mais aussi (3) et (4) se rapportent à la même chose.

On pourrait soulever des objections contre le langage que j'adopte ici, en rétorquant que le problème d'établir en quel sens (3) et (4) portent sur la même *chose* ne se pose justement pas, car (3) et (4) ne portent sur rien du tout, et donc sur *aucune chose* quelle qu'elle soit. Mais si j'ai utilisé la tournure « portent sur la même chose » c'est simplement parce que c'est ainsi que nous décririons normalement, d'une manière informelle, l'expérience de deux pensées différentes d'un même personnage, d'un même nombre ou d'un même objet abstrait. Par « chose » je n'entends donc pas ici un objet individuel spatio-temporel. Je maintiens cependant que, peu importe la façon de parler choisie, le théoricien du contenu se trouve devant le problème de devoir unifier (3) et (4).

On peut aborder la question sous un angle légèrement différent, en analysant une autre pensée apparemment dirigée vers un personnage de fiction. La voici :

5. Ma pensée au sujet du célèbre dramaturge assassiné par Humbert Humbert.

Non seulement la théorie du contenu n'a aucun moyen d'expliquer que les pensées (3) et (4) portent sur la même chose, mais elle ne semble pas non plus en mesure de dire que (3) et (4) ont quelque chose en commun que

(5) n'aurait pas. Elle peut seulement nous dire qu'ils ont tous des contenus différents et qu'aucun n'a un objet quel qu'il soit. Mais même un adversaire acharné de tout discours sur les objets fictionnels devrait pouvoir expliquer cette unité qui lie (3) et (4) mais pas (3) et (5). La théorie intentionnelle du contenu semble cependant, du moins à première vue, incapable de le faire.

On pourrait aller dans le sens des théories classiques du contenu, en refusant de postuler que l'expérience d'entités fictionnelles porte sur un objet quel qu'il soit, et essayer néanmoins d'expliquer pourquoi les actes intentionnels (3) et (4) ont quelque chose en commun alors que (3) et (5) n'en ont pas. Une réponse possible serait la suivante : ce qui unifie ces actes est le fait qu'ils sont tous vécus par le(s) sujet(s) qui juge(nt) *comme s'*ils portaient sur le même objet. Ces actes contiennent une individuation phénoménologique de l'objet *par la conscience* bien qu'il n'y ait aucun objet externe, et donc aucune individuation métaphysique du Roi Lear. Les pensées (3) et (4) seraient donc unifiées en ce qu'elles sont présentées comme portant sur le même individu, à savoir le Roi Lear, alors que la pensée (5) est présentée comme portant sur un individu différent, à savoir Clare Quilty du *Lolita* de Vladimir Nabokov. Cela nous ramène donc à la question suivante : en vertu de quoi les pensées (3) et (4) sont-elles présentées comme portant sur le même individu, alors qu'il en va autrement de la pensée (5) ?

Smith et McIntyre proposent une explication de l'individuation phénoménologique par la conscience selon laquelle « un objet est *individué dans* un acte ou une attitude dans la mesure où le *Sinn* de l'acte [le contenu, *NdA*] présuppose ou contient explicitement (d'une manière appropriée) un sens par lequel une chose donnée peut être individuée, un sens relatif à son "identité" »[96]. Normalement, toute individuation présuppose un ensemble de croyances d'arrière-fond relatives aux principes d'individuation propres à chaque type d'individu donné ainsi que des croyances qui permettent d'attribuer un certain nombre de ces propriétés pertinentes susceptibles d'identifier cet individu déterminé. Ainsi, ce qui pourrait faire en sorte que mes pensées au sujet du Roi Lear soient phénoménologiquement individuées, ce serait, tout d'abord, mon ensemble de croyances d'arrière-fond relatives aux principes d'individuation pertinents pour les êtres humains, puis, mon ensemble de cro-

---

[96] Smith et McIntyre 1982, pp. 370-371.

yances relatives au Roi Lear. Pour grouper les pensées du type Roi Lear, nous pourrions formuler le principe suivant :

> *T* est une pensée du Roi Lear si et seulement si le contenu de *T* est tel qu'il semble prescrire à un homme d'être identique avec un roi ayant deux filles ingrates, qui abdique le trône prématurément, meurt de chagrin sur le corps de Cordélia etc. etc.

Cela peut servir à la fois à unifier mes pensées du Roi Lear et à les séparer de mes pensées de Quilty, puisque les principes d'arrière-fond dont je dispose pour individuer les êtres humains pourraient m'apprendre que l'homme qui a les propriétés qu'on vient d'évoquer ne peut pas être le même que le dramaturge américain du 20ème siècle qui meurt de blessures par balles à cause d'un pédophile jaloux.

Tout cela fait certainement avancer notre compréhension de la manière dont les personnages de fiction sont individués par une conscience mais, à mes yeux, ne suffit pas à notre propos. La stratégie qui consiste à unifier nos pensées autour des personnages littéraires uniquement sur la base de leur individuation par la conscience s'avère en effet, à la fois trop étroite et trop large. Elle est trop étroite dans la mesure où elle n'arrive pas à unifier toutes nos pensées visant un seul et même personnage ; et elle est trop large car elle n'arrive pas à empêcher que des pensées dirigées sur deux personnages différents soient considérées comme visant le même personnage. Je pense que ce dernier problème est le plus redoutable, mais j'aborderai les deux dans l'ordre.

Tout d'abord, l'explication évoquée plus haut considère l'individuation des objets fictionnels par la conscience comme parasitaire vis-à-vis de l'individuation des objets réels, car elle repose par hypothèse sur les croyances d'arrière-fond relatives aux principes d'individuation des entités réelles du type en question (si bien que, par exemple, mon individuation phénoménologique du Roi Lear repose sur mes croyances d'arrière-fond relatives aux conditions d'individuation des êtres humains). Mais les personnages de fiction peuvent transgresser et transgressent violemment les principes d'identité des entités du monde réel qu'ils représentent sans que, pour autant, cela leur fasse perdre leur identité. Nos croyances d'arrière-fond au sujet des petites filles peuvent certainement nous apprendre qu'aucune petite fille n'est la même chose qu'une myrtille, et pourtant dans *Charlie et la chocolaterie* de Roald

116/Fiction et Métaphysique

Dahl, Violet Beauregard, à la fin de l'histoire, *est* une myrtille géante. Il nous faut donc un moyen d'expliquer pourquoi ma pensée initiale <que les enfants obstinés seront punis> doit être unifiée à ma pensée ultérieure <qu'un fruit aux dimensions démesurées qui a été envoyé au pressoir> en tant que pensées qui portent sur un même étant du type Violet, même si, par exemple, j'aurais omis de lire la partie du livre où se produit la transformation, si bien que l'élément d'identité ne serait pas préservé dans les contenus de mes actes respectifs et semblerait donc devoir être exclu par mes croyances d'arrière-fond.

De même, les œuvres fictionnelles décrivent souvent des espèces d'entités complètement nouvelles, à l'égard desquelles nous n'avons aucune croyance d'arrière-fond vis-à-vis de leur individuation, aucune connaissance sur laquelle nous appuyer afin de les individuer par notre conscience. On peut même se représenter des objets qui changent de type ontologique ou qui exhibent des propriétés contradictoires. Si les personnages de fiction sont si indisciplinés, c'est justement dans la mesure où on peut leur attribuer des propriétés qui transgressent les principes d'individuation ordinaires du monde réel, sans qu'ils perdent leur identité. Cet aspect est sans doute la raison principale à l'origine de l'idée très répandue que les entités fictionnelles ne peuvent pas être individuées[97].

Mais rien de tout cela ne montre que les entités fictionnelles ne sauraient être correctement individuées par la conscience. Cela montre plutôt que *soit* leurs principes d'individuation par la conscience doivent être formulés différemment par rapport à l'individuation phénoménologique des individus réels ; *soit* que leur individuation ne peut pas être identifiée avec leur individuation par la conscience. Etant donné le caractère foncièrement indiscipliné des personnages de fiction, il semble plutôt improbable qu'un simple mélange de croyances relatives à l'individu et de croyances d'arrière-fond relatives aux principes d'individuation du type d'entité en question, puisse suffire à une conscience pour individuer de telles entités, et encore moins à regrouper correctement tous ces différents actes intentionnels dont il faut expliquer la référence commune à un même objet fictionnel.

Les solutions sur la base de l'individuation *par la conscience* sont tout aussi incapables d'affronter d'autres cas où tout se passe comme s'il y avait deux ou plusieurs expériences du même objet : le cas de deux individus différents qui

---

[97] Cf., par exemple, Quine 1953, p. 4 (tr. fr. pp. 28-9).

pensent à Hamlet, et celui d'un individu qui pense à Hamlet à deux reprises, sans se souvenir de son expérience précédente. Bien qu'en pratique on considère qu'il est possible que de telles expériences portent sur la même chose, dans ce genre de cas il pourrait n'y avoir aucun individu pour qui ces expériences se présentent comme portant sur un seul et même objet.

Sensibilité au contexte

Le problème complémentaire de l'intentionnalité, à savoir qu'une seule et même conception mentale peut viser deux ou plusieurs objets différents, s'applique également à l'expérience présumée d'entités fictionnelles. Comme je l'ai soutenu dans le chapitre précédent, les entités fictionnelles sont créées à un moment donné par les actes d'un (ou de plusieurs) auteur(s) et elles sont rigidement liées à leurs origines, si bien que des auteurs qui écrivent indépendamment les uns des autres, qui sont issus de traditions différentes et qui travaillent à partir de sources distinctes, peuvent tout au plus créer des personnages semblables (non identiques). Je maintiens ainsi que si un certain Fred Jones écrivait, par pure coïncidence (c'est-à-dire sans connaître l'œuvre de Richardson ou de Fielding), une pièce sur une jeune servante nommée « Pamela », sa Pamela serait un personnage différent de celui de Richardson — dont il serait, au mieux, extrêmement semblable. Et il n'en irait pas autrement, même si Jones en venait, par le plus grand des hasards, à écrire exactement les mêmes mots et dans le même ordre que ceux du récit de Richardson.

Or, étant donnée cette analyse des conditions d'identité requises par les personnages de fiction, ma pensée particulière au sujet de la servante Pamela, avec son contenu particulier <la servante Pamela>, pourrait viser tantôt la Pamela de Jones tantôt celle de Richardson. La théorie du contenu n'est pas en mesure de distinguer entre deux actes intentionnels ayant pour contenu <la servante Pamela> dont l'un est dirigé vers la Pamela de Richardson et l'autre vers la Pamela de Jones. Puisque l'un comme l'autre ont le même contenu mais pas le même objet, il n'y a aucune manière de les différencier.

Le problème posé par le cas où un seul contenu se trouve face à deux objets est particulièrement délicat, car il suggère que l'individuation des objets fictionnels ne peut pas être identifiée avec leur individuation phénoménologique, quelle que soit notre façon de l'analyser. Essayons d'accepter l'hypothèse précédente qu'il n'y a pas d'objets fictionnels, mais qu'on peut néanmoins expliquer adéquatement l'unification de toutes ces pensées qui semblent porter sur un seul objet fictionnel grâce à leur prétendue individuation dans les contenus de pensées qui les visent. Rien n'exclurait, cependant, qu'il puisse y avoir deux actes avec des contenus qualitatifs identiques (attribuant exactement les mêmes propriétés à l'objet, invoquant les mêmes principes d'individuation et les mêmes croyances d'arrière-fond au sujet des propriétés de l'objet, et attribuant aux objets en question le caractère de l'identité) qui portent néanmoins sur des objets fictionnels *différents*. En somme, cette thèse ne permet aucunement d'expliquer pourquoi, même dans nos relations intentionnelles aux entités fictionnelles, un même contenu (isolé) peut, dans des contextes différents, mener à deux ou plusieurs objets différents.

Prenons encore une fois l'exemple de Pamela-*bis* : Fred Jones crée en 1957 un personnage de Pamela auquel il attribue toutes (et seulement) les propriétés attribuées à la Pamela la plus célèbre. Tant qu'on reste dans le cadre d'une théorie du contenu strictement internaliste — qui règle le problème de l'unification des pensées se rapportant aux mêmes objets fictionnels exclusivement en termes de rapports entre les contenus de ces actes — on est obligé de conclure que mes pensées en lisant la Pamela de Jones « portent sur le même personnage » que mes pensées qualitativement identiques portant sur la Pamela de Richardson. Mais cela va manifestement à l'encontre de nos pratiques ordinaires selon lesquelles, pour qu'on puisse considérer un deuxième personnage comme identique au premier, il faut une connexion historique adéquate au personnage original[98].

Tout cela semble montrer que, même dans le cas des personnages de fiction, l'identité de l'objet transcende tout ensemble fini de contenus relatifs à cet objet. En d'autres termes, cela montre qu'il y a une réelle identité métaphysique des personnages de fiction qui n'est pas à confondre avec leur individuation par la conscience[99]. Cela suppose aussi que cette identité externe des per-

---

[98] Des arguments en faveur de la thèse selon laquelle les personnages de fiction sont rigidement liés à leurs origines se trouvent dans les Chapitres 1 et 3.
[99] Cf. le Chapitre 8 de Smith et McIntyre 1982, où on soutient que l'identité d'un individu naturel est transcendante vis-à-vis de tout ensemble fini de contenus d'actes dirigés vers lui. Je suggère d'élargir explicitement la validité de cette thèse afin d'y inclure également les objets fictionnels.

sonnages de fiction repose, du moins en partie, sur les circonstances de leur création.

Les théories purement contextualistes et la fiction

Mais avant d'en conclure que pour élaborer une théorie satisfaisante de l'intentionnalité nous avons besoin de postuler l'existence d'objets fictionnels, il serait sage de tester d'abord une autre solution, qui ne postule pas les objets fictionnels mais qui néanmoins prend en compte le contexte des actes intentionnels qui les visent. Il se pourrait, en effet, qu'une solution contextualiste au problème de savoir comment grouper des actes intentionnels apparemment dirigés vers le même objet fictionnel, puisse réussir là où les solutions internalistes ont échoué. Une approche différente du problème des « deux contenus pour un seul objet » qui ferait l'économie des objets fictionnels, devrait peut-être dépasser complètement la relation intentionnelle, et déterminer l'identité apparente des personnages de fiction au moyen d'un principe tel que :

> T est une pensée du Roi Lear si et seulement si le penseur de T est situé dans un contexte approprié devant un exemplaire de *Roi Lear* (causalement dérivé de l'original de Shakespeare).

Par exemple, le fait que mes deux pensées du Roi Lear aillent ensemble alors qu'il en va autrement de ma pensée de Quilty, peut être expliqué en rappelant que mes pensées du Roi Lear se produisent dans le même contexte, peut-être pendant que je suis assise devant un seul objet spatio-temporel (un livre) dans lequel on trouve écrits des *tokens* de certains mots qui affectent mes yeux alors que je suis en train de penser au Roi Lear. Ma pensée de Quilty, en revanche, se produit sans doute devant des *tokens* de mots différents, instanciés dans un objet spatio-temporel différent. Et on aurait tort d'objecter que mes exemplaires de *Lolita* et de *Roi Lear* pourraient être réimprimés dans un seul volume, car chaque œuvre a une histoire à part, en tant que tout méréologique séparé ; il suffirait de reconstruire l'histoire de chaque partie du volume en ma possession à partir de manuscrits différents, pour séparer les contextes historiques pertinents à l'œuvre derrière mes pensées du Roi Lear et de Quilty.

Or, ce genre de circonstances contextuelles, où on est en présence d'un livre qui appartient à la bonne chaîne historique de publications, peut être nécessaire mais il n'est certainement pas suffisant à unifier un ensemble de pensées qui portent sur « le même personnage » en les classant comme des pensées du même type (par exemple comme des pensées du type Roi Lear). Les critiques du pur contextualisme en théorie de la perception, selon lesquelles il était possible de maintenir la même relation contextuelle externe (y compris le fait que les yeux du sujet soient affectés d'une certaine manière) sans qu'une perception de l'objet ne se produise[100], devraient avoir encore plus de force dans le cas de la fiction. On pourrait laisser inchangées les relations contextuelles, historiques et factuelles, entre les exemplaires du *Roi Lear* et mes actes de conscience, mais cela ne voudrait pas dire que les pensées en question seraient des pensées du type Roi Lear. Je pourrais, par exemple, laisser mes pensées vagabonder alors même que je suis en train de lire. Ou bien, je pourrais ne pas réussir à unifier les mots pertinents pour obtenir la projection de l'objet représenté (ici le père de Cordélia) ou je pourrais être concentré sur les changements dans le mètre :

> Nous ne nous rencontrerons plus, nous ne nous verrons plus ;
> Mais tu es toujours ma chair, mon sang, ma fille :
> Ou plutôt un mal présent dans ma chair
> Et que je dois appeler mien [...]
> (*Roi Lear*, II, 4)

Dans ce cas, on perçoit les mêmes mots, bien que la pensée ne soit pas du type pensée-Roi Lear, mais une pensée qui porte sur un mètre. Sans le recours au contenu et peut-être même à une notion préalable d'identité du personnage, on ne peut pas parvenir à regrouper les pensées qui portent sur un même personnage uniquement à travers le contexte, historique ou actuel.

---

[100] Cf. D.W. Smith 1989, pp. 151-152.

L'approche mixte contenu/contexte

Il se pourrait cependant qu'une approche mixte contenu/contexte au problème des actes intentionnels apparemment dirigés vers les objets fictionnels, ait plus de chances de réussir à regrouper des pensées sur les personnages de fiction sans postuler les objets fictionnels, qu'une approche purement externaliste ou internaliste. Afin d'établir si une pensée est du type-Roi Lear on peut formuler le principe suivant :

> T est une pensée du Roi Lear si et seulement si le penseur de T est situé dans un contexte approprié devant un exemplaire de *Roi Lear* (causalement dérivé de l'original de Shakespeare) et le contenu de T est tel qu'il semble prescrire à un homme d'être identique avec un roi ayant deux filles ingrates, qui abdique le trône prématurément, meurt de chagrin sur le corps de Cordélia etc. etc.

Je pense qu'on n'est pas loin ici d'avoir trouvé un critère adéquat pour classer certains actes intentionnels en tant qu'actes du type Roi Lear. Mais même l'approche mixte la plus généreuse tombe toujours sous les coups du problème de la coïncidence : il est toujours possible que je me trouve dans le bon contexte, devant un exemplaire du *Roi Lear* et que j'imagine un vieux roi, fier et un peu fou, avec trois filles... mais que tout cela ne soit finalement que le fruit d'une coïncidence. Peut-être que je n'ai jamais lu la pièce et que je suis simplement en train de lire le texte pour vérifier le nombre d'occurrence de la lettre *J*. Cette activité étant plutôt barbante, j'accorde à mon esprit le droit de s'envoler vers mes rêveries royales préférées. Bien que le contenu de ma pensée <le vieux roi avec deux filles ingrates> soit pertinent et bien que je me trouve dans le bon contexte devant un exemplaire du *Roi Lear*, on ne dirait certainement pas que je suis en train d'avoir des véritables pensées du type Roi Lear. Ces pensées seraient plutôt analogues au cas où j'aurais l'hallucination d'une assiette de goulasch pendant que je me trouve devant une vraie assiette de goulasch : le contexte et le contenu sont à la bonne place, mais l'acte ne porte pas *sur* l'objet en question ; c'est seulement par coïncidence que les deux conditions sont satisfaites au même moment. Or, les théories qui refusent de reconnaître des objets fictionnels, ne savent pas dire quelle est la connexion entre pensée et objet nécessaire pour faire de l'exemple qu'on vient d'évoquer une véritable pensée du Roi Lear, plutôt qu'une pensée qui, par coïncidence, se produit dans le bon contexte.

On pourrait rappeler que la pensée avec le contenu qui nous intéresse est non seulement formée dans un contexte approprié, mais aussi causée par la lecture d'un exemplaire du *Roi Lear*. Mais cela ne suffirait pas à résoudre le problème, car il y a bien des manières dans lesquelles la lecture de l'exemplaire du texte en question pourrait servir de base causale à des pensées qui ne portent pas sur Lear. En lisant comment Lear s'approche de la folie, je pourrais penser à mon vieil ami Lars qui a maintenant sombré tristement dans la folie, à ses longues et folles divagations au sujet d'un tel Roi Lear, extrêmement semblable à l'original (mais seulement par coïncidence). Bien que la lecture du texte soit la cause de ma pensée de ce quasi-Lear, cette pensée n'est toujours pas une pensée qui porte sur le Roi Lear. Nous revoilà victimes du problème de la coïncidence, car nous sommes à nouveau incapables de filtrer les pensées causées par la lecture du livre devant nous qui ne sont pas pertinentes.

Des liens cognitifs de toute sorte pourraient établir des connexions causales biaisées entre la lecture du texte et des occurrences de pensées de contenu approprié. Le théoricien de l'approche mixte n'a pas simplement à affirmer que c'est en vertu d'un *certain* lien causal à un texte approprié qu'une pensée ayant le bon contenu se produit. Il doit plutôt essayer de distinguer les « bons » chemins causaux des « mauvais », et considérer seulement les pensées causées par les « bons » liens cognitifs comme de véritables pensées de Lear (et non des pensées sur le roi issues des délires de Lars). Pourtant, même si on arrivait à isoler les multiples chemins causaux qui mènent du texte à la pensée, les liens purement physiques entre neurones n'arriveraient pas pré-étiquetés comme étant « bons » ou « mauvais » pour causer une pensée de Lear véritable. De plus, on ne pourrait pas distinguer les « bons » des « mauvais » chemins causaux d'une manière simplement descriptive, en appelant « bon » le chemin qui est suivi par la plupart des cerveaux des lecteurs, car il est tout à fait possible, bien qu'improbable, que — suite à une quelque bizarrerie répandue au niveau des connexions cérébrales — la majorité des lecteurs finisse par avoir des pensées qui ne sont pas celles de Lear. Pour déterminer les bons (et les mauvais) chemins causaux, susceptibles de produire de véritables pensées de Lear, il faut un jugement normatif ou une interprétation. Il y a sans doute peu d'espoir de trouver une base pour ces jugements ailleurs que dans une notion préalable de ce qu'il faudrait considérer comme une pensée de Lear. Mais justement, la théorie mixte contenu/contexte n'était-elle pas censée fournir de tels critères pour déterminer ce qu'il faut considérer comme une pensée de Lear ? Si les critères invoqués sont ceux d'une théorie mixte, nous sommes pris dans un cercle vicieux ; et s'ils sont issus d'une théorie pure du contenu ou d'une théorie pure du contexte, alors (si nos arguments sont corrects) on aboutit à des erreurs dans le classement des pensées censées porter sur Lear.

Tout se passe comme si, afin d'expliquer ce qui fait d'une pensée une pensée du type Lear tout en évitant le problème de la coïncidence, nous devions aller au-delà du contenu de la pensée, au-delà de l'histoire causale... et peut-être postuler un personnage de fiction en tant qu'objet de cette pensée. En faisant cela, on pourrait proposer une théorie de l'intentionnalité unifiée où tout acte intentionnel a à la fois un contenu et un objet, ce qui permettrait d'expliquer la présence de caractéristiques distinctives de l'intentionnalité dans toute expérience, quel que soit son type d'objets.

La théorie de l'objet intentionnel de l'intentionnalité

Convenons d'appeler la théorie que je défendrai ici « *théorie de l'objet intentionnel* » *de l'intentionnalité*. Il s'agit d'une théorie fondée sur l'idée que tous les actes intentionnels ont à la fois un contenu et un objet, qui ne sauraient être en aucun cas identifiés[101]. A la différence des théories pures du contenu, la théorie de l'objet intentionnel affirme qu'il y a toujours un objet de l'acte intentionnel. En aucun cas le contenu de la présentation ne doit être

---

[101] Cette théorie puise ses racines dans la théorie de l'intentionnalité de Twardowski, selon laquelle « nous devons distinguer, non seulement un double mais un triple aspect de chaque présentation : l'acte, le contenu et l'objet » (Twardowski 1892, tr. fr. p. 89). Une position contemporaine similaire est tenue par Zalta, qui défend une position meinongienne (selon laquelle il y a toujours un objet représenté) qu'il combine cependant avec une compréhension husserlienne du contenu. Dans le cas de la pensée de Pégase donc, la pensée a à la fois un contenu husserlien et elle porte sur l'objet fictionnel Pégase (Zalta 1988, pp. 105-114).

identifié avec son objet car il est toujours possible qu'un même objet soit visé par deux ou plusieurs contenus différents. De plus, il est possible, du moins en principe, que (étant donnés des actes avec certaines espèces de contenus) un même contenu vise deux ou plusieurs objets. Ces caractéristiques centrales de l'intentionnalité sont maintenues tant dans nos expériences de conscience relatives à des objets fictionnels et à des hallucinations, que dans notre expérience perceptive quotidienne. En postulant que les actes intentionnels fictionnels sont dirigés vers un objet, nous pouvons enfin dire, d'une manière assez simple, ce que les différents actes du type Roi Lear ont en commun : tout comme les différents actes du type Bill Clinton portent sur la personne Bill Clinton, il s'agit d'actes qui ont différents contenus dirigés vers le même objet, à savoir le personnage fictionnel Roi Lear.

Mais l'objet de l'acte intentionnel n'a pas besoin d'exister indépendamment des actes intentionnels qui se dirigent vers lui ; en effet, il peut même être créé par l'acte lui-même. En général, puisque selon la théorie de l'objet intentionnel chaque acte intentionnel a tant un objet qu'un contenu, s'il n'y a pas d'objet préexistant vers lequel la pensée est dirigée, un objet intentionnel dépendant de l'esprit peut être généré par cet acte. Il en découle que même les actes d'hallucination ou d'imagination ont des objets qui sont spécifiquement créés par l'acte intentionnel lui-même. Il s'agit, littéralement, d'inventions ou de fabrications de l'esprit. Ces objets dépendants dont l'existence même dépend de l'intentionnalité sont étudiés par Ingarden sous le nom de « objets purement intentionnels »[102]. Les personnages de fiction sont ainsi une sous-classe particulièrement intéressante d'objets purement intentionnels[103].

D'après la théorie de l'objet intentionnel, la structure de base de la relation intentionnelle est une relation asymétrique médiatisée entre un acte de conscience et l'objet dont il est conscient. Une relation R est non-symétrique si à partir de aRb on ne peut inférer ni l'existence de la relation bRa ni sa non-existence. En clair : à partir de la relation que Ann pense à Bob, nous ne pouvons conclure ni que Bob pense à Ann ni qu'il n'y pense pas (cependant, d'un

---

[102] Cf. Ingarden 1964, pp. 47-52.
[103] Il y a néanmoins des différences importantes parmi les objets purement intentionnels vis-à-vis des types de dépendance qu'ils exhibent au sein des états intentionnels, ainsi que de leurs rapports de dépendance (peut-être de façon médiate) à l'égard d'autre chose, par exemple une histoire.

point de vue factuel empirique, la plupart des relations intentionnelles sont plutôt asymétriques).

Une relation est médiatisée lorsqu'elle concerne deux (ou plusieurs) termes, *A* et *B*, entre lesquels elle existe en vertu d'une troisième entité *C*, en sorte que, si *C* change, alors l'identité de la relation change (et parfois le genre de relation) aussi. On peut facilement trouver des exemples communs de relations médiatisées. La relation « être le beau-frère de » est une relation médiatisée où, par exemple, Bob est le beau-frère d'Ann s'il y a une personne, Calvin, qui est le mari d'Ann et le frère de Bob. Dans ce cas, si Ann n'avait pas épousé Calvin, cette relation entre Ann et Bob n'aurait pas existé. Cependant, tout comme dans le cas de l'intentionnalité, il est possible qu'Ann, tout en gardant la relation avec son beau-frère Bob médiatisée par Calvin, se trouve dans cette même relation avec un objet différent (tout comme, dans le cas de l'intentionnalité, un même contenu peut être rattaché à deux objets différents). Par exemple, si Calvin a deux frères, Bob et Bill, alors le même type de relation existe entre Ann et Bill et entre Ann et Bob, en passant par le même médiateur (Calvin). Il est également possible de remplacer le médiateur tout en maintenant la même espèce de relation entre les deux termes de la relation originale grâce à un médiateur différent. Par exemple, si Ann divorçait de Calvin et se mariait avec son beau-frère Bob, la relation « être le beau-frère de » relierait toujours Bill et Ann, mais par un médiateur différent. Tous ces cas correspondent à la caractéristique de l'intentionnalité selon laquelle le même objet peut être visé par deux ou plusieurs contenus.

Concevoir l'intentionnalité comme une relation médiatisée permet d'expliquer le fait que deux contenus peuvent être dirigés sur le même objet, et que deux objets puissent être visés par le même contenu. Et cela est possible sans devoir abandonner l'idée que l'intentionnalité est essentiellement relationnelle et sans avoir à postuler une nouvelle espèce de relation *ad hoc* qui ne serait propre qu'à l'intentionnalité. De plus, si l'intentionnalité est une relation médiatisée, il n'y a aucun besoin de postuler des objets incomplets en tant qu'objets de nos actes perceptifs (comme le fait Meinong) afin de pouvoir distinguer d'une manière suffisamment claire les actes les uns des autres.

La théorie de l'objet intentionnel de l'intentionnalité donne une première explication du phénomène selon lequel les objets de nos actes intentionnels « n'ont pas besoin d'exister », en reformulant les termes de la question de la manière suivante : les objets de nos actes intentionnels n'ont pas besoin d'être physiques, spatio-temporels, ou d'être des entités idéales, et ils n'ont pas besoin d'exister indépendamment des actes intentionnels. Un terme (l'objet) peut en effet dépendre de différentes manières de l'autre terme (l'acte intentionnel) et il peut même (dans le cas d'actes créatifs propres à la fiction ou à l'hallucination) venir à l'existence par cet acte intentionnel même. Dans cette approche, l'élément distinctif de l'intentionnalité n'est pas d'être une relation qui peut manquer du second terme, mais d'être un acte créatif ; qu'il s'agisse d'actes de langage ordinaires performatifs ou d'actes imaginaires créatifs, un acte intentionnel peut porter un objet à l'existence. C'est pourquoi, je ne dirais pas que l'objet d'un acte intentionnel n'a pas besoin d'exister mais seulement qu'il n'a pas besoin d'exister indépendamment de l'intentionnalité humaine.

Un acte intentionnel peut avoir de nombreux types d'objets différents, y compris des objets qui sont créés par l'acte intentionnel lui-même. L'objet d'une relation intentionnelle peut tirer son existence d'un acte intentionnel, il peut simplement être atteint (sélectionné) par cet acte ou il peut se trouver dans une relation de dépendance médiatisée avec l'acte en question. Par exemple, l'objet d'un acte hallucinatoire est normalement créé par l'acte lui-même, alors qu'un acte de perception véritable ne fait que sélectionner son objet, il ne le crée pas. La relation intentionnelle varie en fonction des types de relations de dépendance (s'il y en a) existant entre l'objet et l'acte intentionnel.

La théorie de l'objet intentionnel, une fois reliée à cette idée de la structure des objets fictionnels, permet d'expliquer les caractéristiques de nos expériences intentionnelles des objets fictionnels et de résoudre les problèmes (deux contenus/un objet ; un contenu/deux objets ; le problème de la coïncidence) que les théories du contenu, du contexte et les théories mixtes n'ont pas été en mesure de résoudre. Par exemple, elle peut expliquer le trait commun entre mes pensées sur le père de Goneril et celles sur le père de Cordélia, en postulant tout simplement l'entité fictionnelle Roi Lear — objet visé par les deux actes, mais conçu à chaque fois au moyen de contenus différents. Le phénomène des deux contenus pour un objet peut alors être analysé de la même manière, tant dans le cas des fictions que dans celui des objets réels.

Nous sommes maintenant en mesure d'analyser la sensibilité au contexte de l'intentionnalité d'une manière parallèle pour tous les actes, peu importe s'ils sont dirigés vers des individus réels ou fictionnels. La différence entre ma pensée de Pamela et ma pensée de Pamela-*bis*, l'une comme l'autre conçues au moyen du contenu <la servante Pamela>, est qu'elles portent sur des objets fictionnels distincts. Ainsi, par exemple, quand je lis la *Pamela* de Richardson, l'objet de mon acte est la Pamela de Richardson dans la mesure où l'exemplaire du texte qui est causalement relié à mon acte est aussi causalement dérivé d'une chaîne de publication correctement maintenue et dérivée du texte original de Richardson. Il en va de même quand je lis la *Pamela* de Jones : dans ce cas la pensée porte sur la Pamela créée par celui-ci. Bref, les pensées portent sur des choses différentes même si les contenus sont identiques, car à chaque fois la pensée porte sur un personnage fondé dans cette œuvre de littérature-ci se trouvant devant moi et qui est le support de personnages différents, l'un créé par Richardson, l'autre créé d'une manière indépendante par Jones.

Postuler des personnages de fiction comme nous venons de le faire ici, permet finalement de relever le défi de la coïncidence d'une manière telle que même la solution avancée par les adversaires des objets fictionnels la plus aboutie, à savoir l'approche combinée contenu/contexte, ne saurait égaler. Prenons le cas suivant : pendant la lecture du *Roi Lear*, je m'imagine le roi âgé[104]. Ce qui fait d'une pensée une pensée du type Roi Lear, c'est le fait qu'elle porte sur le personnage de fiction Roi Lear. Comme je l'ai montré au Chapitre 4, la référence aux personnages de fiction n'a pas besoin d'être simplement descriptive, car nous pouvons aussi nous y référer d'une manière rigide par le biais de leurs fondations textuelles. De même, un contenu intentionnel qui détermine un personnage de fiction n'a pas besoin d'être simplement descriptif (et, d'habitude, il ne l'est pas) ; il peut contenir aussi un élément d'indexicalité qui se réfère à ce personnage déterminé-ci fondé dans cette œuvre littéraire-ci qui se trouve juste devant moi[105]. Par conséquent, dans un cas avéré d'imagination

---

[104] Il semble qu'il n'y ait pas de verbe suffisamment précis pour rendre compte de notre expérience lorsqu'on imagine des silhouettes littéraires pendant le processus de lecture. J'appelle de tels actes intentionnels « visions fictionnelles » dans la mesure où il s'agit des contreparties fictionnelles de la perception ou de l'hallucination. Cela ne signifie pas pour autant que nous pouvons penser des entités fictionnelles seulement lorsque nous sommes en train de lire les livres qui les concernent. Nous pouvons non seulement percevoir mais aussi imaginer ou nous souvenir d'un objet réel ; de même, nous pouvons non seulement avoir une vision fictionnelle d'un objet fictionnel mais aussi un souvenir, nous pouvons l'imaginer etc. Ces actes ont cependant une structure différente de celle propre aux actes que j'ai appelés ici actes intentionnels de vision fictionnelle.
[105] Pour une discussion de la part d'indexicalité dans les contenus intentionnels, Cf. D.W. Smith 1989, Chapitre 4.

fictionnelle, ce n'est pas simplement par coïncidence que le contenu de mon acte prescrit l'intuition d'un roi *comme* Lear alors que je me trouve devant un exemplaire du *Roi Lear*. Au contraire, le contenu de ma pensée dans cette situation peut contenir un élément indexical implicite tel que <ce personnage au sujet duquel je suis en train de lire là maintenant...> et donc avoir un contenu qui ne peut être satisfait par aucun quasi-Lear imaginable, mais seulement par le personnage de fiction Roi Lear *lui-même*, fondé sur cette œuvre littéraire même, dont j'ai un exemplaire devant moi. Cela diffère nettement de l'autre cas où, tout à fait par hasard, je me trouve à imaginer quelqu'un *comme* le roi Lear pendant que je suis devant un exemplaire du *Roi Lear*. Car, dans ce dernier cas, le contenu (décrivant un personnage qui, par hasard, se trouve être *quasi* comme Lear) n'a pas comme cible ce personnage de fiction-ci fondé sur ce texte déterminé, pas plus que le contenu d'un acte où j'imagine un certain goulasch n'a pas comme cible cette assiette de goulasch-ci qui se trouve réellement devant moi pendant que je suis en train d'imaginer. Ainsi, postuler des objets fictionnels dépendants de l'intentionnalité en tant qu'objets de certains de nos actes intentionnels permet, à la fois, 1) de répondre aux défis posés à l'analyse par l'interaction entre les différentes caractéristiques de l'intentionnalité dans les actes fictionnels et 2) de proposer des analyses parallèles des caractéristiques de l'intentionnalité de tous les d'actes, qu'ils soient dirigés vers des entités ordinaires ou fictionnelles.

    Choisir une théorie de l'intentionnalité, c'est comme choisir n'importe quelle théorie : il faut savoir en mesurer les avantages et les inconvénients, évaluer la manière dont elle rend compte des données, juger de la complexité ontologique ou méthodologique requises, considérer tous les autres phénomènes qu'elle pourrait expliquer, et ainsi de suite. La complexité du champ de données constitué par nos expériences intentionnelles des entités fictionnelles a longtemps été négligée, et cela malgré l'importance des fictions dans le quotidien de la vie humaine et le rôle crucial qu'elles pourraient jouer pour tester l'efficacité d'une théorie de l'intentionnalité. Nous l'avons vu, la théorie du contenu (qu'elle soit contextualiste ou mixte) qui refoule le supplément de complexité ontologique propre aux objets fictionnels, rencontre tout un tas de difficultés en tout genre lorsqu'il s'agit d'expliquer les caractéristiques de nos expériences des objets de fiction, et rien ne semble indiquer à court terme la présence de nouveaux moyens de résolution.

J'ai proposé la théorie de l'objet intentionnel comme un moyen de surmonter ces difficultés par une explication uniforme de l'intentionnalité en tant que relation d'un acte à l'objet, médiatisée par un contenu. Dans la mesure où la théorie de l'objet intentionnel maintient que tout acte intentionnel a tant un objet qu'un contenu, son inconvénient manifeste par rapport aux autres théories mentionnées est qu'elle doit postuler plus d'objets ou plus d'espèces d'objets que ses contreparties conceptuelles, qui semblent parfois sans objet. Nous ne pourrons évaluer d'une manière définitive la parcimonie relative des théories qui postulent les objets fictionnels vis-à-vis de celles qui ne les postulent pas qu'après avoir entamé une étude préalable des catégories ontologiques et de la nature de la parcimonie — autant de questions sur lesquelles je reviendrai dans les Chapitres 8 et 9.

Qu'il suffise pour l'instant d'avoir montré le premier avantage d'une théorie qui postule les objets fictionnels décrits dans la première partie de notre étude : elle nous permet d'élaborer une meilleure théorie de l'intentionnalité. Un avantage de la théorie de l'objet intentionnel est qu'elle conçoit l'intentionnalité comme une relation à part entière. Il en va autrement des théories du contenu qui postulent l'existence d'actes sans objet, dans lesquels cas la relation n'aurait qu'un seul terme. Et le fait d'offrir les outils ontologiques pour expliquer le caractère relationnel de l'intentionnalité sans avoir à imaginer une étrange pseudo-relation à un seul terme rien que pour elle, cela constitue certainement l'un des avantages de notre théorie. Plus important encore, le fait de postuler des personnages fictionnels en tant qu'objets de certains actes intentionnels permet à la théorie de l'objet intentionnel de proposer des analyses satisfaisantes de l'enchevêtrement des différentes caractéristiques de l'intentionnalité à l'intérieur de tous ces types d'actes intentionnels ; les théories qui évitent l'ontologie des objets fictionnels sont bien incapables d'en faire autant.

Chapitre 7

Fiction et langage

Les analyses consacrées aux discours fictionnels sont bien plus nombreuses que celles consacrées aux expériences fictionnelles. Comme pour l'intentionnalité, la plupart de ces analyses ont été guidées par l'envie d'éviter à tout prix toute référence aux objets fictionnels, afin de montrer que de tels objets n'existent pas vraiment et qu'on ne saurait donc pouvoir s'y référer. Mais, une fois de plus, si on pose le problème correctement on comprend immédiatement que la vraie question n'est pas de savoir s'il est possible d'élaborer une théorie qui puisse faire l'économie de toute référence aux personnages de fiction. Il s'agit plutôt de déterminer s'il est possible d'élaborer une meilleure théorie du langage en admettant de temps en temps une référence aux personnages de fiction.

Le fait de parler de personnages de fiction et le fait d'y penser posent un certain nombre de problèmes parallèles. Des énoncés tels que « tous les participants au débat parlent du même personnage » révèlent le présupposé implicite de tout discours critique relatif à la manière de comprendre et d'interpréter les personnages littéraires. Il semblerait donc que toute tentative de comprendre de tels énoncés en faisant l'économie de la référence aux personnages de fiction (que ce soit par le recours aux significations impliquées, au contexte de la référence, ou à une certaine combinaison des deux) bute sur des problèmes parallèles à ceux que nous avons décrits plus haut. Pourtant, renoncer à l'idée qu'ils pourraient être vrais en un sens fort (et non seulement qu'ils seraient tous semblables dans la mesure où ils ne font référence à rien du tout) voudrait dire renoncer à une partie importante de l'enjeu du problème.

Mais au lieu de réinvestir ces problèmes classiques, je préfère me concentrer sur la question qui est à l'origine du débat autour des fictions en philosophie analytique : comment peut-on analyser ces énoncés qui semblent se référer aux personnages de fiction ? Le discours fictionnel a été introduit dans le débat analytique surtout afin de produire des exemples d'énoncés contenant des termes non référentiels dans le but de les opposer aux énoncés ordinaires contenant des termes référentiels. Mais au lieu de faire l'objet d'un questionnement à part entière le caractère non référentiel de ces noms a été, du moins au début, tout simplement présupposé. Ensuite, ce qui était un simple présupposé heuristique s'est rapidement transformé en dogme sacré. Certes, cela ne fait aucun doute qu'avec les noms de fictions on dispose d'exemples, familiers et utiles, pour discuter de ces problèmes de référence dont il était question dans ces contextes. Mais l'idée du caractère non référentiel des noms de fictions tient-elle vraiment débout en tant qu'analyse du discours fictionnel ? En accordant la référence aux personnages de fiction ne peut-on pas offrir une meilleure théorie du langage ?

Paraphrase et faire-semblant

Dans leur l'effort pour éviter les personnages de fiction, les philosophes du langage qui se sont occupés de fictions ont souvent cru que leur tâche était d'analyser les énoncés qui semblent porter sur des objets fictionnels, en montrant que ceux-ci possèdent des valeurs de vérité conformes à nos croyances ordinaires ; en dépit du manque de référence des termes fictionnels qu'ils contiennent nous pouvons donc affirmer que ces énoncés sont vrais ou faux. Mais les analyses élémentaires d'énoncés contenant des noms de fictions proposées par Russell ou Frege n'ont pas été en mesure de relever un tel défi, car elles ont traité d'énoncés contenant des termes fictionnels dont les valeurs de vérité entrent en conflit avec nos croyances et nos pratiques discursives les plus ordinaires en matière de vérité ou de fausseté. Une analyse de type franchement russellien affirmerait par exemple que tous les énoncés simples (sans préfixe) regardant des personnages de fiction, tels que « Hamlet est un prince », sont faux. En réalité, poursuit Russell, du point de vue de leur forme, ils devraient être interprétés de la manière suivante : « il y a un x tel que x est Hamlet et x est un prince », mais il n'y a aucun x. Une conception de type franchement frégéen dirait en revanche que les énoncés de ce genre n'ont pas de valeur de vérité : puisque les noms de fictions n'ont aucune référence, il en va de même de l'énoncé complet qui les contient. Dépourvu de toute référence à la vérité et à la fausseté celui-ci est donc sans valeur de vérité. Mais dans la mesure où ces analyses élémentaires attribuent à tous les énoncés simples qui parlent de fictions la même valeur de vérité, elles n'arrivent pas à rendre compte de la différence entre des propos à l'égard des personnages de fictions qui sont corrects (« Hamlet est un prince », « Hamlet a été créé par Shakespeare » etc.) et d'autres qui ne le sont pas (« Hamlet est une grenouille », « Hamlet a été créé par Ronald Reagan »).

Pour celui qui ne croit pas en l'existence des objets fictionnels, la manière standard de faire face à ces difficultés consiste en l'application de la technique de la paraphrase où on réécrit les énoncés qui semblent porter sur des objets fictionnels en faisant disparaître toute trace de référence. Une fois paraphrasés, ces énoncés font néanmoins apparaître la valeur de vérité que nous aurions été naturellement prêts à leur reconnaître. Mais il existe aussi des manières plus sophistiquées pour éviter de postuler les objets fictionnels. Par exemple, on peut convenablement analyser les propos, les suites d'événements et les traits de caractères des personnages de fictions tels qu'ils apparaissent dans des histoires ou des récits, en faisant précéder tout énoncé fictionnel par un opérateur d'histoire. Pour le frégéen, le fait d'antéposer aux énoncés comme « Hamlet est un prince » le préfixe « d'après l'histoire... » permet de placer l'énoncé d'origine dans un contexte indirect. L'énoncé étendu possède ainsi une valeur de vérité, bien que le nom fictionnel qu'il contient (normalement) ne soit pas référentiel. Pour le russellien, en revanche, puisque dans l'énoncé étendu le nom fictionnel apparaît à deux reprises, des énoncés comme « d'après l'histoire, il y a un x tel que x est Hamlet et x est un prince » peuvent donc être vrais.

Si ces théories des fictions qui renoncent à postuler des objets fictionnels semblent capables de rendre compte des discours fictionnels au sujet d'objets fictionnels (c'est-à-dire de ces discours qui portent sur ce qui se passe dans l'histoire), elles ont bien plus de mal à en faire autant avec ces discours ordinaires qui parlent d'objets fictionnels à partir du monde réel. En effet, quand nous parlons des œuvres littéraires, nos discours ne se limitent pas à décrire les choses telles qu'elles sont représentées par l'histoire. Le discours du critique littéraire, par exemple, nous demande souvent de sortir du contexte interne de l'histoire et d'en parler du point de vue du monde réel. On peut se demander si les personnages ou les événements représentés sont réels ou inventés, par qui et dans quelles circonstances ils ont été créés, quel est leur rôle dans l'histoire de la littérature, et ainsi de suite. L'enjeu d'une analyse du discours fictionnel ne se limite donc pas à l'étude d'énoncés comme « Hamlet est un prince », mais il faut aussi que celle-ci soit capable de rendre compte d'énoncés comme « Mr. Pickwick est un personnage de fiction », « Emma Woodhouse a été créée par Jane Austen » ou « Hamlet apparaît dans *Hamlet* et dans *Rosencrantz et Guildenstern sont morts.* »

La technique habituelle, qui consiste à contextualiser de force les énoncés par le préfixe « d'après l'histoire... », n'est ici d'aucune aide, puisque d'après l'histoire en question Pickwick n'est pas un personnage de fiction (mais un homme réel), Emma Woodhouse n'a pas été créée par Jane Austen (mais par ses parents) et l'histoire ne dit absolument rien du fait qu'Hamlet serait censé apparaître dans une œuvre de fiction. En somme, les théories de la fiction qui refusent a priori de postuler les objets fictionnels se trouvent en difficulté dès lors qu'il s'agit, à la fois, de manipuler des énoncés pour éviter la moindre référence aux personnages de fiction et de faire en sorte qu'ils correspondent malgré tout à nos croyances ordinaires relatives à la vérité et à la fausseté de certains énoncés. Même Ryle, l'un des grands créateurs et défenseurs de la technique de la paraphrase, finit par proposer des lectures manifestement inadéquates de ces types d'énoncés, notamment dans son étude intitulée *Expressions Systématiquement Mensongères*. Si nous voulons utiliser des expressions comme « Mr Pickwick est une fiction », dit-il, tout ce que nous pouvons faire est « dire de Dickens : "il y a un écrivain" ou dire des *Papiers de Pickwick* : "il y a un tas de mensonges" »[106]. Mais il est clair que tout cela passe largement à côté du sens de l'énoncé original. D'autant plus que la paraphrase proposée par Ryle ne permet pas de distinguer Mr. Pickwick d'un autre personnage, ni de distinguer les mensonges de la fiction[107].

Mais les partisans de la technique de la paraphrase n'en démordent pas. Au contraire, ils n'ont pas ménagé leurs efforts pour rendre compte de ces énoncés en proposant un très large éventail de solutions[108]. Des énoncés comme « Mr. Pickwick est un personnage de fiction » sont souvent paraphrasés par les russelliens ou les frégéens respectivement comme « [le nom] 'Mr.

---

[106] Ryle 1932, p. 189.
[107] Pour une critique détaillée de la position de Ryle et une défense de la thèse selon laquelle les expressions impliquant les noms fictionnels ne sont pas systématiquement mensongers, Cf. Parsons 1982a.
[108] Pour une théorie frégéenne contemporaine, Cf. Künne 1993.

Pickwick' ne dénote pas » ou « [le sens] Mr. Pickwick ne présente rien »[109] (à noter que ces deux paraphrases rendraient tout aussi vraie l'assertion, fausse, « Sblithers Scolby est un personnage de fiction »). Quant aux assertions relatives à la paternité d'un personnage, elles sont susceptibles d'être paraphrasées dans le même esprit. On dira alors qu'elles se réfèrent aux actions accomplies par Jane Austen à un certain moment et à un certain endroit (par exemple, « qu'elle a écrit une histoire qui contient le nom "Emma Woodhouse" »). Mais alors à chaque fois qu'on dit d'un personnage qu'il revient dans plusieurs œuvres littéraires, en réalité, on ne ferait que parler d'une suite de mots apparaissant dans plusieurs textes. Chacune de ces paraphrases pose donc des problèmes amplement documentés[110]. De plus, tant qu'on limite le débat aux actes des auteurs et à l'apparition des mots dans les textes, il est extrêmement difficile d'établir des conditions fiables pour décider correctement si c'est un même personnage, et non simplement le même nom, qui apparaît dans une ou plusieurs œuvres.

Mais tous ces échecs particuliers ont déjà été amplement discutés. Je voudrais montrer en revanche que, même si l'on arrivait à produire au fur et à mesure des paraphrases satisfaisantes, un problème plus profond et plus général resterait en suspens. Afin de contourner les difficultés du discours fictionnel, l'auteur de paraphrases met en place un grand nombre de moyens pour reconfigurer ces énoncés qui semblent affirmer d'une manière explicite quelque chose au sujet des personnages de fiction : dans certains cas, dit-il, nous devons les considérer comme des énoncés qui, en réalité, ne portent que sur des noms ou des sens ; dans d'autres cas, ils portent sur des activités de personnes réelles ; dans d'autres cas encore, il s'agit de suites de mots dans des textes, etc. Bref, on concocte pour chaque cas de figure une stratégie diverse, et cela dans le simple but de sauver l'idée selon laquelle nous n'avons pas besoin de la référence aux personnages de fiction.

Ce n'est pas que la technique de paraphrase en général soit mauvaise. Certes, en discutant de ce qui se passe dans une histoire, le fait de paraphraser des énoncés qui portent sur les contenus d'une œuvre littéraire en disant

---

[109] Ajouter une clause comme « mais il y a un jeu tel que selon ce jeu, il présente un homme » à la paraphrase pourrait peut-être aider à identifier les conditions de vérité appropriées, mais cela risquerait d'aboutir à une lecture rigide et peu plausible d'un énoncé dont le sens semble plutôt immédiat.

[110] Cf., par exemple, Parsons 1982b ; Crittenden 1991, Chapitres 1-2.

« d'après l'histoire... » peut sembler une manière naturelle et correcte d'en rendre explicite la forme véritable. Mais, justement, on devrait se servir de la paraphrase pour faire apparaître la forme profonde de l'énoncé enfoui sous sa surface grammaticale, et non pour inventer des reformulations improbables dans le seul but avoué d'éviter la référence aux objets indésirables. Les chances de trouver des paraphrases cohérentes et plausibles pour nous éviter de côtoyer des objets fictionnels semblent plutôt maigres et les techniques employées sont visiblement fabriquées sur mesure. Comme l'écrit Parsons : « il est tout à fait frappant de remarquer comment la grandeur de la foi en l'existence d'une paraphrase appropriée dépasse souvent l'habileté des croyants à en produire une »[111]. Même si nous disposions de paraphrases efficaces pour tous les cas de figure habituels (ce qui est loin d'être le cas), rien ne garantirait qu'un jour on ne découvre un nouveau cas de figure insurmontable qui rendrait tout ce patchwork inutile, ou que toutes ces analyses diverses ne se révèlent impuissantes vis-à-vis d'énoncés plus complexes. Quoi qu'il en soit, une bonne théorie est sûrement préférable à tous ces expédients concoctés sur mesure. Car, au lieu de remonter de la valeur de vérité apparente de ces différents énoncés à une justification a posteriori des raisons pour lesquelles ceux-ci acquièrent ces valeurs de vérité qui leur sont ordinairement attribuées, le but d'une bonne théorie est plutôt d'offrir les moyens systématiques pour déterminer les valeurs de vérité de tout énoncé comme tel.

Or, il existe une autre analyse du langage qui évite de postuler les objets de fiction et qui fait beaucoup d'adeptes : la théorie du faire-semblant de Walton. Walton comprend les énoncés qui apparaissent dans le contexte d'une discussion ordinaire sur une histoire de fiction comme des assertions relatives aux types de faire-semblant auxquels on s'engage lorsqu'on discute d'une telle histoire. Par exemple, si quelqu'un dit que « Tom Sawyer a assisté à son propre enterrement », d'après la théorie de Walton, la manière correcte de comprendre son énoncé serait la suivante :

> *Les aventures de Tom Sawyer* est tel que celui qui s'engage à faire semblant que *K* (en affirmant que « Tom Sawyer a assisté à son propre enterrement ») à l'intérieur d'un jeu où une telle affirmation est acceptée, feint de parler sincèrement à l'intérieur d'un tel jeu[112].

---

[111] Parsons 1980, p. 36.
[112] Walton 1990, p. 400.

D'après cette théorie, c'est le fait que certaines formes de faire-semblant soient plus appropriées que d'autres qui donne à ces énoncés une apparence de vérité ou de fausseté (alors que faire-semblant d'affirmer que « Tom Sawyer était une baleine à bosses » n'est sans doute pas approprié).

Cependant, lorsqu'il s'agit de rendre compte des prédicats réels d'objets fictionnels, la théorie du faire-semblant de Walton ne va pas plus loin que sa contrepartie frégéenne[113]. Certes, des formes de faire-semblant sont sans doute engagées dans nombre de discours relatifs aux personnages de fiction et on doit reconnaître à Walton le mérite d'avoir révélé le rôle central du faire-semblant dans une grande partie de notre expérience et de nos discours à l'égard des fictions. Mais il est tout aussi vrai que, parfois, nous *sortons* du jeu du faire-semblant, nous arrêtons de faire semblant que de telles personnes ou de tels animaux existent vraiment, et qu'au lieu de faire cela nous en parlons directement, en disant par exemple qu'il s'agit de personnages de fiction qui apparaissent dans des histoires, qui sont créés par les auteurs, pensés par des lecteurs, etc. Si la théorie du faire-semblant arrive à expliquer d'une manière inégalée nos pratiques discursives relatives aux fictions en montrant que, en réalité, nous parlons *comme si* il y avait un détective nommé « Holmes » ou un prince appelé « Hamlet », sans croire pour autant qu'ils existent vraiment, elle n'arrive pas à prendre au sérieux ce discours *sérieux* qui se rapporte aux personnages de fiction.

Afin de proposer une interprétation des différents types de prédications réelles se rapportant aux objets fictionnels tout en évitant de postuler les personnages de fiction, Walton introduit la notion de « *unofficial games of make-believe* », « jeux officieux de faire-semblant ». Par exemple, pour expliquer la vérité apparente de l'énoncé « Gregor Samsa est un personnage (purement fictionnel) », il propose l'hypothèse suivante :

> Il peut y avoir un jeu officieux dans lequel celui qui dit [« Gregor Samsa est un personnage (purement fictionnel) »] dit la vérité de manière fictionnelle,

---

[113] On peut trouver d'autres critiques contre l'idée de faire-semblant dans Kroon 1994, notamment en ce qui concerne son incapacité à traiter des objets réels dans les contextes fictionnels.

un jeu dans lequel il est fictionnel qu'il y ait deux sortes de personnes : les personnes « réelles » et les « personnages de fiction »[114].

D'autres énoncés apparemment sérieux tels que « Sherlock Holmes est plus célèbre qu'aucun autre détective », Walton les interprète ainsi :

> Il y a un degré de notoriété qui ne saurait être atteint par aucun détective réel et, d'un point de vue fictionnel, le fait de faire semblant d'une manière déterminée (à l'image de celui qui, par exemple, affirme que « Sherlock Holmes a atteint un tel niveau de notoriété ») à l'intérieur d'un jeu accepté pour les histoires de Sherlock Holmes revient à dire la vérité (Walton 1990, p. 414).

De même, des énoncés où on attribue la paternité d'une œuvre tels que « un auteur façonne un personnage à partir d'un personnage existant » peuvent être interprétés comme : « il est fictionnel qu'il crée quelqu'un à l'image de quelqu'un d'autre » (Walton 1990, p. 417).

Mais traiter tous ces énoncés comme des jeux de faire-semblant, « plus ou moins *ad hoc* et officieux » (c'est-à-dire sans règles conventionnelles ou explicitement établies), dont certains « n'ont jamais été joués par personne, ni ne le seront jamais » (Walton 1990, p. 425), a tout d'abord l'inconvénient de rendre notre capacité d'établir s'ils sont acceptables (fictivement vrais) ou pas extrêmement limitée. Nous sommes encore très loin d'une théorie du discours fictionnel véritable et unifiée, susceptible de déterminer les valeurs de vérité de tout type d'énoncé. Au lieu de cela, la théorie de Walton ne nous propose qu'un programme pour produire, au fur et à mesure, des justifications nous permettant d'affirmer après coup qu'un certain énoncé semble vrai en raison de son rôle au sein d'un jeu *ad hoc* et officieux.

Mais il y a également un deuxième inconvénient, bien plus important. Forcer les données à l'intérieur d'une théorie afin d'affirmer qu'il s'agit d'exemples de discours figurés pris dans un jeu de faire-semblant, aboutit à des résultats peu convaincants. Au fond, il n'y a pas de différence entre affirmer que Sherlock Holmes est célèbre (c'est-à-dire connu par beaucoup de personnes réelles) et que Marlon Brando est célèbre. Mais les critiques littéraires et les personnes qui disent, par exemple, que « Gregor Samsa est un personnage de

---

[114] Walton 1990, p. 423.

fiction » ne semblent pas jouer des jeux de faire-semblant. Au contraire, ces énoncés ont tout l'air de sortir du cadre d'un jeu de faire-semblant en se plaçant justement hors du monde fictionnel de l'histoire, monde qu'ils décrivent du point de vue du monde réel. Et ils ne semblent nullement participer à un jeu dans lequel les auteurs seraient des dieux ou des parents. Du point de vue du monde réel, Gregor Samsa, Sherlock Holmes et les autres ne sont pas ce qu'ils sont censés être à l'intérieur de l'histoire, ils sont des personnages de fiction. Si nous étions en train de faire semblant qu'un auteur crée une personne, pourquoi utiliserions-nous le terme de « personnage » pour dénoncer un tel faire-semblant ? Est-il vraiment plus convaincant d'affirmer que nous nous engageons, tout en le dénonçant, dans un nouveau jeu officieux de faire-semblant plutôt que de le décrire tout simplement comme ce discours direct qu'il a tout l'air d'être à première vue ? Cette théorie finit par nous forcer à interpréter tout discours sur les personnages de fiction comme une forme de faire-semblant. Mais cela nous force également à réinterpréter, d'une manière radicale et peu convaincante, plusieurs données présentes dans nos discours ordinaires qui semblent porter directement sur des objets fictionnels.

En philosophie du langage, la stratégie qui consiste à analyser différemment des énoncés du même type et ayant le même contexte, seulement parce qu'ils semblent porter sur des types d'objets différents, s'est toujours montrée inadéquate. Mais dans leur effort d'esquiver les objets fictionnels, autant les théories de la paraphrase que celles du faire-semblant finissent par se heurter à ce même problème : afin d'éviter d'admettre l'idée d'une référence aux personnages de fiction, elles sont obligées d'interpréter d'une manière radicalement différente les assertions externes au sujet des objets fictionnels, d'un côté, et les énoncés similaires qui portent sur des objets réels, de l'autre. Des énoncés tels que « *La Lettre écarlate* est un roman » et « la Vieille Eglise du Nord a été créée en 1723 » se laissent comprendre d'une manière tout à fait directe, mais les théories de la paraphrase imposent des réécritures radicales d'énoncés similaires relatifs à des objets fictionnels, comme « Hester Prynne est un personnage de fiction » et « Sherlock Holmes a été créé en 1887 ». De même, Walton aurait sans doute tendance à interpréter la première paire d'énoncés comme des assertions directes, mais il interpréterait probablement la deuxième en disant qu'un locuteur est en train d'inventer de nouveaux jeux de faire-semblant qui incluent ces assertions. Mais en modifiant l'analyse d'un énoncé non pas sur la base de sa syntaxe ou de son contexte mais simplement en raison du type d'objet auquel il semble se référer, on finit par confondre des questions de sémantique et de syntaxe et par mélanger dangereusement des questions métaphysiques avec des thèmes qui devraient être de nature purement grammaticale.

Les auteurs qui font l'économie des objets fictionnels semblent donc rencontrer de redoutables difficultés lorsqu'il s'agit d'analyser des prédications réelles relatives aux objets fictionnels. Ils ne parviennent pas à offrir une théorie qui nous permettrait d'analyser ces discours en général, se limitant plutôt à une série de réponses fragmentaires à la question de savoir pourquoi nous sommes enclins à donner à chaque exemple particulier telle ou telle valeur de vérité déterminée. L'attitude habituelle des auteurs qui ne croient pas aux fictions est donc la suivante : tant qu'on ne tombe pas sur un énoncé où la référence aux personnages de fiction résiste à toute paraphrase, on s'accroche à l'idée selon laquelle il n'y a aucun besoin de postuler les personnages de fiction. Mais dans la mesure où on a le droit de construire toujours des nouvelles paraphrases *ad hoc*, et d'escamoter toujours des modèles différents, un tel contrexemple n'arrivera jamais.

Cela ne veut pas dire pour autant que les adversaires des objets fictionnels aient partie gagnée. Au contraire, à chaque fois qu'ils doivent évaluer d'autres théories (celles scientifiques, par exemple) ils sont obligés de rajuster sans cesse leur théorie et d'introduire une série de retouches *ad hoc*. Tout cela afin d'éviter que l'apparition de contrexemples gênants puisse indiquer l'échec de leur projet et suggérer la nécessité d'une alternative. Mais la question n'est pas de savoir si on peut concevoir une analyse du langage qui évite la référence aux objets fictionnels. Il s'agit plutôt d'établir si la théorie du langage la plus performante est celle qui accepte les objets fictionnels en tant que référents des termes fictionnels ou celle qui les nie. Et il n'est sans doute pas impossible d'imaginer que l'on puisse offrir une analyse du langage plus harmonieuse, plus adéquate et moins *ad hoc* en admettant l'existence d'objets de référence fictionnels.

Les théories meinongiennes

Les auteurs qui postulent les objets de fiction ont l'habitude de traiter le discours fictionnel avec plus de soin que leurs adversaires, et cela dans la mesure où, par exemple, ils estiment que les énoncés relatifs aux objets fictionnels se réfèrent véritablement à de tels objets. Ils doivent donc relever le défi d'expliquer les incohérences apparentes du discours fictionnel sans tomber dans la contradiction. Ce défi a été abordé de deux manières différentes : en distinguant deux sortes de propriétés ou en distinguant deux sortes de prédications. Ces deux techniques proviennent de l'œuvre du philosophe autrichien (et élève de Meinong) Mally[115].

La théorie meinongienne de Parsons emprunte la première voie en distinguant entre propriétés « nucléaires » (être-grand, être-bleu et être-un-détective) et propriétés « extranucléaires » (être-possible, être-complet, être-fictionnel et être-pensé)[116]. D'après la théorie de Parsons, les prédications des objets fictionnels tels que « Hamlet est un prince » et « Sherlock Holmes est un détective » doivent être traitées d'une manière directe, sans l'aide d'un opérateur d'histoire. Hamlet a donc la propriété d'être un prince exactement de la même manière que Charles Windsor. D'une manière plus générale, les personnages de fiction possèdent toutes les propriétés nucléaires que l'histoire en question leur attribue (Parsons 1980, p. 183).

On pourrait croire que traiter les prédications internes à l'histoire comme des prédications véritables (et non dans le contexte d'un opérateur d'histoire) comporte des contradictions : qu'en est-il, par exemple, de contradictions manifestes comme la blessure de guerre de Watson, qui est à la fois à son bras et à sa jambe ? ou le cercle carré, qui est à la fois un cercle et un carré ? Il est vrai que de tels exemples ne sont ouvertement contradictoires qu'à l'aide de principes supplémentaires, tels par exemple qu'une blessure qui est au bras ne peut pas être à la jambe, ou qu'un objet qui est rond ne peut pas être carré. Mais selon la théorie de Parsons, si de tels principes sont maintenus pour les objets existants, il en va autrement des quantifications sur des objets qui n'existent pas. Parsons écrit en effet que « si nous lisons à un endroit que la vieille blessure de guerre de Watson est à sa jambe, puis nous lisons à un autre

---

[115] Pour une discussion des solutions de Mally, Cf. Zalta 1983, pp. 10-11.
[116] Parsons 1980, p. 23.

endroit qu'elle est à son bras, cela prouve seulement que Watson est un objet impossible » (184). Les principes normalement admis selon lesquels le fait d'avoir une propriété peut exclure le fait d'en avoir une autre, ne s'appliquent pas au cas des objets non-existants[117]. Bien que cela fasse des objets fictionnels des objets impossibles — dans la mesure où un objet existant ne pourrait jamais avoir ces propriétés ensemble — il s'agit tout de même d'objets et rien ne nous oblige à abandonner le principe de non-contradiction.

Mais Parsons ne se limite pas à admettre qu'il puisse y avoir des objets fictionnels impossibles, il admet également la possibilité de personnages de fiction (ainsi que d'autres objets non-existants) incomplets, à savoir d'objets dont certaines propriétés ne sont pas déterminées. Selon cette théorie, le principe selon lequel un objet possède soit une propriété soit sa négation (nucléaire) est valable uniquement dans le cas des objets existants. Dès lors Hamlet peut, par exemple, être incomplet seulement vis-à-vis de la propriété « être-du-groupe-sanguin-A », puisque il n'a ni cette propriété ni sa négation (nucléaire) (« ne-pas-être-du-groupe-sanguin-A »). Bien que tous les objets existants soient complets, il n'y a pas de raison de penser que tous les objets non-existants doivent l'être aussi.

En bref, la théorie de Parsons diffère des autres théories dans la mesure où, en prenant très au sérieux les prédications internes à l'histoire relatives aux objets fictionnels et en les mettant sur le même plan que les prédications relatives aux objets existants (si bien que Hamlet est un prince dans le même sens que Charles est un prince, et le cercle carré est rond de la même manière qu'un pneu de bicyclette est rond), elle arrive à montrer que — et comment — nous pouvons éviter la contradiction à l'aide d'une théorie meinongienne des objets non-existants. Cependant, le choix de mettre sur le même plan les prédications relatives aux objets fictionnels et celles relatives aux objets réels présente à première vue un inconvénient : cela nous oblige en effet à abandonner l'idée selon laquelle tous les objets sont complets et à relativiser la portée générale de ces principes ordinaires qui nous permettent de savoir si le fait de posséder une propriété exclut d'en avoir une autre.

Zalta emprunte l'autre chemin ouvert par Mally et il préfère traiter les prédications internes en distinguant deux modes de prédication, qu'il appelle

---

[117] Cf. Parsons 1980, pp. 38-42. Ceux qui seraient gênés par l'abandon de tels principes peuvent trouver l'une ou l'autre solution plus plaisante.

« exemplification » et « encodage »[118]. Les objets ordinaires concrets exemplifient leurs propriétés (l'exemplification correspondant, plus ou moins, à la prédication standard) ; les objets abstraits, en revanche, encodent leurs propriétés nucléaires[119]. Ainsi, les personnages de fiction encodent exclusivement ces propriétés qui leur sont attribuées par l'histoire : Hamlet encode le fait d'être un prince, Sherlock Holmes encode le fait d'être un détective, et ainsi de suite. Cette distinction a pour conséquence immédiate le fait que, d'après la théorie de Zalta, et contrairement à celle de Parsons, Hamlet n'est pas un prince de la même manière que Charles : alors que Charles exemplifie la propriété être-un-prince, Hamlet l'encode simplement. Selon cette théorie, les principes ordinaires conformément auxquels le fait d'avoir certaines propriétés exclut d'en avoir d'autres sont sauvegardés pour autant qu'on interprète « avoir » en tant qu' « exemplifier » et non « encoder ». Il en découle, par exemple, que rien ne saurait exemplifier à la fois l'être-rond et l'être-carré alors qu'un objet pourrait encoder l'être-rond et l'être-carré, de même que la blessure de guerre de Watson encode autant la propriété être-au-bras que celle être-à-la-jambe. Pareillement, même des paires de propriétés qui semblent absolument contradictoires peuvent être encodées par le même objet même si aucun objet ne saurait les exemplifier : aucun objet ne peut exemplifier les propriétés être-rond et ne-pas-être-rond, mais un objet abstrait peut tout à fait les encoder[120]. De la même manière, les objets doivent être complets par rapport aux propriétés qu'ils exemplifient (pour chaque propriété P ils doivent exemplifier soit P soit *non-P*). Mais les objets abstraits peuvent être incomplets quant aux propriétés qu'ils encodent : un objet comme Hamlet, qui encode seulement les propriétés qui lui sont attribuées dans la pièce, peut n'encoder ni la propriété être-du-groupe-sanguin-A ni son contraire, car aucune des deux ne lui est explicitement attribuée dans l'histoire.

Chacune de ces deux théories permet donc de traiter d'une manière claire et cohérente les prédications fictionnelles des objets de fiction. La première différence majeure entre la théorie de Parsons et celle de Zalta est que la première affirme que les individus réels et fictionnels possèdent leurs propriétés d'une manière strictement univoque : le cercle carré est aussi rond qu'un

---

[118] Zalta 1983, pp. 13-14.
[119] Ils peuvent aussi encoder des propriétés extranucléaires (Zalta 1983, p. 39).
[120] Zalta 1983, pp. 10-13.

pneu de vélo, et Hamlet est un prince tout comme Charles. Que cette idée doive être considérée comme un avantage ou un inconvénient de la théorie de Parsons, cela dépend de notre façon de concevoir la manière dont les personnages de fiction possèdent leurs propriétés. L'autre différence majeure est que Parsons renonce à la généralité des principes relatifs à l'exclusion de propriétés contradictoires lorsqu'il s'agit de certaines espèces d'objets particuliers (ceux qui n'existent pas) et il admet la possibilité d'objets incomplets ; Zalta, en revanche, se limite à affirmer que des objets peuvent être incomplets par rapport aux propriétés qu'ils encodent et il renonce aux principes relatifs à l'exclusion de propriétés contradictoires uniquement pour le mode de prédication encodant, ce qui nous permet de les préserver dans tous les cas où des propriétés sont exemplifiées.

Les théoriciens qui postulent les personnages de fiction traitent les prédications extérieures (à partir du monde réel) des objets fictionnels avec plus d'aisance que leurs adversaires. Selon la théorie de Parsons, des énoncés tels que « Holmes est un personnage de fiction », « Holmes est admiré par beaucoup de détectives réels », et (sans doute) « Hamlet a été écrit par Shakespeare » expriment des prédications extranucléaires d'objets fictionnels[121]. Selon la théorie de Zalta, des objets abstraits à l'image des personnages de fiction, en plus des propriétés qu'ils encodent, peuvent exemplifier certaines propriétés extranucléaires, si bien que les énoncés qu'on vient de citer peuvent être interprétés comme décrivant des propriétés exemplifiées par les objets abstraits Holmes et Hamlet[122]. Il semblerait donc que postuler des personnages de fiction à partir d'un modèle meinongien permette d'interpréter d'une manière relativement cohérente et directe les énoncés, autant internes qu'externes, portant sur des personnages de fiction.

Mais si on veut postuler l'existence de personnages de fiction, il reste encore un certain nombre de problèmes à résoudre. Les théories meinongiennes requièrent en effet des réaménagements plutôt lourds ainsi que des modifications *ad hoc*, et cela à deux niveaux : lorsqu'elles proposent des théories pour éviter les contradictions apparentes et lorsqu'elles traitent des énoncés qui se

---

[121] Pour Parsons, cependant, « créer » ne doit pas être pris au sens de « porter à l'existence » ou « en faire des objets » mais plutôt comme « les rendre *fictionnels* » (Parsons 1980, p. 188).
[122] Zalta comprend le mot « créer » en un sens vraisemblablement proche, pour désigner la relation extranucléaire de l'écriture.

rapportent aux objets réels dans des contextes fictionnels. Et c'est surtout dans ce dernier cas que les théories meinongiennes montrent les mêmes défauts que leurs rivaux : elles réaménagent leurs théories au fur et à mesure simplement sur la base des types d'objets auxquels elles se réfèrent.

Tant la théorie de Parsons que celle de Zalta se montrent capables d'éviter les dangers de fausseté ou de contradiction (cf. l'exemple de la fameuse « Montagne d'or existante » de Meinong, qui n'existe pas), mais au prix fort d'une série de lourds réaménagements, qui compliquent sensiblement la simplicité du contexte de départ. Dans la théorie de Parsons, par exemple, étant donné que l'existence est une propriété extranucléaire, la Montagne d'or n'est pas dotée d'existence simplement en vertu du fait que celle-ci lui est attribuée dans ce que nous pourrions appeler « l'histoire » ; en effet, la montagne d'or existante manque de la propriété extranucléaire de l'existence. Or, en suivant la suggestion de Meinong, Parsons stipule que chaque propriété extranucléaire est associée à une propriété nucléaire « affaiblie » que les objets *existants* possèdent si et seulement s'ils possèdent la propriété extranucléaire correspondante. Ainsi, la montagne d'or qui existe diffère de la montagne d'or (tout court) en ceci que, en plus des propriétés nucléaires être-en-or et être-une-montagne, elle possède l'existence affaiblie à titre de propriété nucléaire alors que la propriété extranucléaire de l'existence lui fait défaut[123]. Bien que cette stratégie évite la fausseté et la contradiction et préserve la différence entre la montagne d'or qui existe et la montagne d'or (tout court), le fait d'introduire des versions nucléaires affaiblies de propriétés extranucléaires peut avoir l'air d'une trouvaille *ad hoc* ou d'un escamotage plutôt mystérieux.

La théorie de Zalta propose une solution alternative. Selon cette théorie, la montagne d'or qui existe est un objet abstrait qui encode l'être-en-or, l'être-une-montagne et l'existence alors qu'elle exemplifie la non-existence et donc elle n'existe pas (en tant qu'objet ordinaire). Cette réponse évite la distinction mystérieuse entre propriétés affaiblies et propriétés à part entière mais complique la théorie en introduisant une version de la distinction entre deux types de propriétés en plus de la distinction entre deux types de prédications, car les objets abstraits ne peuvent qu'exemplifier des propriétés extranucléaires. Le fait d'admettre que des objets abstraits puissent exemplifier certaines propriétés rend cette théorie quelque peu inélégante : il brouille la symétrie entre

---

[123] Parsons 1980, p. 44.

deux types d'objets ayant chacun son mode de prédication propre et il introduit une drôle de caractéristique dont le seul rôle, à l'intérieur de la théorie, consiste à éviter de telles difficultés (par exemple, les propriétés exemplifiées par les objets abstraits ne jouent aucun rôle dans leurs conditions d'identité).

Mais ces deux théories meinongiennes rencontrent des problèmes bien plus grands dès lors qu'elles doivent rendre compte de ces énoncés qui portent sur des personnages et des lieux historiques réels apparaissant à l'intérieur d'œuvres littéraires. Les théories qui acceptent de postuler l'existence des fictions interprètent des discours fictionnels comme « Hamlet est un prince » d'une manière littérale : ils portent sur l'objet fictionnel Hamlet dont ils affirment qu'il possède une propriété nucléaire (Parsons) ou qu'il encode une propriété (Zalta). Mais supposons que dans une histoire de fiction Richard Nixon, au lieu d'être élu président, épouse une jeune reine, devenant ainsi prince. Comment analyserons-nous l'énoncé « Nixon est un prince », énoncé présent dans une œuvre de fiction et qui a la même forme que les énoncés cités plus haut ? Parsons ne peut pas l'interpréter de la même manière que « Hamlet est un prince », car cela voudrait dire admettre que Nixon possède la propriété nucléaire d'être un prince, ce qui contredit la documentation des faits empiriques selon lesquels il ne l'a jamais été. De même, Zalta ne peut pas l'interpréter comme la description d'une propriété encodée par Nixon, car, conformément au principe fondamental de sa théorie, les objets ordinaires (et Nixon en est un) ne peuvent pas encoder des propriétés[124].

Ainsi, aucune de ces deux théories ne s'avère capable d'interpréter d'une manière unitaire les énoncés issus des œuvres de fiction se rapportant à des individus et les énoncés parallèles qui portent sur des personnages de fiction — à moins de considérer les premiers comme des énoncés portant sur des personnages de fiction. Parsons discute cette option en étudiant le cas des soi-disant doubles fictionnels d'individus réels apparaissant dans des romans avec les noms (et les attributs) de ceux-ci. A la différence du Nixon réel, un double fictionnel de Nixon pourrait avoir la propriété nucléaire d'être un prince sans contredire les faits empiriques et (en tant qu'objet abstrait) il pourrait également encoder des propriétés. Mais renoncer à l'idée que des personnages et des lieux réels (non seulement leurs doubles fictionnels) puissent apparaître dans des œuvres de fiction veut dire renoncer à quelque chose de crucial. La plupart

---

[124] Parsons 1980, p. 51 ; Zalta 1983, p. 95.

des romans historiques perdraient beaucoup de leur élan émotionnel s'ils n'étaient pas situés au milieu d'événements historiques réels, peuplés d'individus réels, etc. ; de même, les biographies romancées ou les comédies exploitent souvent l'idée que les vies des personnages historiques célèbres auraient pu se dérouler autrement. *Les Parodies* de Tom Stoppard, par exemple, seraient beaucoup moins drôle si au lieu de raconter l'histoire d'une rencontre à Vienne entre Lénine, Tristan Tzara, et James Joyce (les vrais !), elles ne faisaient que relater les histoires d'individus fictionnels analogues se rencontrant dans une ville fictionnelle analogue. Parsons lui-même trouve d'ailleurs que l'idée d'avoir affaire exclusivement à des doubles fictionnels est peu séduisante et il maintient que, bien que nous puissions quelquefois, dans des situations spéciales, parler de doubles fictionnels comme « le Londres des histoires de Holmes », ce sont bien les objets réels eux-mêmes qui apparaissent dans les histoires[125].

Si on n'arrive pas à se satisfaire de l'idée qu'une histoire ne peut jamais porter sur des personnes ou des événements réels, alors la théorie meinongienne dispose d'une autre option : la paraphrase. Ainsi, bien que le Nixon réel ne fût pas un prince, il est tel que, d'après l'histoire, il était un prince ; et bien que le Londres réel ne soit pas tel qu'il existe un détective nommé « Holmes » qui y habite, d'après les histoires de Doyle, il est vrai que cela est le cas. Une telle méthode permet certes aux meinongiens d'affirmer que des individus réels peuvent apparaître dans des œuvres de fiction sans contredire les faits connus et les principes de leur théorie. Mais cela a un prix : tout comme les théories du faire-semblant et de la paraphrase, les théories meinongiennes nous obligent à interpréter différemment des énoncés issus du même contexte et ayant la même grammaire de surface, seulement parce qu'ils portent sur des objets de type différent. Les énoncés « Hamlet est un prince » et « Nixon est un prince » peuvent apparaître dans des œuvres de fiction, mais bien que le premier soit interprété d'une manière directe, le deuxième est interprété comme étant une forme abrégée de l'énoncé « d'après l'histoire, Nixon est un prince ».

De telles bizarreries, partagées par la plupart des théories standard de la fiction, pourraient porter à croire que — pour autant qu'on en puisse juger du point de vue de l'analyse du langage — il n'y aurait aucun intérêt à postuler les objets fictionnels. Comme nous l'avons vu jusqu'à présent, autant les théo-

---

[125] Parsons 1980, pp. 57-59.

ries réalistes du discours fictionnel que celles antiréalistes ont besoin d'une série d'aménagements *ad hoc* et de décisions arbitraires pour fonctionner. Si notre question était « quelle est donc la meilleure théorie du langage, celle qui postule ou celle qui ne postule pas les personnages de fiction ? », le résultat des analyses menées jusqu'ici semble plutôt indiquer un match nul. C'est peut-être pour cette raison que les véritables avantages de la thèse qui consiste à postuler les objets fictionnels n'ont pas encore été reconnus. Mais il est trop tôt pour abandonner la recherche d'une meilleure analyse du discours fictionnel...

La théorie artefactuelle

Les problèmes qui gravitent autour du discours fictionnel peuvent être résolus en reconnaissant qu'il s'agit de problèmes qui touchent aux différences entre contextes et non entre objets. Il y a deux contextes différents dans lesquels on peut discuter des œuvres littéraires, des événements et des créatures qu'elles représentent. Une manière tout à fait naturelle de parler de fictions consiste à s'installer à l'intérieur du contexte fictionnel et à parler de ce qui est vrai d'après l'histoire. Nous parlons clairement à l'intérieur d'un tel contexte à chaque fois que nous discutons de ce qui se passe dans l'histoire, de ses personnages etc. Dans ce genre de discussions nous faisons souvent appel à des activités de faire-semblant dans la mesure où nous faisons semblant de croire que ce que dit l'histoire est vrai. Par exemple, nous faisons semblant d'admettre que l'histoire ne décrit pas simplement des personnages de fiction mais des personnages bien réels que nous pouvons admirer, critiquer, ou même psychanalyser. Le fait de faire-semblant rend l'utilisation de préfixes comme « d'après l'histoire... » inutile, puisque cela est tout simplement sous-entendu. J'appellerai ces premiers cas de figure: « contextes fictionnels ». Mais il est clair qu'en critique littéraire les discussions ne se limitent pas aux contextes fictionnels. En effet, le discours critique nous impose souvent de parler de ce qui se passe dans l'histoire, non pas d'un point de vue interne mais du point de vue externe du critique, en parlant directement de personnages de fiction, créés par des auteurs dans des circonstances particulières, représentant des cas paradigmatiques d'héroïnes romantiques du XIXème siècle, etc. J'appellerai cela des « contextes réels ».

Or, à l'intérieur de chaque contexte on peut parler autant d'objets fictionnels que d'objets réels. Nous sommes dans un contexte fictionnel non seulement lorsque nous discutons des caractéristiques attribuées aux personnages de fiction par l'histoire, mais aussi lorsque nous parlons de personnages, de lieux et d'événements réels apparaissant dans des œuvres de fiction tels qu'ils sont représentés dans l'histoire. De même, nous pouvons parler de personnages de fiction dans des contextes réels, lorsque, par exemple, nous discutons de leur genèse ou de leur place dans l'histoire littéraire ou lorsque nous disons qu'il s'agit de personnages de fiction ; mais il n'en va pas autrement (et, d'ailleurs, nous le faisons souvent) des personnages réels dont nous pouvons parler dans des contextes réels en tant qu'individus historiques et non en tant qu'ils sont représentés dans une histoire quelle qu'elle soit. Les cas homogènes des prédications réelles d'objets réels et des prédications fictionnelles d'objets fictionnels sont relativement faciles à traiter, autant par les théories qui postulent les fictions que par celles qui ne les postulent pas. Cela n'a sans doute rien de surprenant, étant donné que, normalement, les prédications qui nous intéressent le plus sont les prédications réelles dans le cas d'objets réels (dont on écarte le reste à titre d'erreur ou de mensonge), et les prédications fictionnelles dans le cas des objets fictionnels (lorsqu'on discute les aspects des différents personnages et les événements de leur vie). Mais il existe aussi pour chaque type d'entité des cas de prédications non homogènes, et c'est justement dans ces cas mixtes que les vraies difficultés apparaissent : les théories qui refusent de postuler les fictions échouent lorsqu'il s'agit de traiter des discours réels concernant les objets fictionnels, mais les théories de leurs adversaires, comme nous l'avons montré plus haut, ne s'en sortent pas sans un certain degré d'inélégance. Le discours fictionnel sur les objets réels (où il s'agit de rendre compte de personnages historiques réels qui apparaissent dans des œuvres de fiction) pose d'ailleurs des problèmes encore plus sérieux aux théories meinongiennes de la fiction. Il nous faut donc une théorie de la fiction qui puisse offrir une explication harmonieuse des deux types de prédications et des deux types d'objets.

Mais une fois distingués les deux contextes dans lesquels peuvent apparaître des énoncés sur la littérature, et une fois acceptée l'idée qu'il y a des personnages de fiction auxquels ceux-ci se réfèrent, la résolution de tous les problèmes relatifs aux discours fictionnels devient étonnamment simple. Les prédications réelles, faites sans faire-semblant et en dehors du contexte de ce qui se passe dans les œuvres de fiction, peuvent être considérées d'une manière tout à fait directe comme de vraies prédications qui attribuent des propriétés à des entités, dont certaines sont réelles et d'autres fictionnelles. Par conséquent, des énoncés tels que « Jimmy Carter est une personne », « Notre Dame est une cathédrale » et « Hamlet est un personnage de fiction » peuvent être traités de la même manière en tant que prédications véritables appliquées aux objets auxquels ils se réfèrent. Il n'en va pas autrement des autres énoncés tels que « Hamlet a été créé par Shakespeare », « Hamlet apparaît dans plusieurs œuvres littéraires », « Amy Carter a été créée par ses parents », et « Jules César apparaît dans plusieurs œuvres littéraires » — des énoncés issus du point de vue du monde réel qu'il faut considérer d'une manière directe comme des discours non paraphrasés portant sur des objets qui sont, dans certains cas, des personnages de fiction et dans d'autres, des personnes réelles.

D'un autre côté, les énoncés présents dans des contextes fictionnels — peu importe s'ils concernent des objets réels ou fictionnels — peuvent être compris d'une manière plus adéquate en tant qu'énoncés qui décrivent implicitement ce qui est vrai d'après l'histoire. Des énoncés comme « Hamlet est un prince » et « Nietzsche a été psychanalysé par Freud »[126] apparaissent dans les contextes d'œuvres littéraires et ne sont pas littéralement vrais, bien qu'ils décrivent des états de choses qui, d'après les histoires en question, comprennent le personnage de fiction Hamlet et les personnes réelles Nietzsche et Freud. En effet, même si les opérateurs d'histoire ont fourni aux adversaires des fictions un moyen bien pratique pour éviter les objets fictionnels, toute interprétation faisant recours à des prédications fictionnelles implicitement situées à l'intérieur du contexte d'un tel opérateur n'aboutit pas pour autant à des positions irréalistes. Tout en étant persuadée que certains énoncés portant directement sur des personnages de fiction sont littéralement vrais, et qu'il faut affirmer que les personnages de fiction existent, je soutiens néanmoins que la manière la plus appropriée d'interpréter les prédications fictionnelles est celle qui consiste à les insérer dans un contexte marqué par le préfixe « d'après l'histoire... ». « Hamlet est un prince », par exemple, devrait être considéré comme une version abrégée de l'énoncé « d'après la pièce (en question), Hamlet est un prince ». Ce qui est vrai d'après l'histoire est, en gros, une combinaison entre ce qui est explicitement dit dans l'histoire et ce qui est simplement suggéré par les connaissances d'arrière-fond et les hypothèses tacites sur

---

[126] Dans le contexte du roman *Et Nietzsche a pleuré*, d'Irvin D. Yalom.

lesquelles l'histoire repose. En d'autres termes, il s'agit de ce qu'un lecteur compétent comprendrait comme étant vrai d'après l'histoire[127]. Dans la mesure où beaucoup de choses très fines ont été écrites sur le thème de la compréhension de ce qui est vrai d'après une histoire, je ne m'y attarderai pas davantage[128].

Or, le fait de comprendre les énoncés dans les contextes fictionnels en tant qu'implicitement précédés par le préfixe « d'après l'histoire... » permet d'éviter un certain nombre de difficultés. Premièrement, nous n'avons plus besoin d'admettre que les personnages de fiction sont des objets impossibles ou incomplets (ce qui devrait les rendre beaucoup plus acceptables que les objets non-existants issus de la tradition meinongienne). En effet, le carré rond n'est pas à la fois rond et carré, il est tel que, d'après l'histoire de Meinong, il est rond, et toujours d'après l'histoire de Meinong, il est carré. Mais il ne faut pas croire non plus qu'Hamlet soit un objet incomplet dans la mesure où il n'est ni du groupe sanguin A ni d'un groupe sanguin différent de A. Puisque ces énoncés semblent traiter Hamlet comme un être humain qui a du sang, il est plus probable que leur contexte d'origine soit un contexte fictionnel, auquel cas on devrait plutôt les interpréter de la manière suivante : « d'après *Hamlet*, Hamlet est du groupe sanguin A » et « d'après *Hamlet*, ce n'est pas le cas que Hamlet soit du groupe sanguin A ». Mais ces deux assertions sont fausses, car l'histoire ne dit rien à ce sujet. Cependant, dans la mesure où ces énoncés ne décrivent pas des propriétés réelles d'Hamlet mais seulement ce que l'histoire dit de lui, nous n'avons nul besoin d'en conclure qu'Hamlet soit un objet incomplet quant à la propriété *être-du-groupe-sanguin A*[129].

---

[127] Il en va de même de Lewis 1978 qui défend l'idée selon laquelle certaines affirmations (mais pas toutes) au sujet des personnages de fiction devraient être lues comme étant préfixées par un opérateur d'histoire. Lewis se limite cependant à l'analyse des énoncés à préfixe implicite.

[128] Cf., par exemple, l'analyse de D.W. Smith à partir de la notion husserlienne d'horizon, dans son article inédit « Bounds of Fiction », celle de Lewis 1978 des affirmations préfixées concernant les mondes possibles, ainsi que la discussion de Parsons 1980, pp. 175-182.

[129] Si on admet que les énoncés se produisent dans un contexte réel, alors l'énoncé non préfixé « Hamlet est du groupe sanguin A » finit par être faux, alors que « il n'est pas le cas qu'Hamlet est du groupe sanguin A » est vrai, car Hamlet est un personnage fictionnel et, après tout, il n'a pas de sang. Du point de vue du monde réel on peut dire donc qu'Hamlet n'est pas incomplet à l'égard de

Cette méthode de traitement du discours fictionnel a un autre avantage : elle nous permet d'expliquer en quel sens les énoncés fictionnel se rapportant aux individus réels sont vrais, sans dire de faussetés au sujet des personnages historiques correspondants ou de faire appel à des doubles fictionnels. En effet, bien que le simple énoncé condensé « Nietzsche a été psychanalysé par Freud » ne soit pas littéralement vrai, il est vrai dans sa forme expansée : « d'après l'histoire *Le jour où Nietzsche pleura* Nietzsche a été psychanalysé par Freud ». La procédure s'applique de la même manière aux personnages de fiction qui migrent dans d'autres histoires. Nous n'avons pas besoin de séparer le Guildenstern de *Hamlet* du Guildenstern de *Rosencrantz et Guildenstern sont morts* en les traitant comme deux personnages distincts dans le but d'éviter des problèmes d'attribution de propriétés différentes ou contradictoires à un même personnage dans des œuvres différentes. Si Guildenstern perd 89 pièces d'or dans *Rosencrantz et Guildenstern sont morts* alors que cela n'est pas le cas dans *Hamlet*, l'incohérence n'est en réalité qu'apparente. En effet, ces énoncés doivent être interprétés de la manière suivante : (un seul et même Guildenstern est tel que) d'après *Rosencrantz et Guildenstern sont morts*, il perd 89 pièces d'or, alors que d'après *Hamlet*, cela n'est pas le cas. Selon cette interprétation, on peut attribuer sans problème à un seul et même personnage, Guildenstern, les deux propriétés en question. Pas besoin de conclure qu'il y aurait deux Guildenstern différents (ou un Guildenstern impossible).

Un champ de l'analyse du discours fictionnel particulièrement difficile à explorer est celui des discours modaux sur les fictions. D'un côté, il faut être en mesure d'expliquer la vérité manifeste d'énoncés tels que « Holmes aurait pu n'avoir jamais été créé » et « Meursault (de *L'étranger*) aurait pu ne pas tuer l'Arabe » ; d'un autre côté, nous avons besoin d'une méthode pour analyser des énoncés plutôt déroutants comme « Sherlock Holmes est-il essentiellement futé ? » ou « Brick de *La chatte sur un toit brûlant* devient-il un père abusif ? ».

Toute difficulté apparente relative aux discours modaux autour des fictions disparaît aussitôt que l'on utilise cette méthode générale pour traiter des discours fictionnels : la même distinction entre assertions dans un contexte fictionnel (qu'il faut interpréter dans le contexte d'un préfixe d'histoire) et

---

la propriété *d'être du groupe sanguin A* ; cette propriété lui fait tout simplement défaut.

assertions dans un contexte réel (à interpréter d'une manière directe) peut être appliquée aux discours modaux sur les fictions. Il faudrait donc distinguer les énoncés issus d'un contexte réel — comme « si Arthur Conan Doyle avait eu plus de succès dans sa carrière médicale, Sherlock Holmes n'aurait jamais été créé » — de ceux provenant d'un contexte fictionnel — comme « bien que Watson ait six entailles à l'intérieur de sa chaussure gauche, il aurait pu en avoir seulement cinq », et « Meursault aurait pu ne pas tuer l'arabe ».

Le fait de penser les personnages de fiction en tant qu'entités dépendantes permet de voir immédiatement la vérité de certaines assertions modales relatives aux fictions dans un contexte réel. Les personnages de fiction sont, par essence, des entités créées, si bien que, par exemple, il est vrai que Sherlock Holmes est nécessairement créé. Or, quel que soit le monde dans lequel un personnage apparaît, il s'agit d'un monde dans lequel il a été créé et, d'ailleurs, tout personnage de fiction est nécessairement tel qu'il a été créé par ces actes de création particuliers qui l'ont *de facto* créé. Parmi les vérités externes contingentes relatives aux personnages de fiction, on peut trouver des énoncés comme : il est possible que Sherlock Holmes n'ait jamais été créé si Doyle avait eu une carrière médicale plus intense, il est possible que Holmes fut resté inconnu sans l'intérêt montré par le *Lippincott's Magazine* ; Dimitri Karamazov aurait pu ne jamais avoir été créé si la vie de Dostoïevski n'était pas devenue plus stable suite au mariage avec Anna Snitkina.

Mais la plupart des énoncés modaux sur les personnages de fiction qui nous intéressent le plus ne sont pas des énoncés externes, comme ceux que l'on vient d'évoquer. Il s'agit plutôt d'énoncés issus de contextes fictionnels où l'on fait des hypothèses sur les vies des personnages, dans la mesure où celles-ci auraient pu être différentes par rapport à la manière dont elles sont présentées dans les œuvres littéraires. L'analyse de tels énoncés en contexte fictionnel est un peu plus embrouillée que celle des énoncés correspondants issus d'un contexte réel et, à première vue, vis-à-vis d'un certain nombre d'assertions de ce type, on pourrait ne pas savoir comment s'y prendre.

Si l'analyse de ce type d'assertions est embrouillée, cela dépend du fait qu'elles sont exprimées par des énoncés qui, dans leur forme la plus simple, sont foncièrement ambigus. En effet, si (comme je l'ai suggéré) nous interprétons les énoncés en contexte fictionnel comme des énoncés implicitement situés dans le contexte d'un opérateur d'histoire, il y a au moins trois manières possibles de les interpréter en fonction de la portée de l'opérateur modal et de celle de l'opérateur d'histoire. Ainsi, par exemple, « Meursault aurait pu ne pas tuer l'Arabe » peut être interprété de trois manières différentes :

> A : Il y a une histoire (*L'étranger*) telle que, d'après cette histoire il est possible que Meursault n'ait pas tué l'Arabe.
> B : Il y a une histoire (*L'étranger*) telle qu'il est possible que, d'après cette histoire, Meursault n'ait pas tué l'Arabe.
> C : Il est possible qu'il y ait une histoire telle que, selon cette histoire, Meursault n'ait pas tué l'Arabe.

A mes yeux, c'est avec les énoncés du type A — « il y a une histoire telle qu'il est possible que... » — que l'on capture le mieux le sens ordinaire de nos énoncés modaux internes sur les personnages de fiction. En ce sens, A est certainement vrai dans toute interprétation raisonnable du roman et, à vrai dire, il s'agit même de l'une des clés pour le comprendre. Mais en faisant cela on n'affirme nullement que le fait de tuer l'arabe soit une propriété contingente du personnage, car l'attribution se fait à l'intérieur de la portée de l'opérateur d'histoire. Pareillement, dans une lecture de type A l'énoncé « Watson aurait pu ne pas avoir six entailles dans sa chaussure », est vrai, car d'après l'histoire, les entailles ont été causées par une domestique négligente. Or, il ne fait aucun doute que les histoires de Holmes intègrent un certain nombre de nos connaissances ordinaires d'arrière-fond, connaissances qui nous permettent d'admettre qu'il est tout de même possible, d'après l'histoire, qu'on n'ait pas embauché une certaine domestique, ou que la domestiques en question ne soit pas si négligente. En tous cas, une fois que les alternatives sont exposées, il semble assez clair que ce que nous avons principalement en tête en formulant ces énoncés, ces sont des interprétations de type A. Cela nous fournit d'ailleurs une manière raisonnable d'interpréter et de nous interroger au sujet de la valeur de vérité de tels énoncés modaux internes ainsi que de rendre compte du sens vis-à-vis duquel on peut dire de tels énoncés qu'ils sont vrais. Mais tout cela ne nous oblige pas à poser la question de savoir si être-futé est une propriété essentielle de Holmes ou si être-meurtrier est une propriété essentielle de Meursault. Car, selon notre théorie, celles-ci ne sont pas des propriétés des personnages mais seulement des propriétés qui leur sont attribuées dans les histoires en question.

L'analyse des assertions de type B — « il y a une histoire telle qu'il est possible que, d'après cette histoire... » — nous plonge dans des problèmes bien plus profonds, relatifs aux conditions d'identité des histoires. Ce que nous voulons dire par nos assertions modales internes sur la fiction n'est capturé que rarement, si ce n'est jamais, par des énoncés de type B, car ceux-ci semblent plutôt appartenir exclusivement aux discussions philosophiques relatives à l'identité de l'histoire. C'est la raison pour laquelle je ne poursuivrai pas leur analyse ici[130].

Mais bien que A fournisse une bonne manière d'interpréter un certain nombre d'assertions modales concernant la fiction, il nous arrive souvent de parler de détails dont l'histoire ne dit strictement rien ou qu'elle laisse indéterminés. Cela nous arrive, par exemple, lorsqu'on fait des hypothèses sur ce qui pourrait arriver à un personnage après la fin de l'histoire ou ce qui aurait pu arriver si un événement crucial s'était déroulé différemment. Ainsi si nous voulons pouvoir affirmer que certains de ces énoncés sont vrais, il nous faut les interpréter autrement. Et on peut les interpréter, par exemple, à partir du modèle C : « il est possible qu'il y ait *une* histoire telle que, selon cette histoire... ». En affirmant que Brick, le personnage d'*Une chatte sur un toit brûlant*, aurait pu devenir un père abusif ou un excellent joueur de football, nous voulons sans doute dire qu'il est possible qu'il y ait une histoire (peut-être une suite) dans laquelle Brick aurait eu un enfant mais qu'il aurait été incapable de maîtriser son alcoolisme et son tempérament violent, ou qu'on pourrait écrire une autre histoire dans laquelle Brick ne serait pas devenu dépressif, qu'il serait devenu un excellent athlète etc. — des histoires alternatives dans lesquelles il

---

[130] Quiconque conçoit l'introduction de la même série de propriétés comme une condition nécessaire à l'identité d'une histoire, traiterait comme fausses toutes les affirmations se rapportant aux propriétés possibles, mais non réelles, attribuées au personnage par une histoire. D'un autre côté, si on traite les histoires comme des objets construits dont les conditions d'identité les plus importantes reposent sur la préservation de leur origine et de certains éléments importants de leur contenu, on pourrait admettre qu'une histoire puisse attribuer à un personnage des propriétés légèrement différentes qu'elle ne le fait en fait. Dans une telle théorie, certains énoncés du type B, comme les énoncés triviaux au sujet de Watson, pourraient être vrais (dans la mesure où ils pourraient être altérés sans que l'histoire perde son identité). Mais même dans ce cas, l'affirmation B apparaîtrait comme fausse, étant donné que tuer l'Arabe est l'événement crucial de l'histoire.

s'agit toujours du même personnage, reconnaissable et crédible. Parfois on arrive même à inventer de telles histoires alternatives rien que pour rendre ces énoncés particulièrement convaincants ; souvent, c'est justement parce que nous avons ces histoires en tête que nous nous lançons dans des hypothèses alternatives. Le fait de considérer C comme vrai dépend de notre disposition à admettre qu'un même personnage puisse, dans certaines conditions, apparaître à l'intérieur de plusieurs histoires. Et dans la mesure où la théorie artefactuelle admet cela (pourvu que l'auteur de la suite soit suffisamment accoutumé au personnage tel qu'il est décrit dans la première histoire et qu'il ait l'intention explicite de, disons, l'« importer » dans son œuvre) elle a l'avantage de pouvoir admettre que certaines de ces affirmations puissent être vraies.

En somme, il est possible qu'en produisant des assertions modales sur les personnages de fiction, nous voulions dire des choses très différentes. En traitant les personnages de fiction comme des objets abstraits dépendants qui auraient pu ne jamais avoir été créés ou découverts, il nous est possible de proposer une interprétation directe et sensée des énoncés modaux externes. De plus, en distinguant les contextes fictionnels des contextes réels et en interprétant les énoncés dans des contextes fictionnels en tant qu'implicitement précédés par le préfixe « d'après l'histoire... », il nous est également possible de démêler un grand nombre d'ambiguïtés propres aux assertions modales sur les personnages de fiction dans un contexte fictionnel ainsi que de dissiper toute confusion autour des assertions modales internes, en proposant ainsi des interprétations adéquates aux différents contextes.

Cette méthode d'analyse des prédications relatives aux personnages de fiction devrait nous avoir suffisamment rassurés : le simple fait de postuler des objets fictionnels n'entraîne aucun problème majeur. Elle devrait également avoir contribué à enlever d'autres obstacles sur le chemin de l'acceptation des objets fictionnels dans une ontologie. D'autant plus que le fait d'avoir proposé des analyses parallèles valables autant pour les objets fictionnels que pour les objets réels et susceptibles de rendre compte des discours réels que des discours fictionnels, devrait réduire l'impression que les objets fictionnels sont des cas de figure extraordinaires, qui posent des problèmes tout à fait spécifiques aux théories du langage. Mais, nous l'avons vu, il n'en est rien, car on rencontre les mêmes types de problèmes partout, et on dispose des mêmes types de solutions autant pour les objets fictionnels que pour les objets réels.

Objections et bilan

Il est vrai que le discours fictionnel délimite un domaine truffé de confusions et d'incohérences apparentes qui demandent à être clarifiées. Mais de telles clarifications ont toujours un prix : il faut réinterpréter certains de ces énoncés qui semblent porter sur des personnages de fiction, ce qui comporte inévitablement des pertes dans l'élaboration d'une analyse cohérente et efficace du discours fictionnel. Les analyses offertes ici par la théorie artefactuelle ne font pas exception. Selon notre théorie, par exemple, des deux propos au sujet des personnages de fiction que nous tenons le plus souvent — à savoir : qu'ils n'existent pas et qu'ils ont certaines des propriétés qui leur sont attribuées dans les œuvres littéraires — aucun n'est littéralement vrai. Il faut bien paraphraser quelque part si l'on veut éviter les contradictions ou les falsifications. Mais, à mes yeux, il existe des manières très naturelles de paraphraser ces deux types d'assertions en rendant compte de leur vérité, et les paraphrases auxquelles je pense révèlent adéquatement ce que nous voulons vraiment dire par ces énoncés abrégés. Cela devrait amortir le choc d'avoir à abandonner l'idée selon laquelle ces énoncés seraient littéralement vrais et nous permettre ainsi d'accepter plus sereinement les coûts inévitables de notre théorie.

La première partie de l'objection porte sur le fait que, d'après notre théorie, les énoncés affirmant que Sherlock Holmes ou Hamlet existent sont vrais, peu importe qu'ils soient analysés en termes de prédications fictionnelles ou réelles. En effet, Holmes et Hamlet existent réellement en tant que personnages, et ils existent aussi d'après les histoires en question (bien que, d'après ces histoires il s'agisse de personnes réelles et non de personnages de fiction). Mais, on pourrait objecter qu'il y a un sens tout à fait acceptable dans lequel des assertions comme « Sherlock Holmes *n'existe pas* » sont vraies. Walton défie les théories qui postulent les objets de fiction avec l'argument suivant : « Ceux qui croient aux fictions doivent affronter le fait que, dans beaucoup de contextes, nous nions d'une manière simple et naturelle le fait que le Roi Lear existe ou qu'il y a des choses telles que les dragons et les licornes. »[131]

---

[131] Walton 1990, p. 386.

L'idée intuitive selon laquelle il n'y a pas de Roi Lear, ni de licornes (d'où le fait tout à fait naturel de nier leur existence) peut être facilement acceptée sans pour autant nier que ces *personnages de fiction* existent. Des énoncés comme « il n'y a pas de Roi Lear » ou « il n'y a pas de licornes » peuvent être interprétés, assez naturellement, comme des assertions du type : en dépit de ce que disent les histoires, « il n'y a aucune personne (réelle) qui soit Lear » ou « il n'y a pas d'animal (réel) qui soit une licorne ». D'ailleurs, ces énoncés négatifs sont souvent formulés en ces termes : « il n'y pas une telle personne (elle est seulement fictionnelle) » ou « il n'y a pas de tels animaux (ils sont seulement mythiques) ». Ces énoncés, naturellement, restent vrais dans notre théorie comme dans toute autre théorie des objets fictionnels qui se veut sensée. Les assertions de non-existence relatives aux personnages de fiction sont donc généralement vraies à condition d'être bien comprises en tant qu'assertions abrégées dont le but est d'affirmer qu'il n'y a pas un tel homme (réel), ni un tel animal (réel), et ainsi de suite. Limiter implicitement les types d'entités sur lesquels on quantifie est en fait quelque chose que nous faisons tout le temps dans nos discours ordinaires, surtout quand notre public comprend immédiatement qu'on se réfère seulement à certains objets particuliers. Comme Parsons le montre, cela nous arrive assez souvent, lorsque nous parlons de vaches ou de vaisselle en porcelaine, en voulant nous référer seulement à ces objets qui nous appartiennent :

> Dans les échanges linguistiques ordinaires, on discute d'habitude d'une quantité limitée de choses et autant le locuteur que l'auditeur comprennent les noms communs qu'ils utilisent comme étant implicitement restreints à de telles choses. Sans une telle stipulation implicite la communication serait extrêmement difficile, voire impossible[132].

C'est précisément à ce type de limitation implicite que l'on fait allusion en disant que les personnages de fiction n'existent pas, ce qui ne devrait pas surprendre, étant donné que la présence de détectives fictionnels et de bêtes fictionnelles n'a qu'un faible impact dans la vie pratique de tous les jours où il s'agit de résoudre des crimes ou de se déplacer. Les avantages de cette manière de comprendre des énoncés qui disent que Holmes ou d'autres personnages de fiction n'existent pas, sont d'autant plus évidents si on songe aux intuitions

---

[132] Parsons 1982b, p. 366.

ordinaires qui accompagnent le cas contraire : si nous demandions à quelqu'un qui n'est pas corrompu par la philosophie si des *personnages de fiction* comme Holmes et Hamlet existent, celui-ci répondrait sans aucun doute : « oui ! » (en montrant peut-être tout son étonnement vis-à-vis d'une question si bête).

La seconde objection porte sur le fait que les analyses proposées rendent des énoncés comme « Hamlet est un prince » ou « Holmes est un détective » littéralement faux (bien que, évidemment, ils soient vrais une fois paraphrasés par « d'après l'histoire... »). Mais même une personne ordinaire devant expliquer à quelqu'un (qui ne comprend pas le contexte fictionnel implicite) en quel sens ces énoncés sont vrais pourrait faire appel à leur forme paraphrasée. Interrogés par un enfant naïf, nous dirions sans doute qu'Hamlet n'est en réalité qu'un personnage de fiction, qu'on ne peut pas le rencontrer comme on rencontrerait un prince réel (et cela bien que l'histoire le décrive comme étant une personne réelle susceptible d'être rencontrée) et que Nietzsche n'a pas vraiment été psychanalysé par Freud (car c'est seulement dans l'histoire qu'on dit le contraire). A mon avis, il faudrait prendre au sérieux le fait qu'en expliquant en quel sens de telles assertions sont vraies, nous pouvons estimer que nous faisons référence à l'histoire, car cela prouve que des énoncés comme « Holmes est un détective » sont vraiment les formules abrégées d'énoncés plus longs comme « d'après l'histoire, Holmes est un détective ». Ainsi, si notre théorie produit des pertes au niveau de la paraphrase, il me semble que celles-ci sont plutôt tolérables, car nous pouvons très facilement expliquer, d'une manière cohérente avec nos manières ordinaires de considérer les personnages de fiction, en quel sens ces assertions sont vraies.

D'un autre côté, plusieurs avantages viennent compenser ces pertes, des avantages qui devraient rendre évidents les atouts d'une bonne théorie du langage capable de postuler des personnages de fiction. Nos analyses devraient ainsi pouvoir soulager quelques-unes des inquiétudes communes à l'égard des théories de la fiction traditionnelles de type meinongien, car elles proposent une théorie qui n'exige pas de postuler des objets étranges, susceptibles d'être incomplets ou de combiner des propriétés qu'il serait impossible d'attribuer aux objets normaux. En outre, nos analyses devraient pouvoir surmonter les difficultés rencontrées par les théories meinongiennes lorsque celles-ci traitent des discours fictionnels portant sur des individus réels, car elles traitent d'une manière uniforme les discours fictionnels qui portent sur des individus réels et ceux qui portent sur des individus fictionnels.

Mais le fait de postuler des personnages de fiction à titre d'artefacts abstraits et d'analyser d'une manière uniforme les discours sur les objets réels et fictionnels, a un avantage bien plus important. Cela nous permet d'élaborer une meilleure théorie du langage par rapport à celles élaborées sur la base de théories qui s'efforcent d'éviter les objets fictionnels à tout prix. Admettre que l'on puisse effectuer certaines prédications réelles, sans préfixe, relatives à des objets fictionnels et, en même temps, offrir une interprétation uniforme des prédications réelles (directes) et des prédications dans des contextes fictionnels (implicitement préfixées par un opérateur d'histoire) nous fait aboutir à une théorie qui nous permet de garder nos manières intuitives de classer les énoncés de chaque type en vrais ou faux et de déterminer la valeur de vérité de tels énoncés en général plutôt que d'en offrir une analyse *a posteriori* et fragmentaire. Finalement, à la différence de ses deux rivaux, cette théorie analyse de la même manière les énoncés qui portent sur des objets réels et ceux qui portent sur des objets fictionnels, au lieu de changer à mauvais escient la manière d'interpréter un énoncé simplement en raison du type d'objet qu'il vise. Même si nous pourrions être capables de proposer une théorie du langage sans les personnages de fiction, nous pouvons faire beaucoup mieux avec eux.

Chapitre 8

Ontologie et catégorisation

J'ai affirmé qu'en postulant les personnages de fiction on peut analyser d'une manière plus adéquate tant l'expérience que le langage. Cependant, avant de nous décider à franchir le pas, il faut en évaluer soigneusement les bénéfices mais aussi les coûts ontologiques. Et on imagine, d'habitude, que les coûts d'un tel choix soient plutôt élevés, car accepter les personnages de fiction, dit-on, veut dire postuler une nouvelle catégorie d'entités extrêmement étranges et inhabituelles, en s'encombrant ainsi d'un gros fardeau — surtout si on pense à la parcimonie qu'on garderait en faisant le contraire. Ces inquiétudes devraient être prises au sérieux, mais il ne faudrait pas les laisser sans examen. Admettre les personnages de fiction veut-t-il dire postuler une drôle de nouvelle catégorie d'entités qui rendrait inflationnaire une ontologie autrement économe ? Les coûts en termes de parcimonie l'emportent-ils sur les bénéfices en termes d'analyse de l'expérience et du discours ? Afin d'évaluer correctement les coûts ontologiques liés à l'admission des personnages de fiction, nous devons d'abord nous demander comment on peut prendre des décisions ontologiques d'une manière cohérente et à partir de principes clairs, plutôt que sur la base de vagues inquiétudes ou de préférences esthétiques vis-à-vis de paysages ontologiques plus ou moins clairsemés.

Une ontologie "piece a piece" contre une ontologie categoriale

L'ontologie est une entreprise en deux temps. La première tâche consiste à établir les catégories où ranger les choses susceptibles d'exister, sans s'engager à préciser si de telles catégories sont remplies ou vides. La seconde tâche consiste à déterminer ce qui existe vraiment[133]. Les ontologistes contemporains se sont généralement concentrés (avec quelques exceptions) d'une manière exclusive sur la deuxième tâche ; ils ont examiné, un par un, des types d'entités — nombres, universaux, actes de conscience ou objets fictionnels — afin d'établir au fur et à mesure s'ils avaient ou non droit de cité dans notre ontologie.

J'appellerai cette méthode ontologique « *piecemeal approach* », « approche pièce à pièce », car elle consiste à élaborer séparément des arguments pour ou contre le fait de postuler tel ou tel autre type d'entité, en décidant ainsi, pièce à pièce, ce qu'il faut ou ne faut pas admettre et en jugeant au fur et à mesure en fonction de la force des arguments disponibles, et sous le guide du principe de parcimonie. Mais l'approche pièce à pièce ne peut pas constituer, à elle toute seule, la base d'une ontologie globale et systématique. Car ce qui est en jeu dans l'élaboration d'une ontologie est l'individuation des types d'entités qu'il faut admettre. Imaginons quelqu'un qui se lance dans une ontologie exclusivement pièce à pièce, et qui essaye de déterminer quel type d'entités postuler sans le recours à un système de catégories pertinentes. Faute d'un tel système de catégories, il serait obligé d'aborder séparément toute soi-disant "espèce" d'entités, regroupée dans nos classifications ordinaires : ustensiles de cuisine, instruments à vent, affaires de sport, ou matchs de baseball. Mais il y aurait visiblement beaucoup trop de ces types d'entités, à étudier l'une après l'autre ; puisque les entités peuvent être regroupées en nombre infini de manières, procéder d'une manière vraiment "pièce à pièce" ne saurait aboutir à aucune vision globale ou systématique de ce qu'il y a.

De plus, suivre l'approche d'une ontologie pièce à pièce et se demander au fur et à mesure si telle ou telle autre espèce diverse d'entités doit ou ne doit pas être admise, n'est pas seulement une énorme perte de temps, cela est dangereux à cause des risques endémiques d'incohérence et d'arbitraire. Si chaque espèce d'entité était traitée séparément, sans considérer à l'avance les ressemblances et les différences pertinentes entre espèces, l'ontologiste pièce à

---

[133] Cette distinction entre les deux tâches de l'ontologie a été faite à plusieurs reprises et de différentes manières: Williams 1966 appelle la première « ontologie analytique » et la dernière « cosmologie spéculative » (p. 74) ; Ingarden 1947-65 nomme ces deux tâches respectivement « ontologie » et « métaphysique » (vol. I, pp. 21-53). Cf. aussi la discussion dans l'introduction de Hoffman et Rozenkrantz 1994.

pièce risquerait de rejeter arbitrairement des entités et d'en accepter d'autres semblables, ou d'accepter certaines espèces d'entités et rejeter les entités dont elles dépendent, en proposant ainsi une ontologie incohérente. Une approche pièce à pièce ne peut donc qu'offrir un tableau fragmentaire de ce qu'il y a, toujours soumis au risque d'arbitraire et d'incohérence.

Mais dans les faits personne ne semble vraiment approcher l'ontologie d'une manière purement pièce à pièce, en étudiant au fur et à mesure les prétentions de groupes d'entités arbitrairement choisis. Au lieu de cela, toute décision de considérer certains groupes (comme les entités abstraites, les nombres, ou les personnages de fiction) plutôt que d'autres est motivée par des croyances d'arrière-fond qui nous indiquent quels sont les groupements catégoriaux pertinents d'un point de vue ontologique. Mais s'il faut invoquer ces idées d'arrière-fond pour déterminer quelles sont les catégories pertinentes, pourquoi ne pas commencer ouvertement par une discussion et une présentation de ces catégories elles-mêmes, de sorte qu'on puisse les évaluer et les modifier (plutôt que travailler à partir d'obscures intuitions au sujet de certains groupes censés être pertinents) ?

Même l'outil principal d'une ontologie pièce à pièce, le rasoir d'Ockham, présuppose une catégorisation en types d'entités pertinentes. Car l'enjeu de la parcimonie ontologique n'est pas de déterminer le nombre d'entités, mais les types d'entités de base qu'on accepte. Une ontologie n'est pas plus parcimonieuse si elle rejette un groupe d'entités alors qu'elle en accepte un autre semblable. On ne peut pas, par exemple, aboutir à une ontologie plus parcimonieuse en rejetant les personnages des romans policiers et en acceptant ceux des romans d'espionnage ; ce serait un exemple de fausse parcimonie. Ainsi nous ne pouvons pas évaluer la parcimonie relative des différentes ontologies, ou déterminer si le fait d'éliminer certains groupes d'entités rend une théorie plus parcimonieuse, sans utiliser un système de catégories ontologiques pertinentes.

Pour évaluer, d'une manière globale et systématique, l'extension du domaine de ce qui est, nous avons donc besoin d'ajouter au critère de la nécessité un système préalable de catégories élaboré en suivant des critères de pertinence dont le but est de rendre possibles des décisions ontologiques et d'exposer quelles sortes de choses *il pourrait y avoir*, sans préjuger de la question de ce qu'il y a effectivement. Un tel système de catégories devrait répondre à deux critères minimaux d'adéquation. Premièrement, il se doit d'être exhaustif. Si une ontologie catégoriale doit servir de base pour prendre des décisions ontologiques sans préjuger la question de ce qu'il y a effectivement, elle doit pouvoir prévoir une place pour toute chose qu'il pourrait y avoir (où « il y a » doit être pris un sens fort, valable pour tout ce qui est pensable), afin de s'assurer que rien ne soit laissé en dehors. Deuxièmement, pour qu'il s'agisse de vraies catégories, il faut que celles-ci soient mutuellement exclusives, donc que toute entité tombe *exactement* sous *une* catégorie, *et une seulement*[134].

Or, dans la mesure où les approches ontologiques standard présupposent tacitement un système de catégories, le fait de revenir à une approche en deux temps permet de laisser temporairement en suspens le type de système de catégories présupposé, et s'assurer d'abord qu'il répond aux deux critères minimaux évoqués. Sur fond d'un tel système de catégories nous pouvons donc prendre des décisions ontologiques, non pas "au détail" mais "en gros", et décider lesquelles de ces catégories sont occupées et lesquelles sont vides. Le fait d'approcher les décisions ontologiques d'une manière globale évite les dangers d'incohérence et la fausse parcimonie qui pourraient résulter d'une ontologie pièce à pièce.

En outre, cela fournit un moyen efficace pour prendre des décisions spécifiques, lorsqu'il s'agit, par exemple, d'admettre dans notre ontologie des entités controversées comme les objets mathématiques, les universaux ou les personnages de fiction — dans tous ces cas difficiles, nous pouvons toujours commencer en posant la question la plus simple : où faudrait-il placer de telles entités à l'intérieur de notre système de catégories ? On pourra évaluer par la suite les coûts et les bénéfices potentiels de l'élimination de ces entités, en établissant si (étant donné l'ensemble de nos engagements ontologiques) leur élimination conduit à une vraie parcimonie ou pas.

---

[134] C'est pourquoi Butchvarov 1995, p. 75 considère l'exhaustivité et l'exclusion mutuelle comme les deux conditions essentielles de toute série idéale de catégories.

Categories traditionnelles et sources de scepticisme

Pourtant, malgré leur utilité éventuelle, les systèmes de catégories ont perdu tout leur attrait et sont plutôt démodés. Bien qu'il y ait eu récemment quelques exceptions notables (parmi lesquelles les nouveaux systèmes de catégories proposés par Chisholm, Hoffman et Rosenkrantz, Johansson et Grossmann) les systèmes de catégories sont rarement utilisés lorsqu'il s'agit de prendre des décisions ontologiques et d'accepter ou de rejeter les entités d'un certain type[135].

Si l'ontologie contemporaine a mis sur la touche les systèmes de catégories, c'est en partie à cause du scepticisme, généralisé et répandu, à l'égard de toute catégorisation. Dans certains cas, ce scepticisme prend la forme d'un relativisme catégorial explicite. Collingwood et Köner, par exemple, proposent une vision relativiste des schèmes catégoriaux, qui sont traités non pas comme des catégorisations de ce qui est ou de ce qui pourrait être, mais comme de simples reflets des différents présupposés métaphysiques d'un certain individu ou d'une certaine époque[136]. Mais la plupart du temps le scepticisme prend plutôt la forme d'une méfiance tacite à l'égard des systèmes traditionnels qui avaient l'ambition de dresser une liste de catégories vraiment exclusive et exhaustive. Cette forme de scepticisme ordinaire a conduit les ontologistes à renoncer définitivement à l'idée de catégorisation, et à décider s'il faut accepter ou ne pas accepter certains types d'entités sur une base pièce à pièce. Mais bien que cette forme de scepticisme ne soit pas injustifiée, je pense avoir raison de croire que les sources du scepticisme peuvent être en large mesure neutralisées, en travaillant à partir un système de catégories multidimensionnel.

Les systèmes de catégories traditionnels ne procèdent qu'à partir de catégories unidimensionnelles, qui se développent soit en parallèle soit d'une manière hiérarchique en forme arborescente. Les catégories d'Aristote (substance, quantité, qualité, relation, lieu, date, position, état, action et passion) sont un exemple de système parallèle, composé de dix catégories suprêmes qui ne sont subordonnées à aucun genre d'ordre supérieur ; de même, les neuf catégories suprêmes de Johansson (espace-temps, états de choses, qualité, relation

---

[135] Chisholm 1989 et 1996 ; Hoffman et Rosenkrantz, 1994 ; Johansson 1989; Grossman 1983.
[136] Collingwood 1984; Körner 1974.

externe, relation fondée, inertie, spontanéité, tendance et intentionnalité) sont organisées d'une manière parallèle comme des genres d'ordre supérieur.

D'autres auteurs comme Chisholm, Rosenkrantz et Hoffman rangent leurs catégories dans des arbres porphyriens[137]. D'après la description de Hoffman et Rosenkrantz, un système de catégories de type arborescent « est un système hiérarchique de genres et d'espèces dans lequel chaque catégorie ontologique est un genre ou une espèce »[138]. Ainsi, même à l'intérieur de ce modèle, un système de catégories bien formé est un système limité à une seule dimension de catégorisation : la seule différence vis-à-vis du modèle parallèle est que les espèces particulières sont subordonnées aux espèces générales de niveau supérieur.

Les problèmes qui mènent au scepticisme surgissent à la fois *dans* chacun de ces systèmes de catégories unidimensionnels et *entre* un système et l'autre. La première forme de scepticisme exprime l'incrédulité quant à la possibilité qu'un système de catégories parvienne à élaborer un ensemble de catégories qui soient véritablement exhaustives et mutuellement exclusives. S'il nous fallait choisir entre une simple liste comme celle d'Aristote et un arbre comme celui de Chisholm, il nous serait difficile d'établir avec certitude lequel de ces deux systèmes remplit les critères d'exhaustivité et d'exclusivité mutuelle. Le schème d'Aristote, par exemple, risquerait de violer le principe d'exclusivité mutuelle, car les états semblent être des types de relations, et donc « être armé » tomberait dans ces deux catégories[139].

Qu'il prenne une forme parallèle ou hiérarchisée, le schème unidimensionnel est tout simplement incapable de capturer toutes les distinctions nécessaires à l'ontologie. Certains cas de chevauchements de catégories semblent à la fois structurellement inévitables et impossibles à exprimer dans un schème unidimensionnel, peu importe qu'il soit organisé d'une manière parallèle ou hiérarchisée. Ce type de problème apparaît clairement dans le système de catégories de Chisholm (cf. Schéma 8.1) qui risque de violer, à la fois, les contraintes d'une structure unidimensionnelle arborescente et le critère d'exhaustivité. Son système de catégories est fondé sur une division principale entre entités

---

[137] Chisholm 1989, pp; 162 suiv. ; Hoffman et Rosenkrantz 1994, pp. 18 suiv.
[138] Hoffman et Rosenkrantz 1994, p. 20, note 27.
[139] Butchvarov 1995, p. 76, évoque plusieurs autres problèmes de chevauchements possibles avec le schème catégoriel d'Aristote.

contingentes et nécessaires, chacune d'entre elles étant ultérieurement divisée en catégories.

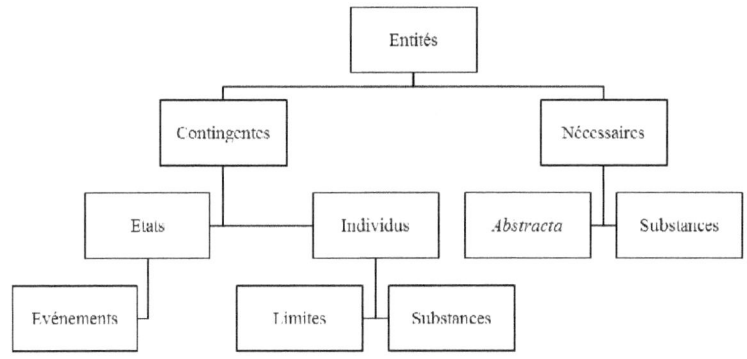

Schéma 8.1 : Le système de catégories de Chisholm

Des catégories comme la substance et l'événement semblent orthogonales à celles du contingent et du nécessaire ; c'est sans aucun doute pour cette raison que la substance apparait fâcheusement à l'extrémité de deux branches différentes de l'arbre, ce qui autorise, à la fois, des substances contingentes et des substances nécessaires (un problème indiqué par Hoffman et Rosenkrantz, car il viole les principes mêmes d'une structure arborescente)[140]. Bien que ce système unidimensionnel produise des croisements entre distinctions orthogonales, ce résultat est loin d'être systématique. Par conséquent, le système ne semble pas être exhaustif, car il omet arbitrairement des croisements possibles comme les événements nécessaires et les abstraits contingents (ces derniers étant, comme je l'ai soutenu au Chapitre 3, des catégories d'entités particulièrement intéressantes, appropriés notamment pour classifier des entités comme les universaux, les entités mathématiques constructivistes et les œuvres littéraires).

La deuxième source de scepticisme n'est pas liée aux contenus de chaque système de catégories, mais à la diversité des systèmes de catégories conçus depuis Aristote jusqu'à nos jours. Par exemple, un système de catégories

---

[140] Hoffman et Rosenkrantz 1994, p. 20, n. 27.

comme celui d'Aristote semble tellement différent de celui de Descartes, avec ses deux catégories fondamentales du mental et du matériel, qu'on les dirait arbitraires et sans rapport ; ce qui conduit à l'idée selon laquelle les systèmes de catégories ne sont pas un reflet de la réalité, mais des présupposés individuels du philosophe qui les compose ou de l'époque qui les accepte.

Plutôt que de me replier sur le relativisme, je proposerai une analyse différente. Produire un système de catégories veut dire faire abstraction des formes à partir des choses particulières, jusqu'à atteindre les genres suprêmes auxquels celles-ci appartiennent. Les catégorisations finissent ainsi par omettre, inévitablement, certains des traits particuliers des objets en question. La fâcheuse diversité de systèmes catégoriaux composés par les philosophes depuis Aristote témoigne du fait qu'une telle abstraction peut suivre des directions différentes, en fonction des différents aspects d'une chose. Les systèmes de catégories qui en résultent sont souvent mutuellement orthogonaux, mais ils se trouvent tous à l'intérieur d'un espace de possibilités plus vaste et multidimensionnel. Plutôt que d'abandonner les tentatives de catégorisation, il faudrait donc chercher un système de catégories plus ample, multidimensionnel, capable de dénicher et systématiser toutes ces variations.

Dans la suite de ce chapitre, je vais esquisser les premiers traits d'un tel système. J'essayerai de montrer comment, à partir d'une base unifiée, on peut obtenir un seul système de catégories à l'intérieur duquel on pourra situer des catégories traditionnelles diverses comme le concret et l'abstrait, le réel et l'idéal, le matériel et le mental. A la différence des systèmes parallèles ou arborescents, le système de catégorisation que je propose est multidimensionnel, car il intègre des systèmes de catégories différents mutuellement orthogonaux. Pour l'instant je me limiterai à élaborer un système de catégories sur la base de deux axes séparés, bien qu'en principe ce schème soit susceptible d'être étendu. Je n'affirmerai pas qu'il s'agit du seul système de catégories qui soit définitif, correct et pleinement adéquat ; je dirai plutôt qu'il est exhaustif, qu'il est plus compréhensif que les schèmes traditionnels, et qu'il met en place un nombre d'éléments utiles pour prendre des décisions ontologiques.

Un systeme de categories existentielles

L'abstraction, qui à partir d'une multiplicité d'objets conduit à un système de catégories, est souvent obtenue, explicitement ou implicitement, à partir des catégories syntaxiques auxquelles appartiennent les mots qui se réfèrent à ces entités ; c'est ainsi qu'on obtient les distinctions courantes entre catégories formelles comme objet, propriété, et état de choses (correspondant aux expressions nominatives, prédicatives et propositionnelles). Mais au lieu de suivre ce chemin, je vais bâtir mon système de catégories à partir des conditions d'existence des choses elles-mêmes. On peut ainsi étiqueter cette catégorisation d'« existentielle » plutôt que de « formelle », qui demeure, pour ainsi dire, orthogonale, par rapport aux catégorisations formelles[141].

Je vais notamment me concentrer sur la question de savoir si et de quelle manière, l'existence d'une chose quelconque dépend matériellement des entités spatio-temporelles et des états mentaux[142]. Ainsi les catégories que nous allons délimiter présupposent trois concepts élémentaires : la relation de dépendance, telle qu'elle a été discutée au Chapitre 2 ; la propriété d'*être réel*, au sens d'avoir une situation spatio-temporelle[143] ; et la propriété d'*être un état mental*. Les états mentaux dont il est question ici sont principalement ceux qui relèvent de l'intentionnalité. C'est en effet cette capacité, intrinsèque à certains états mentaux, d'aller au-delà d'eux-mêmes et de représenter quelque chose qui permet de stratifier de nouvelles propriétés et de nouveaux objets à partir d'un

---

[141] Cette terminologie reprend celle d'Ingarden 1947-65 qui introduit l'idée d'une ontologie existentielle à côté des ontologies formelles et matérielles de Husserl.

[142] Le type de dépendance dont il s'agit dans cette division entre catégories est la dépendance matérielle, mais il est question aussi de dépendances formelles, car la dépendance formelle implique la dépendance matérielle. On pourrait dessiner d'autres tableaux pour tracer les dépendances nomologiques d'une chose (pour ces distinctions cf. le Chapitre 2). La dépendance qu'on attribue d'habitude à la relation entre le mental et le physique est de type nomologique et n'apparaît donc pas ici. Le fait de considérer le mental et le réel comme fondamentaux ne présuppose pas un dualisme de fond ou une indépendance mutuelle entre le mental et le physique. En raison du but limité de notre étude, la question des relations entre ces deux fondements peut simplement être laissée ouverte.

[143] Ainsi par « réel », je n'entends *pas* réel dans le sens d'existant en tant qu'opposé à l'irréel ou au non-existant.

monde naturel indépendant. Cependant, puisqu'il peut y avoir aussi de simples états mentaux qui manquent d'intentionnalité, je parlerai plus généralement d'états mentaux.

On pourrait soulever trois objections contre cette manière d'élaborer un système de catégories. Tout d'abord, obtenir des catégories sur la base des relations de dépendance d'une chose peut paraître étrange. Puisque d'habitude on estime que les propriétés relationnelles n'ont pas grand-chose à voir avec l'essence des choses, le fait de catégoriser les choses à partir de certaines de leurs relations peut sembler vicieux. Sauf que nous ne sommes pas en train de catégoriser les choses à partir de relations externes (comme « être plus grand que » ou « être-à-gauche-de », ce qui serait en effet plutôt vicieux), mais que nous le faisons à partir de conditions d'existence des objets eux-mêmes. Et si on veut caractériser une chose ou en déterminer les conditions d'identité, ses conditions d'existence sont absolument centrales, notamment lorsqu'il s'agit de décider s'il faut la postuler, car elles montrent quels sont les autres types d'entités qu'il faudrait postuler en en acceptant l'existence.

Une deuxième objection pourrait être la suivante : n'est-il pas arbitraire de se concentrer sur les dépendances à l'égard des entités spatio-temporelles et des états mentaux ? Mais comme nous allons le montrer dans la suite de ce chapitre, choisir les dépendances aux entités réelles et aux états mentaux est loin d'être un geste arbitraire, car celles-ci sont au cœur des distinctions ontologiques entre l'abstrait et le concret, le matériel et le mental, le réel et l'idéal, ainsi que des controverses autour de l'existence d'entités comme les objets mathématiques, les personnages de fiction, les états mentaux, les objets sociaux et les universaux. On pourrait, certes, ajouter des dimensions supplémentaires à ce schème pour répondre à d'autres questions, mais le fait que ces thèmes soient à la croisée de tous les débats ontologiques, fait des dépendances à l'égard du mental et du réel un bon point de départ pour commencer à élaborer un système de catégories multidimensionnel.

Troisième et dernière objection, certains pourraient trouver le fait de procéder à partir des entités réelles et des états mentaux inapproprié, car l'existence de telles entités est mise en cause par nombre d'idéalistes ou de matérialistes éliminativistes. Mais rejeter ce schème simplement parce que certains nient l'existence des entités réelles ou des états mentaux, voudrait dire se méprendre sur la nature d'une ontologie catégorielle. Car les catégories doivent être fixées avant tout engagement ontologique, avant de prendre des décisions vis-à-vis de ce que nous devrions ou ne devrions pas admettre. Cette manière de procéder est extrêmement importante, tant pour les futurs éliminativistes que pour les futurs idéalistes. En effet, tant l'éliminativiste que l'idéaliste doivent commencer par reconnaître que ces entités présumées jouent un rôle central pour le sens commun et pour cette ontologie naïve qu'ils cherchent à réviser. Le fait de clarifier les dépendances apparentes à l'égard des entités mentales ou spatio-temporelles, permet de clarifier aussi les coûts apparents liés à l'élimination des entités qui les soutiennent, et donc d'indiquer, à l'éliminativiste comme à l'idéaliste, quelles sont les autres entités auxquelles ils vont devoir renoncer ou qu'ils vont devoir expliquer autrement.

Utiliser les relations de dépendance comme base pour élaborer un système de catégories apporte plusieurs avantages supplémentaires. La dépendance est elle-même parfois utilisée comme un critère pour rejeter des entités présumées ; en effet beaucoup de programmes réductionnistes considèrent que *quelque chose* de dépendant n'est « rien d'ontologiquement nouveau »[144]. De façon peut-être encore plus importante, les dépendances entre entités de types différents exercent une contrainte de cohérence très forte sur l'ontologie, car on ne peut pas accepter systématiquement des entités de type *A* et rejeter celles de type *B*, si les entités du type *A* dépendent de celles du type *B*. Utiliser les relations de dépendance pour délimiter nos catégories permet de rendre manifestes ces contraintes de cohérence ; cela permet aussi de sauvegarder le rôle central joué par les relations de dépendance lorsqu'il s'agit de déterminer s'il faut postuler une entité d'un certain type.

Elaborer un système de catégories autour des modes où une entité dépend ou ne dépend pas (en dernière instance) des entités spatio-temporelles et des états mentaux, conduit à un ensemble de catégories qui, à la différence des autres systèmes, garantit l'exhaustivité et l'exclusivité mutuelle, éliminant ainsi la première source de scepticisme. Et puisque les catégories sont obtenues à partir des modes où les entités dépendent ou ne dépendent pas des états mentaux ou des entités réelles, le principe du tiers-exclu garantit que chaque entité trouve sa place parmi les catégories qui en résultent, ce qui assure le caractère

---

[144] Le réisme défendu par Kotarbiński 1929 représente un exemple d'ontologie qui rejette non seulement toute chose qui n'est pas un individu spatio-temporel, mais aussi toute chose qui est dépendante de quelque chose d'autre (par exemple, les moments, les événements et les processus) et qui n'accepte que les choses particulières. Pour une discussion de cette position Cf. Smith 1994, pp. 193-242.

exclusif de l'ensemble des catégories. Séparer la simple dépendance de la dépendance historique (et ainsi de suite) garantit que les catégories soient mutuellement exclusives.

Dans le Chapitre 2, nous avons déjà étudié un certain nombre de relations de dépendance parmi les plus intéressantes. Nous pouvons désormais utiliser ici les concepts de relations matérielles de dépendance, de dépendance constante et de dépendance historique, à la fois dans leurs versions rigides et génériques afin d'élaborer notre système de catégories ontologiques. Les relations entre types de dépendance, discutées à la fin du Chapitre 2, ont des conséquences importantes pour déterminer quelles catégories sont possibles et quels systèmes ontologiques sont cohérents :

1. La dépendance constante entraîne la dépendance historique.
2. La dépendance historique entraîne la dépendance.

En outre, si on suppose que tout ce qui est un état mental est nécessairement un état mental, et que tout ce qui est réel est nécessairement réel, on peut ajouter les principes suivants :

3. Si α dépend rigidement/historiquement/constamment de β, et β est réel, alors α dépend génériquement/historiquement de l'être de quelque chose de réel.
4. Si α dépend rigidement/historiquement/constamment de β, et β est un état mental, alors α dépend génériquement/historiquement/ constamment de l'être de quelque chose qui est un état mental.

Les relations d'implication entre types de dépendance sont représentées dans le schéma suivant :

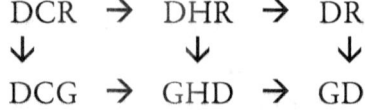

SCHEMA 8.2 : Les relations d'implication entre types de dépendance, où DCR abrège « Dépendance Constante Rigide », DHR « Dépendance His-

torique Rigide », DR « Dépendance Rigide », DCG « Dépendance Constante Générique », DHG « Dépendance Historique Générique » et DG « Dépendance Générique ».

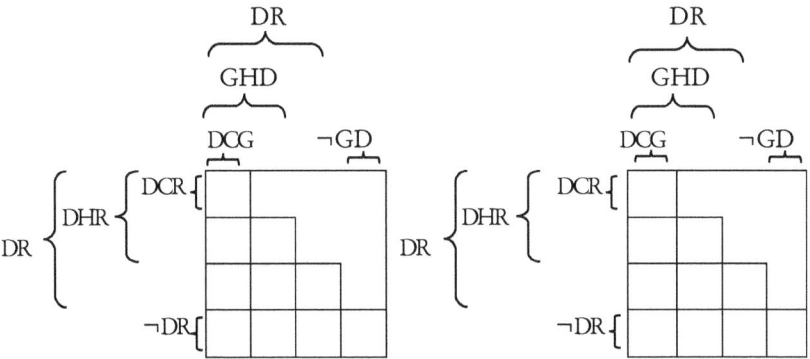

SCHEMA 8.3   Les catégories ontologiques

Le schéma 8.3 représente le système de catégories auquel on aboutit. Il consiste en deux tableaux séparés (mais structurellement parallèles) de catégories, obtenus à partir des différentes définitions de dépendance et de leurs relations mutuelles. Il faudrait considérer chaque tableau comme un aspect d'un système de classification unique, la place d'une entité dans le schème global étant déterminée à la fois par ses dépendances aux états mentaux et ses dépendances aux entités spatio-temporelles. Parce qu'il y a dix cases dans chaque tableau, il y a 100 catégories formées à partir de leurs combinaisons possibles. Les deux aspects de la classification pourraient être alignés sur des axes différents, en tant que parties d'un schéma unifié à l'intérieur duquel tout type d'entité peut être rangé dans une seule catégorie. Puisque chaque sous-schéma a deux axes, le dessin unifié qui en résulte comprendrait quatre dimensions ; mais à cause de la difficulté de représenter un schéma à quatre dimensions nous avons laissé les deux tableaux séparés. Mais il ne faudra jamais oublier qu'il ne s'agit pas de deux systèmes de catégories séparés, mais bien de deux aspects d'une classification unique qui aboutit à un seul système de catégories. Toute entité tombe dans une catégorie, qui est un peu comme une empreinte qui marque sa position à l'intérieur des deux tableaux.

Les acronymes de chaque tableau doivent être lus en suivant les lignes et les colonnes indiquées par les accolades ; par exemple, tout ce qui se trouve dans la première colonne est constamment et génériquement dépendant, et ainsi de suite. L'inclusion de la colonne de la dépendance constante à l'intérieur des colonnes de la dépendance historique, et celle des colonnes de la dépendance historique à l'intérieur des colonnes de la dépendance (et il en va de même des lignes) correspond aux rapports d'implication entre les types de dépendance remarqués plus haut, en assurant ainsi que tout ce qui est constamment dépendant soit historiquement dépendant, mais aussi, que quelque chose puisse être historiquement dépendant sans être constamment dépendant. Dans la ligne en bas du tableau on trouve ces entités qui ne sont pas rigidement dépendantes, et la dernière colonne à droite représente les entités qui ne sont pas génériquement dépendantes (et donc qui ne sont pas dépendantes du tout). On remarquera que chaque tableau élimine six catégories, car il n'y a rien qui puisse être : constamment et rigidement dépendant, sans être constamment et génériquement dépendant ; constamment et rigidement dépendant, en étant dépendant d'une manière simplement historique et générique ou seulement générique ; historiquement et rigidement dépendant, en étant dépendant d'une manière simplement générique ; rigidement dépendant, sans être génériquement dépendant.

Categories familieres

Ce système de classification multidimensionnel permet de localiser un grand nombre de catégories qui nous sont familières, comme le matériel et le mental, le réel et l'idéal et l'abstrait et le concret.

Dépendance à l'égard des états mentaux

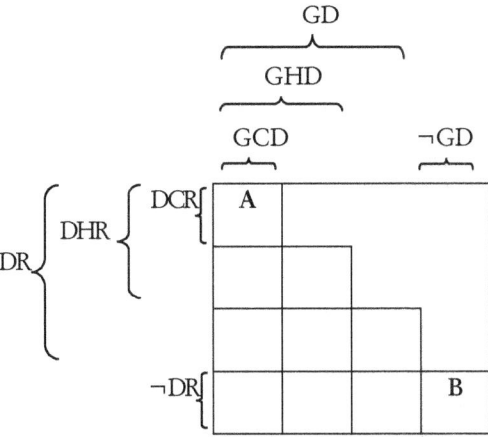

SCHEMA 8.4 : Les catégories sur la base de la dépendance à l'égard des états mentaux

Les deux axes de classification établis sur la base de la dépendance à l'égard du mental et celle à l'égard du réel correspondent aux différentes dimensions de la classification établies par les systèmes de catégories fondés, respectivement, sur les dichotomies entre le mental et le matériel et l'abstrait et le concret. La division majeure établie par Descartes entre le matériel et le mental (toujours utilisée tacitement comme un système de catégories même par ceux qui contesteraient l'existence de toute chose appartenant à la catégorie du mental) peuvent être reformulées dans les termes des divisions illustrées par le schéma 8.4. Les états mentaux eux-mêmes (en vertu de leur dépendance constante rigide à eux-mêmes) appartiennent à la case qui est tout en haut à gauche du schéma 8.4 (case A) ; les entités purement matérielles (dans une position réaliste) appartiennent à la case tout en bas à droite (case B). Une fois cette distinction reformulée dans ces termes et située dans le contexte d'un système exhaustif de catégories, il apparaît clairement qu'il y a une grande variété de catégories situées entre le mental et le purement matériel, des catégories qui conviennent à ces types de choses qui ne sont pas des états mentaux mais qui dépendent des croyances ou des pratiques d'un individu ou d'une communauté.

La division entre le réel et l'idéal peut être située sur l'autre axe, celui relatif aux dépendances à l'égard des entités spatio-temporelles.

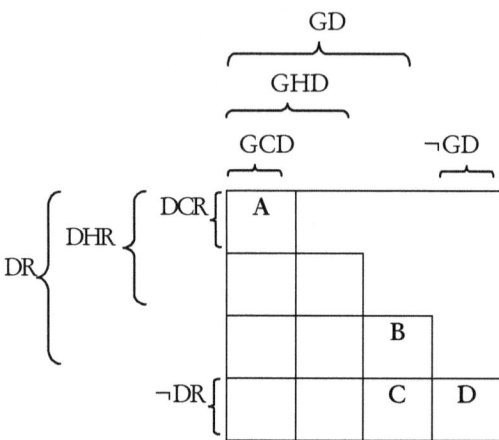

SCHEMA 8.5 : Les catégories sur la base de la dépendance à l'égard des entités réelles

Les entités idéales sont caractérisées comme existantes indépendamment de toute entité réelle : une entité idéale peut exister même s'il n'y a rien qui soit réel. Cela, bien sûr, correspond à la catégorie qui est normalement attribuée aux nombres aussi bien qu'aux universaux platoniciens (cf. Schéma 8.5, case D). Mais si par entités réelles il faut comprendre des individus ayant une localisation spatio-temporelle définie (cf. Schéma 8.5, case A), alors le réel et l'idéal sont clairement des contraires, situés aux extrémités opposées du spectre ontologique, ce qui laisse de la place pour tout un pan de types d'entités qui n'ont pas de localisation spatio-temporelle mais qui ne sont pas non plus de simples entités idéales. Cela inclut autant ces types de choses qui sont dépourvues de localisation spatio-temporelle mais dépendant d'entités réelles, que celles dépourvues de localisation spatio-temporelles mais ayant une origine temporelle. Il s'agit, bien sûr, de l'endroit où il faut positionner les artefacts abstraits, des œuvres littéraires aux modèles de voiture, en passant par les lois.

Que la question de savoir dans quelles catégories il faut placer la distinction classique entre l'abstrait et le concret soit plus compliquée, cela ne fait que montrer le caractère vague et équivoque d'un tel partage. Les entités localisées dans l'espace et dans le temps apparaissent dans la case A du schéma 8.5. Elles peuvent être identifiées comme des entités concrètes, si on définit par *concretum* une chose qui dépend rigidement et constamment d'une entité réelle. Tout *concretum* est au moins étroitement lié à une localisation spatio-temporelle particulière qui est celle de l'entité réelle dont il est constamment dépendant. Et puisqu'il est trivialement vrai que toute chose est rigidement et constamment dépendante d'elle-même, tous les objets réels sont concrets.

Le problème du positionnement des entités abstraites est plus embrouillé, bien que cet embrouillement lui-même soit plutôt révélateur[145]. Le terme « abstrait » est parfois utilisé en tant que synonyme d' « idéal » pour indiquer des entités qui sont complètement indépendantes des objets spatio-temporels ; et il ne fait aucun doute que le terme « abstrait » éveille souvent ce genre d'associations platonisantes[146]. L'emplacement de ce type d'entités serait donc la case D. Mais ce fait montre immédiatement que cette conception est loin d'articuler l'abstrait et le concret d'une manière exhaustive.

Parfois les entités abstraites sont opposées aux entités particulières, ce qui permet (en suivant le système ci-dessus) de les définir assez naturellement comme des entités qui ne dépendent rigidement d'aucun objet spatio-temporel particulier. D'après cette conception les entités qui occupent la ligne du bas du tableau sont des entités abstraites. Mais il est clair que dans cette solution, il reste encore beaucoup de catégories intermédiaires entre l'abstrait et le concret.

La compréhension sans doute la plus commune du terme « abstrait », en tant que celui-ci s'oppose à « concret » désigne une entité qui « manque de propriétés spatio-temporelles »[147]. Si on entend par là une entité qui manque de *toute* propriété spatio-temporelle, alors les cases B, C et D sont occupées par des entités abstraites. En effet, ces entités se trouvent, au mieux, dans une simple relation de dépendance à l'égard des entités spatio-temporelles, et la

---

[145] Les multiples significations associées au mot « abstrait » ont déjà été remarquées, par exemple, par Hoffman et Rosenkrants 1994, Appendice ; Lowe 1995.
[146] La théorie de Zalta 1983 des objets abstraits en tant qu'entités éternelles et nécessaires capture cet usage du terme « abstrait ».
[147] C'est de cette manière qu'il est défini par Jacquette 1995.

simple dépendance est indifférente vis-à-vis du temps d'existence de chaque entité. En revanche, une entité qui est historiquement dépendante ne peut exister à aucun moment avant que l'entité spatio-temporelle qui la soutient n'existe. Normalement, les entités historiquement dépendantes viennent à l'existence à partir d'un moment déterminé. Elles ont donc une origine temporelle, qui leur confère des propriétés temporelles bien qu'elles soient dépourvues de toute localisation spatio-temporelle définie. Une fois de plus, cette conception de l'abstrait n'arrive pas à faire du concret et de l'abstrait des catégories exhaustives.

Cependant, si on se contente de qualifier d'« abstraites » ces entités qui manquent simplement de localisation spatio-temporelle (mais qui ont peut-être des propriétés spatio-temporelles, comme l'origine temporelle), alors on peut définir comme « abstraites » toutes ces entités qui ne dépendent pas rigidement et constamment d'aucune entité réelle particulière et qui sont donc dépourvues de localisation spatio-temporelle. Cette idée se rapproche de l'une des significations les plus ordinaires du terme « abstrait » et, en même temps, permet finalement de faire du concret et de l'abstrait des catégories mutuellement exclusives et exhaustives. Je propose donc que nous reprenions cette définition d'« abstrait » dans nos analyses ultérieures. Conformément à ce choix, on dira que les trois lignes inférieures du schéma 8.5. contiennent des entités abstraites, alors que les entités concrètes occupent la case supérieure gauche. Le fait d'avoir isolé ces différents sens du mot « abstrait » et d'avoir montré qu'ils peuvent avoir des extensions différentes, touche du doigt une limite majeure des théories qui prennent des décisions ontologiques sur la base de divisions catégoriales non interrogées. Mais cela prouve aussi que le fait de disposer d'un système de catégories exhaustif et avec une trame plus fine, permet d'éviter les équivoques et les fausses dichotomies.

Categories non familieres

Comme nous l'avons vu, les divisions binaires entre catégories (réel/idéal, purement matériel/mental etc.) se limitent à choisir des cas extrêmes. Mais les catégories ontologiques ne sont pas des possibilités creuses, mais des instruments conceptuels censés rendre justice à tout un tas d'objets du monde social et culturel, qui ne rentrent pas si facilement dans ces cas extrêmes. Et il n'est pas surprenant que ces types d'entités aient été le plus négligés par l'analyse ontologique.

Puisque mon but ici est simplement d'élaborer une ontologie catégoriale, il ne faudra pas prendre les analyses suivantes comme des arguments en faveur de la nécessité de postuler certaines des entités étudiées et de les placer dans les catégories correspondantes. Elles devraient néanmoins montrer l'utilité manifeste des catégories ici élaborées pour l'explication d'un grand nombre d'objets ordinaires et de permettre de donner un aperçu des conséquences de leur acceptation ou de leur refus. Quelle que soit la réponse définitive qui sera apportée à la question de l'existence et du statut de telles entités, il ne faut surtout pas qu'elle soit dictée par les limites d'un système de catégories inadéquat.

Entre le matériel et le mental

Il semblerait y avoir beaucoup d'objets qui échappent au partage catégoriel entre états mentaux et purs objets matériels, complètement indépendants du mental. La plus grande partie du monde social et culturel qui nous entoure se trouve, justement, entre ces deux extrêmes. La plupart du temps, les questions de dépendance des objets sociaux et culturels portent moins sur les états mentaux particuliers de tel ou tel individu que sur les liens avec les pratiques sociales, ainsi que sur certaines formes d'intentionnalité collective. Searle a en effet récemment soutenu que les faits sociaux ne sont au fond que des faits imprégnés d'intentionnalité collective — croyances partagées, désirs, intentions etc. relatifs à « nos » manières de faire les choses[148]. Les emprunts immobiliers résultent des accords partagés et des pratiques relatifs aux prêts immobiliers, l'argent du fait de « faire valoir » collectivement certains objets comme ayant une valeur d'échange, les gouvernements du fait d'accepter de commun accord que certains individus ont le droit d'agir d'une certaine manière. Les dépendances des entités du monde social et culturel vis-à-vis de nos croyances collectives et de nos pratiques sont profondes. Mais bien que normalement ces entités nécessitent seulement certaines formes de comportements

---

[148] Searle 1995, pp. 23-26 ; tr. fr. pp. 40-44.

collectifs dotés de sens, l'existence de pratiques sociales dotées de sens nécessite, à son tour, l'existence d'agents capables de comprendre leur monde, de se le représenter d'une certaine manière et de le représenter aux autres en « faisant valoir », collectivement, des entités comme l'argent, les outils, les contrats etc. Par conséquent, ces pratiques requièrent à leur tour l'existence d'agents capables de représenter leur monde, ce qui en fait justement des entités sociales : immédiatement dépendantes des pratiques sociales, mais, en dernière instance, dépendantes des états mentaux.

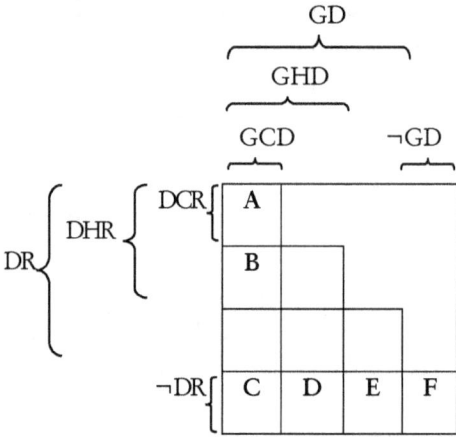

SCHEMA 8.6 : Les catégories sur la base de la dépendance aux états mentaux

En fonction des manières dont une entité peut dépendre des états mentaux, on peut distinguer entre plusieurs types différents d'entités dépendantes du mental. Une entité peut dépendre des états mentaux soit simplement, soit historiquement, soit constamment (dans tous ces cas de figure, elle peut dépendre aussi d'une manière quelconque d'entités spatio-temporelles). Je vais maintenant examiner à tour de rôle quelques cas particulièrement intéressants de dépendance aux états mentaux, en procédant des plus forts aux plus faibles.

Les états mentaux eux-mêmes et leurs contenus réels (comme ceux de la pensée initiale de John qu'il devrait arrêter de fumer) sont *dépendants rigidement et constamment* d'un état mental particulier. Ils occupent donc la case

A du schéma 8.6. Les artefacts, bien qu'ils ne soient pas des états mentaux eux-mêmes, dépendent néanmoins des états mentaux. En effet, puisque le mot « artefact » est généralement utilisé pour indiquer le produit d'un travail humain, on peut définir les « artefacts » comme ces entités dépendant historiquement de certains états mentaux. On les placera donc dans les deux colonnes de gauche du schéma 8.6. Les tables et les chaises sont des exemples classiques d'artefacts. Si un morceau de bois à forme de chaise s'échouait sur une plage, nous ne dirions pas qu'il est une chaise, à moins d'avoir une bonne raison de croire qu'il ait été créé par un être intelligent en tant que dispositif destiné à ce que quelqu'un s'assoie dessus ; un objet naturel tel qu'un tronc ou une épave à forme de chaise ne serait pas considéré comme une chaise véritable. Margolis soutient qu'il en va de même des œuvres d'art : même une peinture ou une sculpture qui n'était constituée que d'une seule entité physique (toile, bloc de pierre) ne serait pas identique avec un tel objet physique, mais seulement incarnée par celui-ci :

> La raison d'avancer cette théorie est, tout simplement, que les œuvres d'art sont les produits d'un travail culturellement informé alors que les objets physiques ne le sont pas. Elles doivent posséder des propriétés que les objets physiques comme tels ne possèdent pas et ne peuvent pas posséder. Par conséquent, une théorie qui identifie les deux mène à des contradictions manifestes. De plus, les concevoir en termes d'incarnation a l'avantage de faciliter une explication non réductive de la relation entre la nature physique et la culture humaine, en faisant l'économie de toute hypothèse dualiste[149].

Certains de ces artefacts, tels les œuvres d'art, peuvent dépendre historiquement et rigidement des états mentaux qui les créent et continuer de dépendre génériquement de la présence d'agents capables de les comprendre, qui en co-constituent les propriétés esthétiques (voir la case B du schéma 8.6).

D'autres entités peuvent dépendre des états mentaux (en ce qui concerne leur origine ou pour leur préservation) d'une manière simplement générique. Parmi les objets culturels concrets on trouve beaucoup d'exemples d'entités dépendant génériquement et constamment d'états mentaux. Une parcelle de terrain devient une propriété, un bout de papier devient de l'argent seulement grâce aux actes intentionnels collectifs d'une société qui décide de

---

[149] Margolis 1987 pp. 257-258.

les faire valoir comme tels, mais aucun état mental intentionnel particulier n'est exigé pour qu'ils viennent à l'existence[150]. Les lois des Etats sont des exemples d'objets abstraits culturels et dépendant des états mentaux d'une manière simplement générique et historique. Si nous disons de deux Etats qu'ils ont la même loi ou, dans le cas contraire, qu'une loi est exprimée dans plusieurs textes de loi différents, à des moments différents et à des endroits différents, nous semblons considérer les lois de l'Etat (au moins en un sens) comme des entités qui peuvent être portées à l'existence par plusieurs états mentaux différents. Car bien que la loi n'existe pas à moins d'être portée à l'existence par des actes d'écriture, des mains levées, ou des bulletins de vote remplis (autant de gestes qui, si on veut les considérer comme de véritables exemples de comportements électoraux, doivent être accomplis avec l'intention de voter), une seule et même loi peut être promulguée dans des livres, même si elle a été formulée et approuvée par des groupes de législateurs différents. Cela montre que les lois d'un Etat ne dépendent que génériquement et historiquement d'états mentaux d'un certain type. En plus, les lois semblent dépendre aussi, constamment et génériquement, de la présence d'une communauté dans laquelle elles sont acceptées en tant que lois, directement (par des gens qui croient qu'il s'agit de lois) ou indirectement (par des gens qui croient que tout ce qui est établi par le pouvoir législatif et arrêté dans les livres est une loi, même si personne ne s'en souvient). D'après cette analyse, les lois occuperaient la case C du schéma 8.6.

Les universaux, qui dans le cadre d'une théorie des universaux *in rebus* comme celle d'Armstrong sont des types d'états psychiques, pourraient être de bons de candidats pour illustrer ces entités qui dépendent simplement des états mentaux (et qui occupent donc la case E du schéma 8.6). On dirait donc, par exemple, que l'universel *plaisir* existe seulement s'il y a quelque chose, à un certain moment, qui instancie l'état d'avoir du plaisir. Finalement, les choses qui sont indépendantes du mental, comme les entités physiques de base conçues d'un point de vue réaliste, ou les entités mathématiques conçues d'un point de vue platonisant, occuperaient la case F. Une fois de plus, le fait que les états mentaux eux-mêmes et les entités purement matérielles occupent seulement les angles opposés de notre diagramme de catégories possibles, confirme l'idée que le mental et le (purement) matériel ne sont pas des catégories conjointement

---

[150] Cf., par exemple, Searle 1995 et l'article inédit de Smith et Zaibert « Prolegomena to a Metaphysics of Real Estate ».

exhaustives ; il s'agit simplement des deux extrêmes entre lesquels semble se trouver la plupart des entités qui nous sont familières.

Entre le réel et l'idéal

Mais entre les catégories adaptées aux objets ordinaires (particuliers et spatio-temporels) et celles propres aux objets platoniciens (idéaux, atemporels et immuables), il y a aussi un très grand nombre de catégories ultérieures. Notre monde de tous les jours est rempli de choses qui pourraient être des exemples d'objets abstraits, à la fois, existant d'une manière contingente et nécessairement créés. Les objets d'art de toute forme — les œuvres de musique, de littérature, de conception visuelle — permettent de bien illustrer des entités abstraites qui dépendent constamment et génériquement de certaines entités réelles d'un certain type et, rigidement et historiquement, d'autres entités réelles pour venir à l'existence (schéma 8.7, case B)[151].

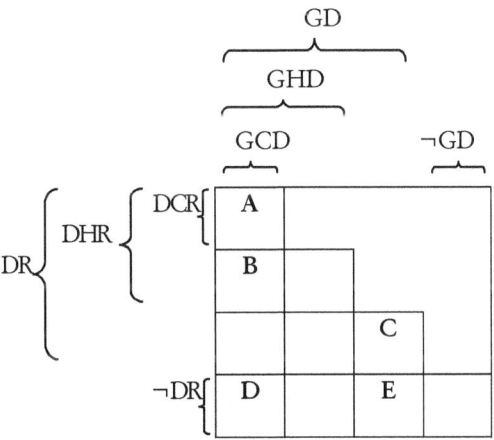

---

[151] C'est d'une manière semblable qu'Ingarden propose d'analyser en détail le statut ontologique des œuvres littéraires (Ingarden 1931, tr. fr. pp. 23-34) et de celles musicales (Ingarden 1962, tr. angl. pp. 90-122), en insistant notamment sur leur caractère non-concret.

SCHEMA 8.7 : Les catégories sur la base de la dépendance aux entités réelles

Apparemment, une œuvre littéraire, tel un roman ou un poème, n'a pas de localisation particulière dans l'espace et le temps, contrairement à ses exemplaires imprimés. Une œuvre littéraire ou musicale peut être réalisée dans plusieurs objets ou interprétations réels ; il peut y avoir plusieurs exemplaires d'une même histoire. On pourrait détruire tout exemplaire particulier de *Moby Dick* sans pour autant affecter le moins du monde l'œuvre d'art *Moby Dick*, ni la détruire (comme ce serait le cas, si elle était identique avec cet exemplaire concret-ci) ou la diminuer (comme ce serait le cas, si elle se confondait avec l'ensemble de ses exemplaires). Ainsi, bien que préserver l'existence d'une œuvre littéraire particulière nécessite *un* exemplaire, l'œuvre dépend d'une manière simplement générique et constante de n'importe lequel de ces exemplaires. En conséquence, chaque exemplaire du livre peut avoir une localisation particulière, quand bien même l'œuvre littéraire elle-même n'aurait pas de localisation spatio-temporelle.

Il semblerait cependant que les œuvres d'art viennent à l'existence à un certain moment déterminé et soient individuées en partie par leur origine (les circonstances et la source de leur création). Par exemple, comme je l'ai montré plus haut, si deux auteurs écrivaient par coïncidence les mêmes mots dans le même ordre, ils auraient écrit non pas une mais deux œuvres littéraires. Levinson montre d'une manière détaillée qu'il en va de même des œuvres musicales — non seulement elles sont des entités essentiellement créées mais, ajoute-t-il, « il est logiquement impossible pour une œuvre d'avoir été composée par quelqu'un d'autre que par son compositeur »[152]. Une œuvre littéraire ou musicale particulière semble alors dépendre rigidement et historiquement des actes créatifs (mentaux ou physiques) de son créateur, car elle exige ces actes mêmes afin de venir à l'existence ; par conséquent, il est nécessaire que, si elle existe à chaque fois que ces actes de création existent, alors ces actes de création doivent exister avant ou pendant son existence.

Une sous-classe importante d'entités abstraites est représentée par ces entités qui *ne* sont *pas* rigidement dépendantes de quelque chose de réel, mais peuvent néanmoins dépendre *génériquement* à plusieurs égards d'entités réelles.

---

[152] Levinson 1990, p. 83. Cf. aussi sa thèse selon laquelle l'origine est essentielle à l'identité d'une œuvre musicale, pp. 82-86.

Les motifs visuels et les mélodies, à la différence des œuvres d'art, semblent être des entités abstraites qui exhibent des dépendances de type simplement générique et historique : bien que des sonates composées indépendamment par deux individus différents soient des œuvres musicales différentes, la même mélodie peut apparaître dans les deux œuvres, ce qui semble suggérer que les mélodies sont des objets qui ne dépendent pas d'une manière rigide et historique des actes qui les produisent. Mais il est toujours plus naturel de traiter les mélodies comme des objets créés plutôt que comme des découvertes ; seuls ceux qui tranchent les problèmes à la hache platonicienne seraient prêts à dire qu'une mélodie existe avant même qu'elle ne soit écrite ou jouée, alors qu'il s'agit manifestement d'une entité historiquement dépendante (bien que d'une manière seulement générique). Ce qui vaut pour les œuvres d'art, semble valoir aussi pour un large spectre d'autres entités sociales et culturelles comme les logiciels ou les lois d'un Etat — qu'on ne saurait aucunement confondre avec aucune de leurs instanciation particulières sur CD ou sur papier ; tant les logiciels que les lois doivent être créés (les uns programmés, les autres votées) pour venir à l'existence, et affirmer que Windows 95 ou les lois sur la conduite en état d'ivresse ont toujours existé ne serait pas seulement faux mais aussi absurde.

Il serait tout aussi étrange d'affirmer qu'une invention technologique, comme le téléphone, a toujours existé[153]. Ainsi les (types d') inventions sem-

---

[153] Bien que cela soit précisément la position traditionnellement défendue par nombre de théories réalistes des propriétés, soient-elles aristotéliciennes ou platonisantes. On pourrait, par exemple, défendre une position platonisante selon laquelle la forme du téléphone, et donc son espèce, a toujours été là, ou on pourrait lui préférer une position des universaux *in rebus* affirmant que l'espèce *téléphone* a toujours existé pourvu qu'il y ait eu au moins un téléphone à un moment donné. Mais la différence entre ces deux positions se limite au fait d'affirmer qu'il y a des exemples d'un certain type seulement après l'« invention » du téléphone (qui, en réalité, n'était que la découverte d'une espèce préexistante). Or, bien qu'il soit possible de défendre une telle position, il me semble bien plus naturel de considérer les téléphones, les engins au diesel et leurs semblables comme des entités véritablement nouvelles, des types de choses inventées, et de défendre ainsi une position constructiviste à leur égard comme celle décrite dans notre étude. Bien qu'il ne nous soit pas possible ici de clore le débat autour du statut des types d'objets technologiques, ceux-ci devraient au moins représenter de bons exemples d'entités dépendant, génériquement et historiquement, de certaines activités humaines.

blent de bons candidats pour illustrer ces entités abstraites qui sont génériquement et historiquement dépendantes des actes réels, et qui occupent la case D du schéma 8.7. Elles sont historiquement dépendantes, car il est légitime d'affirmer que le téléphone n'existait pas avant le milieu du XIXème siècle ; on pourrait dire qu'avant cette période un tel type de chose n'existait pas, et qu'il a fallu l'inventivité humaine (dessiner des plans, faire des prototypes) pour que cette chose vienne à l'existence. Mais un téléphone est défini par ses propriétés fonctionnelles plutôt que par son lignage génétique ; beaucoup de gens différents auraient pu inventer le même genre de machine, pourvu qu'elle serve à remplir le même genre de fonction par le même genre de moyen. Le téléphone avait d'ailleurs été inventé indépendamment par des personnes différentes : avant qu'il ne soit question du brevet d'Alexander Graham Bell, des téléphones ont été produits indépendamment à la fois par Philipp Reis et Elisha Gray, et au moins huit autres personnes étaient sur l'affaire[154]. Ainsi, bien qu'il ait fallu la créativité de quelqu'un *comme* Bell pour créer le type de machine connue comme téléphone, l'existence du téléphone ne dépend pas de l'existence de Bell en particulier ni de ses actes d'invention. Cela semble montrer que les types d'objets technologiques sont génériquement, non rigidement et historiquement dépendants des états mentaux, car ils exigent simplement la présence de *certaines* activités réelles d'un type déterminé afin de venir à l'existence. Pourtant, il semble bien que ces types technologiques puissent cesser d'exister si, par exemple, ils ne sont plus produits et si tous leurs exemplaires, leurs plans etc. cessaient d'exister aussi — ce qui en ferait des objets dépendants génériquement et constamment des choses réelles d'une certain type. Une fois de plus, si on veut rendre compte du monde social, il faut échapper aux dichotomies traditionnelles entre les catégories du réel et de l'idéal, et identifier une variété d'entités abstraites à la fois contingentes et dépendantes.

Même ceux qui conçoivent toutes les propriétés comme des universaux sur la base d'un modèle aristotélicien ou armstrongien ont besoin de cet espace entre le réel et l'idéal pour y installer leurs propriétés. Ces théories considèrent souvent les universaux comme des entités qui ont juste besoin d'être instanciées à *n'importe quel* moment (passé, présent ou futur) : le rouge, par exemple, existe si et seulement s'il y a un temps t et un individu a, tels que a est

---

[154] Sur le débat autour des inventeurs du téléphone cf. Meyer 1962, pp. 177-179.

rouge à t^{155}. Mais cela signifie que les universaux sont des entités abstraites génériquement dépendantes, qu'il faudrait donc loger dans la case E du schéma 8.7. Puisqu'ils sont abstraits, on ne saurait dire que ces universaux possèdent en eux-mêmes une localisation spatio-temporelle, bien qu'ils puissent dépendre génériquement des seuls objets particuliers réels. Cela indique la voie à suivre pour résoudre le vieux problème du « lieu » des universaux dans l'espace-temps, car le naturalisme peut se réconcilier avec l'idée que les universaux n'ont pas une ou plusieurs localisations, pourvu que le naturaliste accepte non seulement les entités spatio-temporelles mais aussi les choses qui en dépendent (exclusivement)^{156}.

De la même manière, les types impurs d'Armstrong — les types « logiquement reliés à un certain particulier » tels que *être la femme d'Henry VIII* — appartiendraient à la case C, en tant qu'entités rigidement dépendantes (mais pas rigidement et historiquement dépendantes) d'une entité réelle particulière^{157}. Comme tous les autres universaux envisagés d'un point de vue *in rebus*, on peut dire qu'ils existent seulement dans la mesure où, par exemple, quelque chose à un certain moment instancie la propriété d'être la femme d'Henry VIII. Ces universaux sont simplement dépendants (non pas historiquement dépendants ou constamment dépendants), mais cette dépendance est une dépendance rigide vis-à-vis d'un individu particulier (Henry VIII) qui existe à un certain moment déterminé.

Mais notre système de catégories ne se limite pas à faire apparaître le champ de catégories possibles qui s'étend entre les dichotomies traditionnelles, il montre clairement la variété de combinaisons possibles entre les deux axes de classification. Au moins en principe, il semble possible qu'il puisse y avoir tout un pan de combinaisons ; ainsi, par exemple, il peut y avoir des entités concrètes qui dépendent d'états mentaux (par exemple, la Maison Blanche, *Mona Lisa*, le billet d'un dollar) ou des entités concrètes indépendantes du mental (par exemple, les rochers, les molécules, les étoiles). De la même manière, il peut y avoir des entités qui dépendent du mental (par exemple les programmes d'ordinateur, les symphonies, les lois) aussi bien que des entités abstraites indépendantes du mental (par exemple, les universaux de masse ou de longueur,

---

[155] Armstrong 1989, pp. 74-75.
[156] Cf. Armstrong 1989, pp. 98-99.
[157] L'exemple d'Armstrong est « être australien » (Armstrong 1989, p. 9).

les nombres dans une position platonisante). En travaillant à partir d'un système multidimensionnel de catégories, nous sommes donc capables de tracer la totalité de l'espace des catégories possibles nécessaires pour rendre compte d'une très grande variété d'entités. Qu'en fin de compte on accepte ou pas l'idée que certaines de ces catégories soient remplies, le schéma catégoriel fournit au moins un espace de discussion raisonnable pour voir les enjeux liés au fait de postuler des entités qui vivent dans les interstices des systèmes de catégories traditionnels.

Un outil pour l'ontologie

Le système multidimensionnel de catégories que l'on vient d'esquisser devrait nous aider à tarir les sources du scepticisme à l'égard des catégories et à ouvrir la voie à une réhabilitation des catégories en tant qu'outils polyvalents, utiles à l'ontologie. Le système de catégories esquissé est en effet susceptible de plusieurs applications possibles. Premièrement, il produit un schème permettant de comparer les différentes ontologies à partir d'une identification des types d'entités qu'elles sont censées accepter ou refuser. Un matérialiste strict, par exemple, éliminerait tout ce qui n'est pas dans la case en bas à droite du schéma 8.6. Un idéaliste berkeleyen, en affirmant que tout dépend constamment du mental (mais peut-être pas d'états mentaux particuliers), dirait en revanche que seule la colonne à l'extrême gauche du schéma 8.6 est occupée. Un nominaliste, soucieux non seulement de se débarrasser des classes ou des universaux mais aussi de faire l'économie de toute entité non spatiotemporellement localisée, éliminerait tout ce qui n'est pas dans la case A du schéma 8.7.

Un deuxième résultat intéressant est la prise de conscience du caractère non conjointement exhaustif de plusieurs couples de catégories traditionnels, car il est désormais possible de distinguer des catégories intermédiaires. Les nouvelles catégories proposées ici offrent des alternatives qui permettent de trouver des solutions nouvelles pour des problèmes anciens. Par exemple, les conceptions réalistes et intuitionnistes des entités mathématiques considèrent les entités mathématiques comme occupant, respectivement, la case F (indépendant du mental) et la case D (dépendant historiquement et génériquement d'états mentaux d'un certain type) du schéma 8.6. Mais le simple fait de situer ces conceptions dans notre système ontologique fait apparaître une autre alternative (case E) : on pourrait considérer les entités mathématiques comme dépendantes du mental (si bien qu'un monde privé d'agents capables de penser serait un monde sans objets mathématiques) mais pas créées par lui. Des considérations similaires s'appliquent également aux débats entre platoniciens et constructivistes autour du statut des valeurs morales : on n'a pas besoin de prendre position en faveur de la thèse de l'indépendance des valeurs vis-à-vis des états mentaux ou du monde humain, pour éviter la thèse sartrienne selon laquelle les valeurs sont créées par nos choix (et qu'elles en dépendent historiquement). S'échapper des contraintes des divisions traditionnelles entre catégories permet de voir le large éventail de réponses possibles aux problèmes ontologiques et d'éviter de tomber dans les fausses dichotomies produites par des systèmes de catégories inadéquats.

Découvrir de nouvelles catégories nous permet aussi de rendre une plus grande justice au statut de ces entités qui vivent dans les interstices des systèmes de catégories traditionnels. Les divisions binaires entre catégories qui opposent, par exemple, le réel à l'idéal ou le purement matériel au mental, ne se concentrent que sur les cas extrêmes. Mais le monde a l'air d'être bien plus varié que ces divisions ne semblent l'admettre. En effet, il y a toutes sortes d'objets dans notre environnement, des personnes aux outils, des œuvres d'art aux institutions sociales et aux théories scientifiques etc. qui ne rentrent pas si facilement dans l'un de ces deux extrêmes. Mais quelle que soit notre conviction à l'égard du statut de ces entités, nous ne voudrions certainement pas que nos décisions nous soient dictées seulement par l'absence d'un système de catégories exhaustif. Disposer d'un système de catégories exhaustif et raffiné pourrait nous permettre de découvrir de nouvelles catégories, mieux appropriées pour caractériser certains types d'entités, et se débarrasser des ornières qui limitaient les vieux débats fondés sur de fausses dichotomies.

Mais l'usage le plus important de ces catégories est le suivant : elles nous donnent les instruments pour rendre nos décisions ontologiques claires, cohérentes et précises. Tout d'abord, elles nous permettent de prendre des décisions fondamentales et de principe (plutôt que pièce à pièce) en essayant d'établir quelles sont les catégories occupées et celles vides. En rendant manifestes les connexions entre entités issues de catégories différentes, elles nous aident à éviter les décisions arbitraires et incohérentes au sujet des ce que nous devons admettre. En outre, puisque nous pouvons situer les entités présumées dans nos tableaux avant même de décider si elles existent ou pas, les catégories nous aident à décider s'il faut admettre des entités d'un certain type — tels les objets fictionnels ou les universaux — en montrant les coûts et les bénéfices qui pourraient résulter de leur élimination en raison de nos autres engagements. Il est temps d'appliquer cet outil au cas des objets fictionnels et d'examiner quels sont les coûts et les bénéfices qui résulteraient de leur élimination dans notre ontologie.

Chapitre 9

Les périls de la fausse parcimonie

Le leurre de la parcimonie se cache derrière beaucoup de décisions ontologiques. A cet égard, le cas des objets fictionnels n'est pas unique, car le désir d'une ontologie moins dépensière est le motif le plus important qui conduit à rejeter les personnages de fiction. On mobilise ainsi de grosses quantités d'ingénuité philosophique dans le but de produire des analyses capables de faire disparaître toute référence apparente aux objets fictionnels et de montrer qu'il est possible d'éviter ces objets fictionnels qui nous sont « imposés », en parlant plutôt d'œuvres de littérature ou de jeux de faire-semblant.

Malgré le rôle central joué par les soucis de parcimonie dans la formation des ontologies, on entend souvent des propos de parcimonie ontologique sans que ce concept même soit vraiment analysé et sans avoir une idée précise de la différence entre vraie et fausse parcimonie. Pourtant même dans le sens littéral du terme « parcimonie » — qui signifie « gérer économiquement un ménage » — nous connaissons tous (ou, en tout cas, nous avons tous appris à reconnaître) la différence entre une vraie et une fausse parcimonie. On ne gère pas un ménage d'une manière plus parcimonieuse en refusant simplement d'acheter certaines choses ; il faut plutôt un plan général, par le biais duquel on peut prévoir les effets à long terme de nos achats et essayer, à terme, d'avoir plus en dépensant moins.

Bien que les principes de parcimonie d'une théorie philosophique soient différents de ceux d'un ménage, il est tout de même important de distinguer, ici aussi, la vraie de la fausse parcimonie. Tout comme on ne gère pas forcément un ménage d'une manière plus parcimonieuse en refusant de tout acheter, le simple fait d'éliminer un maximum d'entités ne conduit pas nécessairement à une ontologie plus parcimonieuse. De même, une ontologie parcimonieuse a besoin d'un plan général ou d'un cadre ontologique à grande échelle, car éliminer des entités, pièce à pièce et d'une manière indiscriminée, risquerait d'empêcher la formulation d'une théorie ontologique souple et cohérente.

L'appel à la parcimonie trouve sa devise la plus célèbre dans le rasoir d'Ockham : il est vain de faire avec un grand nombre d'entités, ce qu'on peut faire avec un plus petit nombre d'entités. Mais il ne faudrait pas se méprendre, car nous ne sommes pas en présence d'une simple exhortation à éliminer un maximum d'entités possibles. Car une ontologie plus menue n'est préférable que si on arrive à faire avec un petit nombre d'entités tout ce qu'on faisait avec un nombre d'entités plus important. Dans le cas de la fiction, par exemple, cela voudrait dire être capable d'offrir une bonne explication du discours fictionnel et des expériences apparentes des objets fictionnels, simplement en termes d'œuvres littéraires. J'ai déjà dit que je doute fortement qu'on puisse y arriver. Mais je laisserai de côté ces questions pour le moment, et je me demanderai plutôt : admettons qu'on puisse se passer des objets fictionnels (en faveur des œuvres littéraires, des jeux, etc.), en quoi ce choix serait-il plus parcimonieux ? Je soutiens qu'il n'en est rien, et que l'élimination des objets fictionnels en faveur des œuvres littéraires ou des jeux est un cas exemplaire de fausse parcimonie.

Vraie et fausse parcimonie

Pour comprendre correctement le rasoir d'Ockham, nous avons besoin de savoir ce que c'est qu'un « grand nombre » ou un « petit nombre » d'entités. Il semble qu'il y ait au moins trois cas de figures où le fait d'éliminer des entités n'aboutit pas à une ontologie plus parcimonieuse. Premièrement, dans la mesure où il s'agit de parcimonie *ontologique*, il est clair que ce n'est pas de la quantité mais des types d'entités postulées qu'il est question. On ne gagnerait rien en simplicité si on devait expulser de notre ontologie les jeux de base-ball et accepter les jeux de plateau, car il s'agit d'entités du même type de base, partageant les mêmes caractéristiques pertinentes (être des événements qui se produisent dans le temps, gouvernés par certaines règles publiquement acceptées, qui impliquent des agents à titre de « joueurs », etc.) Rejeter des entités mais en accepter d'autres du même type est un premier exemple de figure de fausse parcimonie. Bien que personne ne défendrait sérieusement une ontologie qui accepte un type de jeu mais en rejette un autre, les auteurs qui adoptent un « platonisme pièce à pièce » et qui acceptent certaines entités idéales mais pas d'autres, sont des exemples de ce premier cas de fausse parcimonie[158].

De même, si on trie arbitrairement des entités appartenant à une catégorie pour les rejeter et que l'on garde des entités appartenant à d'autres catégories ayant des caractéristiques pertinentes similaires, on ne récolte ici encore qu'une fausse parcimonie. Décider d'exclure une seule catégorie, comme celle des universaux, mais retenir d'autres entités abstraites dépendantes des objets réels, comme les théories ou les œuvres d'art, est un exemple (si les classifications de ces entités avancées dans le Chapitre 8 sont correctes) de fausse parcimonie du deuxième type.

La seule manière de se rapprocher d'une véritable parcimonie théorétique se situe dans le cadre d'une théorie souple et compréhensive, capable de nous dire quelles sorte d'entités nous devons accepter en utilisant un nombre minimal d'entités de base (et non en choisissant des catégories particulières d'entités à rejeter en bloc). Pensez, par exemple, à la véritable parcimonie qu'on a atteint par la découverte que tous les éléments chimiques de base dans le tableau périodique auraient pu être compris d'une manière bien plus simple comme différentes combinaisons de protons, neutrons et électrons ; au lieu de postuler une douzaine d'éléments chimiques de base, nous avons donc appris à les analyser en termes de combinaisons entre trois types d'entités plus élémentaires. On ne pourrait pas rendre cette théorie plus parcimonieuse en affirmant qu'un élément particulier, disons le plutonium, n'existe pas, et en essayant ainsi de reformuler tous nos discours apparents sur le plutonium à partir d'autre chose. Cela n'aurait comme résultat que la perte d'élégance et de simplicité de la théorie, mais ne la rendrait pas pour autant plus parcimonieuse, car les entités de base et les manières de les combiner restent les mêmes. Éliminer les catégories d'entités de niveau supérieur susceptibles d'être expliquées en termes d'éléments de base est donc un troisième cas de fausse parcimonie. La vraie parcimonie ne vient pas du rejet d'entités de toute sorte, mais du fait de minimiser les engagements ontologiques à certains types d'entités pertinents, sur la base des principes d'une théorie souple et élégante capable de nous indiquer, entre autres, quelles sont les entités les plus fondamentales et comment elles peuvent être combinées.

---

[158] Ce sont Linsky et Zalta qui ont inventé l'expression « platonisme fragmentaire », et critiqué une telle approche (cf. Linsky et Zalta 1995).

Se passer des objets fictionnels est-il vraiment plus parcimonieux ?

Devrions-nous postuler les objets fictionnels ou les éliminer au nom de la parcimonie ? On pourrait croire, à première vue, que les personnages de fiction et les œuvres littéraires sont des types d'entités catégorialement différentes : que les œuvres littéraires sont linguistiques, les œuvres fictionnelles sont un peu comme des personnes imaginaires ou quelque chose du genre. Et puisque, en tant que philosophes, nous nous sommes tous occupés de langage pendant quelque temps, les œuvres littéraires nous semblent probablement plus familières et faciles à analyser. Les personnes imaginaires, en revanche, ont plutôt l'air d'être des choses étranges, susceptible d'encourager toute sorte de confusions possibles. Ces sont sans doute ces genres de raisonnements qui ont conduit à l'hypothèse générale selon laquelle le fait de produire une théorie plus parcimonieuse revient à éliminer les personnages de fiction en faveur des œuvres littéraires. Mais il est temps d'examiner ce problème de plus près. Qu'est-ce qu'une entité linguistique telle une œuvre littéraire, et que sont les personnages de fiction ?

J'ai essayé de montrer qu'il ne faut pas comprendre les personnages de fiction comme des personnes — non-existantes, imaginaires ou autres — mais comme des créations culturelles, des artefacts abstraits produits par l'intentionnalité et exigeant des entités concrètes comme des exemplaires des histoires et une communauté de lecteurs compétents pour continuer d'exister. Mais la littérature et le langage aussi sont certainement (du moins à mes yeux) des créations culturelles abstraites *par excellence*. Il s'agit de créations culturelles de type représentationnel, faisant usage de symboles signifiants — à savoir des symboles pourvus de sens grâce à nos actes intentionnels, individuels ou collectifs — qui représentent quelque chose au-delà d'eux-mêmes. En effet, grâce à sa capacité représentative, le langage est cette entité culturelle qui rend possibles d'autres entités culturelles comme les œuvres littéraires et les personnages de fiction[159]. Reformulée dans ces termes, l'idée que les personnages de fiction et les œuvres littéraires appartiennent à des catégories entièrement différentes cesse immédiatement d'aller de soi.

Nous pouvons poser avec plus de précision la question de savoir si faire l'économie des objets fictionnels est vraiment plus parcimonieux, en suivant la procédure décrite plus haut. Je vais donc procéder en deux étapes : tout d'abord, je vais vérifier l'emplacement des objets fictionnels, tels que nous les avons décrits dans le Chapitre 1, au sein du système de catégories défini dans le Chapitre 8, en analysant ainsi les coûts et les bénéfices potentiels de leur élimination. Dans la Première Partie nous avons neutralisé les objections standard contre les objets fictionnels, alimentées par la peur que postuler de tels objets aurait débouché sur des problèmes de référence et d'individuation. Si nos arguments sont corrects, ces inquiétudes ne sauraient suffire à nous faire rejeter les objets fictionnels. Nous pouvons finalement considérer le problème de la parcimonie comme le seul obstacle majeur restant sur le chemin qui nous mène à la décision de postuler les objets fictionnels. En particulier, nous pouvons nous concentrer sur la question de savoir si leur élimination en faveur des œuvres littéraires et des jeux aboutirait à une ontologie plus parcimonieuse.

Si nous postulions les objets fictionnels, que seraient-ils ? Dans le Chapitre 1 j'ai montré que si on était obligés de postuler des objets fictionnels, il aurait fallu les considérer comme des entités à même de satisfaire ou de rendre justice à nos croyances ordinaires et à nos pratiques qui s'y rapportent. Un élément important de notre caractérisation des personnages de fiction consiste dans le fait de les traiter comme des entités créées, et, par conséquent, comme des entités dépendantes rigidement et historiquement des activités réelles et de représentations intentionnelles de l'auteur qui les a créés[160]. Ainsi, leur place se trouve quelque part dans les deux colonnes supérieures du schéma 9.1.

---

[159] Searle 1995, Chapitre 3, soutient que le langage est nécessaire pour l'existence de *tout* le reste des réalités institutionnelles.

[160] Mais un personnage n'a pas besoin d'être produit par un seul auteur, et certainement pas d'un seul coup. Le processus de création des personnages de fiction peut être extrêmement variable, non seulement en fonction des individus mais aussi des cultures et des traditions littéraires. L'origine d'un personnage peut être dispersée, englobant beaucoup d'actes différents de beaucoup de personnes différentes à travers une période de temps prolongée (c'est le cas, par exemple, de nombre de héros mythologiques, ou du personnage plus récent d'Alice Roy). Pourtant, aussi dispersée et difficile que puisse être la recherche de l'origine d'un

196/Fiction et Métaphysique

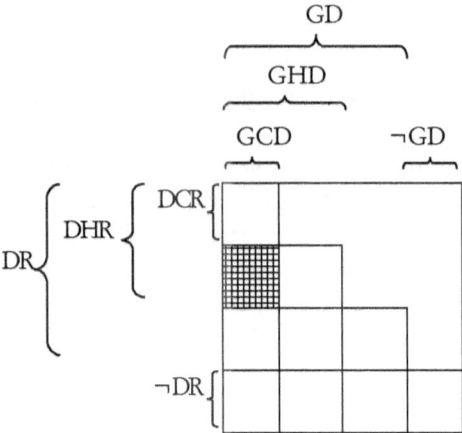

SCHEMA 9.1 : Les personnages de fiction, catégorisés en fonction de leur dépendance à l'égard des entités réelles

Bien que les personnages de fiction soient dépendants rigidement et historiquement de certaines activités réelles particulières, il semblerait que leur existence continuée ne dépende d'aucune entité réelle particulière. De plus, même si pour leur existence courante ils n'ont besoin d'aucun objet réel particulier (comme cet exemplaire particulier-ci d'un livre, ou cet énoncé-là), les personnages de fiction semblent au moins dépendre d'une manière générique et constante de l'existence d'*un* exemplaire de l'œuvre littéraire dans laquelle ils apparaissent. Ainsi, si nous prenons au sérieux nos expériences, nos pratiques apparentes relatives aux personnages de fiction ainsi que leurs conditions d'identité et de persistance, la catégorie la plus naturelle où loger ces entités susceptibles de satisfaire de telles pratiques serait la case hachurée du schéma 9.1.

Mais cette catégorie ne convient pas seulement aux objets fictionnels, car nos analyses du Chapitre 8 nous ont montré qu'elle convient aussi aux œuvres littéraires et musicales. On croit souvent que les œuvres littéraires sont

---

personnage particulier, elle est toujours soumise au même principe : le personnage doit être issu d'une origine particulière, et de celle-ci seulement.

quelque chose de facile et immédiat à comprendre, et qu'on obtient un bon résultat si on arrive à reformuler nos discours apparents au sujet des personnages de fiction en termes de discours au sujet des œuvres littéraires dans lesquelles ils apparaissent. Pourtant le statut d'une œuvre littéraire est loin d'être plus facile à comprendre que celui d'un personnage de fiction, et en effet les deux ont plusieurs caractéristiques communes. Dans les chapitres précédents nous avons vu que, bien que l'existence continuée d'une œuvre littéraire particulière exige l'existence d'au moins un de ses exemplaires, une œuvre littéraire ou musicale peut être réalisée dans plusieurs objets réels ou interprétations ; il peut y avoir beaucoup d'exemplaires du même récit, si bien qu'une œuvre littéraire, comme un personnage de fiction, n'est au fond que génériquement et constamment dépendante d'une entité réelle. Et nous avons vu également qu'une œuvre littéraire dépend rigidement et historiquement des actes de l'auteur qui la fait exister. En somme, une œuvre littéraire est une entité abstraite qui est constamment génériquement dépendante et rigidement historiquement dépendante d'entités réelles. Les œuvres littéraires semblent donc avoir exactement les mêmes types de relations de dépendance aux entités réelles que les personnages de fiction ; elles devraient donc appartenir exactement à la même catégorie ontologique que les personnages qu'elles sont supposées remplacer dans des théories prétendument plus parcimonieuses.

Nous venons de localiser les personnages de fiction à l'intérieur de notre premier schéma de catégories, relativement à leurs dépendances à l'égard des entités réelles (spatio-temporelles). Mais nous n'avons pas encore considéré leur place à l'intérieur du second schéma catégoriel, qui concerne les dépendances vis-à-vis des états mentaux. Or, comme nous l'avons vu dans les chapitres précédents, les personnages de fictions (pourvu qu'ils existent) viennent à l'existence seulement grâce aux actes créatifs d'un auteur, et chaque personnage créé dépend rigidement de ces actes créatifs. Ces actes créatifs sont tout aussi intentionnels que nombre d'activités physiques réelles. Mais des actes ou des événements purement physiques ne suffisent pas à générer un personnage de fiction. Une fois de plus, on a l'impression que les œuvres littéraires se trouvent exactement dans la même position que les personnages de fiction, car elles aussi dépendent historiquement des états mentaux. Une œuvre littéraire ne vient à l'existence que grâce aux états mentaux intentionnels d'un auteur ; si un tas de débris s'échouait sur le rivage en composant sur le sable quelque chose comme des séries de lettres, cela serait un événement tout à fait extraordinaire, mais il n'y aurait pas de quoi parler d'œuvre littéraire ou de personnages de fiction : il y aurait juste des marques qui, finalement, ressemblent à des lettres et des mots. Les actes créatifs qui font exister autant les personnages de fiction que les œuvres littéraires, doivent donc être de nature intentionnelle, et ils sont donc dépendants du mental. Par conséquent, autant les personnages de fiction que les œuvres littéraires occupent les deux lignes supérieures du schéma 9.2.

En vertu de leur dépendance continue des lecteurs compétents, autant les œuvres littéraires que les personnages de fiction qui apparaissent en elles, ne sont pas seulement historiquement mais aussi constamment dépendants des états mentaux ; par conséquent, leur place est dans la case hachurée du Schéma 9.2, ensemble avec toute autre entité rigidement historiquement et génériquement constamment dépendante des états mentaux. On découvre ainsi que la catégorie qui convient aux personnages de fiction dans les deux schémas, par rapport aux dépendances vis-à-vis des entités réelles et des états mentaux, est la même que pour les œuvres littéraires.

Il est utile de remarquer qu'on n'a pas besoin d'accepter notre système de catégories pour arriver à la même conclusion, car les personnages de fiction et les œuvres littéraires (tels que je les ai analysés) atterriraient dans la même catégorie même dans d'autres systèmes de catégories classiques. Dans les divisions formelles des catégories entre objets, propriétés, relations et états de fait, il s'agirait dans les deux cas d'objets ; si on divisait les choses simplement entre abstraites et concrètes, les deux seraient des entités abstraites ; et si on suivait le partage entre le contingent et le nécessaire, l'un comme l'autre seraient des entités contingentes.

Dépendance à l'égard des états mentaux

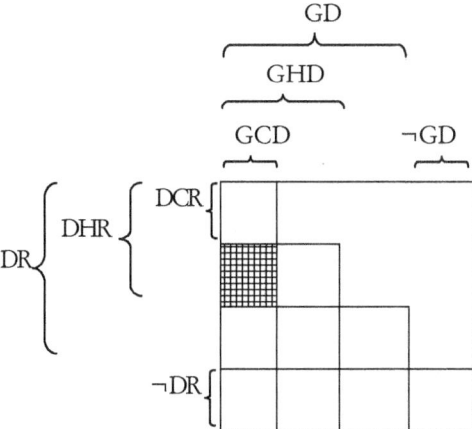

SCHEMA 9.2 : Les personnages de fiction, catégorisés en fonction de leurs dépendances à l'égard des états mentaux

Nous pouvons maintenant répondre à la question posée au début de ce chapitre : se passer des objets fictionnels est-il réellement plus parcimonieux ? La réponse est non, pas en tant que tel. Ceux qui « se passent » des objets fictionnels s'appuient massivement, presque sans exception, sur l'idée d'œuvre littéraire dans le but d'éviter toute référence aux objets fictionnels. Mais si on garde les œuvres littéraires, on ne gagne rien à « se débarrasser » des objets fictionnels, car ces deux entités appartiennent exactement à la même catégorie — rien sauf de la fausse parcimonie : cela serait tout aussi « parcimonieux » que d'exclure de notre ontologie les jeux de baseball tout en acceptant les jeux de plateau. Au bout du compte, bien que les œuvres littéraires soient « faites » de mots et que les personnages de fiction ne le soient pas, il s'agit dans les deux cas de créations culturelles abstraites, dépendant d'états mentaux d'un certain type. Comme on pouvait s'y attendre, si vous acceptez les œuvres littéraires, vous acceptez *eo ipso* les personnages qu'elles contiennent. Eliminer les personnages de fiction en faveur des œuvres littéraires est ainsi un exemple classique de fausse parcimonie de la première espèce. Mieux vaudrait alors investir notre ingéniosité philosophique ailleurs que dans des tentatives de réécrire nos discours portant apparemment sur des objets fictionnels en termes de discours portant sur des œuvres littéraires. Le vrai défi pour ceux qui seraient encore persuadés qu'il faille se donner la peine de rejeter les objets fictionnels en faveur des œuvres de littérature serait de repérer la différence ontologique pertinente qui les sépare.

On pourrait essayer de gagner de la parcimonie en éliminant ou en réduisant toutes les entités appartenant à la catégorie qui inclut les personnages de fiction, les œuvres littéraires, les œuvres musicales et ainsi de suite. Mais un tel choix rendrait nos explications du discours fictionnel et de notre expérience des objets fictionnels encore plus délicates, dans la mesure où toute explication en termes d'œuvre littéraire serait désormais impossible. Mais même si l'on arrivait à trouver une explication plausible, le fait de cibler cette catégorie à éliminer ne serait d'aucun avantage. Car la fausse parcimonie ne se produit pas seulement lorsqu'à l'intérieur d'une même catégorie particulière on exclut certains objets et on en inclut d'autres, mais aussi lorsque toutes les entités issues d'une même catégorie sont arbitrairement destinées à être éliminées, alors qu'on retient d'autres entités ayant les mêmes caractéristiques pertinentes. Ceux qui acceptent des entités qui dépendent des entités réelles d'une manière simplement générique et constante (comme les théories, les universaux, les nombres, et les œuvres d'art) et des entités constamment dépendantes des états mentaux (comme les églises, les états psychologiques, les gouvernements et les lois des Etats) ne gagneraient aucune parcimonie véritable en rejetant tous les membres appartenant à la même catégorie que les personnages de fiction et les œuvres littéraires, à savoir la catégorie des entités qui dépendent génériquement et constamment à la fois des états mentaux et des entités réelles. En effet, cibler cette catégorie et l'éliminer a tout l'air d'un caprice arbitraire ainsi que d'un exemple de fausse parcimonie de la deuxième espèce, car il s'agit simplement du cas de figure où ces caractéristiques sont combinées. Cela devrait nous mettre en garde vis-à-vis des dangers d'une ontologie qui procède pièce à pièce, en appliquant le critère de nécessité à des groupes d'entités différentes sans avoir préalablement formulé un système général des catégories et déterminé la place des différentes types d'entités en examen.

Qu'il soit possible de formuler une théorie plus parcimonieuse, capable d'éliminer les objets fictionnels, cela ne fait aucun doute. On pourrait, par exemple, éliminer toute entité dépendante du mental — ou seulement toute entité dépendante des états mentaux qui ne soit pas un état mental. Il s'agirait d'un véritable principe général, identifiant une caractéristique pertinente et se débarrassant des objets fictionnels. Mais un tel principe élimine également un large éventail d'autres entités. Car, si notre catégorisation initiale est correcte, des choses comme les œuvres d'art et les théories scientifiques, les églises et les écoles, les comportements et les institutions sociales etc. dépendent des états mentaux tout comme les objets fictionnels. Si on veut donc choisir cette alternative véritablement parcimonieuse, il faut être prêts à faire l'économie de toutes ces entités et trouver une manière d'expliquer nos expériences et nos discours apparents à leur sujet. En d'autres termes, on peut éliminer les objets fictionnels en raison de leur dépendance au mental seulement si on est prêt à extirper du paysage ontologique toutes les autres entités du même type.

Une autre alternative consisterait à éliminer par principe tout ce qui n'est pas concret, à savoir tout ce qui ne dépend constamment et rigidement d'aucune entité spatio-temporelle. Nous serions, à nouveau, en présence d'un choix vraiment parcimonieux, qui nous obligerait cependant à renoncer à bien plus qu'aux seuls objets fictionnels. Car l'abstraction est loin d'être une caractéristique exclusive des objets fictionnels ; en effet, plusieurs entités présumées, bien plus respectables, sont liées aux entités réelles, spatio-temporelles, d'une manière bien plus faible que les objets fictionnels. Des entités idéales comme les nombres (conçus d'une manière platonisante) ou des entités abstraites comme les universaux, les lois et les théories scientifiques, ne sont pas moins rigidement et constamment dépendantes d'objets réels quelconques que les objets fictionnels, et donc privés de toute localisation spatio-temporelle. Elles sont tout aussi abstraites.

Dans un cas comme dans l'autre, les coûts de cette parcimonie sont élevés, et le défenseur de l'une de ces alternatives aura à montrer que nous *pouvons* nous passer de toutes ces types d'entités, et que nous n'avons donc pas besoin de les postuler. Une tâche, à mes yeux, plutôt difficile. En somme, il se trouve qu'après tout les objets fictionnels ne sont pas des créatures si étranges mais qu'elles partagent leurs caractéristiques les plus importantes avec tout un pan d'entités de types différents du monde de tous les jours. Leur dépendance au mental est caractéristique d'une grande variété d'entités culturelles, et ces objets partagent leur caractère abstrait avec des entités qui vont des théories aux universaux en passant par les lois. Etant donnée leur grande ressemblance avec ces entités mieux acceptées, ceux qui s'acharnent à ne vouloir éliminer que les objets fictionnels n'auraient comme justification que l'appel au préjudice et la tradition, et ceux qui souhaitent rejeter les objets fictionnels sur la base de principes généraux, risquent de se retrouver avec beaucoup moins d'entités qu'ils ne l'auraient souhaité.

Tout cela devrait nous mettre en garde vis-à-vis des dangers d'une ontologie qui procède pièce à pièce, en se demandant au fur et à mesure s'il faut admettre certains types d'entités, sans utiliser aucun principe général pour rejeter ou accepter de telles entités. Car faute d'une approche globale, nous risquerions toujours de dépenser une grande énergie philosophique pour n'aboutir qu'à une ontologie qui ne serait pas plus parcimonieuse, et au prix de la perte d'un cadre ontologique unifié.

Chapitre 10

Une ontologie pour un monde diversifié

Il est temps de nous tourner vers la deuxième tâche ontologique, et de proposer une appréciation de ce qui est. Nous pouvons déjà tirer quelques conclusions à partir du parcours suivi pour obtenir nos catégories et de leurs relations mutuelles. Premièrement, si nous décidons de faire confiance à nos croyances et pratiques ordinaires, en prenant leurs suggestions au pied de la lettre, une grande quantité d'entités (dont les théories scientifiques, les œuvres d'art et les artefacts culturels) finit par ne plus pouvoir rentrer si facilement dans les catégories traditionnelles du réel et de l'idéal ou du matériel et du mental. Il nous faudra donc soit montrer qu'il est possible d'éliminer ou réduire toutes ces entités à des objets rentrant dans des catégories traditionnelles, soit postuler une ontologie plus riche en mesure d'expliquer de telles variations.

Deuxièmement, en raison des relations étroites entre catégories, les questions relatives à l'opportunité de postuler plusieurs types d'entités sont toutes mutuellement reliées. Les enjeux sont donc importants, car malgré la multiplicité apparente d'entités, le fait de décider, conformément à des principes généraux, d'éliminer un type d'entité, peut engendrer des conséquences considérables. Par exemple, si vous éliminez des entités de support comme les états mentaux, pour des raisons de cohérence, il vous faudra éliminer aussi tous les objets culturels, comportements et institutions qui dépendent de l'intentionnalité. Si vous éliminez par principe tout objet abstrait, avec les universaux vous aurez rejeté aussi les poèmes, les sonates, les lois et les théories. Et si vous éliminez les objets fictionnels mais gardez les histoires et les autres entités abstraites dépendant des états mentaux, vous vous retrouvez avec une théorie qui n'a qu'une fausse parcimonie.

L'une des morales de notre histoire est que si vous traitez les personnages de fiction comme des créations culturelles, ceux-ci finissent par partager leur destin et leurs problèmes avec une bonne partie de notre monde quotidien, ce qui en fait un cas d'étude paradigmatique, permettant aux études consacrées aux personnages de fiction de poser les premiers jalons d'un défi bien plus important : concevoir une ontologie à la mesure de notre monde de tous les jours. Mais si les objets fictionnels partagent leur destin avec tout un pan d'autres entités quotidiennes, que faut-il faire avec tout cela ? Comment pouvons-nous expliquer la variété qui caractérise le monde de tous les jours sans renoncer à la capacité de proposer une vision d'ensemble, élégante et unifiée, de ce qui est ? Intéressons-nous une fois de plus à ce vaste problème, en partant cette fois-ci du cas révélateur des objets fictionnels.

La leçon des fictions

Au début de cette étude, j'avais proposé de reporter à plus tard la question de savoir s'il fallait postuler les objets fictionnels, en commençant plutôt par demander ce qui se passerait si nous devions les postuler, si ce fait nous mettrait dans l'embarras et quels bénéfices on pourrait tirer de leur élimination. Le temps est enfin venu d'affronter cette question. Devrions-nous postuler les objets fictionnels ? Les résultats de nos analyses suggèrent que oui.

Dans la Première Partie, nous avons montré qu'il était possible de répondre à un certain nombre d'objections standard, notamment à celles inspirées par la crainte que postuler des objets fictionnels nous causerait des ennuis : cela nous enliserait dans des contradictions, nous encombrerait d'entités auxquelles nous ne saurions nous référer ou que nous ne pourrions connaître dans un cadre naturaliste, cela embarrasserait nos théories avec des entités qui n'admettent pas des conditions d'identités claires et pratiques. En concevant les personnages de fiction comme des artefacts abstraits intimement liés à des entités comme des histoires, des auteurs et des lecteurs, il nous a été possible de résoudre chacun de ces problèmes. Tous ces obstacles qui semblaient nous interdire de postuler les objets fictionnels se sont donc avérés, après un examen plus approfondi, sans danger.

Mais non seulement ces soi-disant problèmes ne nous fournissent aucune raison de rejeter les personnages de fiction, mais encore, si nous voulions aboutir à des analyses adéquates et élégantes du langage et de l'expérience nous aurions plutôt de bonnes raisons de les accepter. En postulant les personnages de fiction à titre d'objets de certaines expériences intentionnelles, nous sommes en effet capables d'avancer une théorie de l'intentionnalité à même de mieux expliquer la coprésence de différentes caractéristiques de l'intentionnalité à l'intérieur de chaque type d'acte intentionnel. En admettant qu'il y ait des personnages de fiction auxquels nous nous référons, on est en mesure d'aboutir à une analyse du discours fictionnel qui soit simple, non artificielle et qui ne confonde pas les questions de sémantique et celles de syntaxe où on modifie notre manière de lire un énoncé uniquement sur la base du type d'objet auquel elle se réfère. Postuler les objets fictionnels nous permet ainsi d'aboutir à des théories de l'expérience et du langage plus efficaces. Voici déjà une première raison de postuler les objets fictionnels.

Or, l'argument décisif pour éviter de postuler les objets fictionnels (et qui pourrait toujours faire hésiter même ceux qui étaient déjà convaincus par les avantages qu'on vient d'évoquer) est celui de la parcimonie. Mais nous avons vu aussi qu'on n'aboutit pas forcément à une théorie plus parcimonieuse si on se limite à éliminer des objets d'un type donné. Eliminer les objets fictionnels *et* les œuvres littéraires dans lesquels ils apparaissent serait, me semble-t-il, extraordinairement difficile, à moins que nous soyons prêts à ignorer complètement, écarter ou réviser nos manières de parler des fictions, à la fois dans la pratique de la critique littéraire et dans nos vies ordinaires. Mais éliminer les objets fictionnels par le recours aux seules œuvres littéraires qui les supportent ne fournirait aucune parcimonie réelle, car ces deux entités sont foncièrement similaires. Bien que la parcimonie ne soit pas, au bout du compte, un argument si décisif en faveur de l'élimination des personnages de fiction, le besoin d'une explication souple et unifiée (non *ad hoc*) de nos discours et de notre expérience, est un argument plutôt fort en faveur de leur acceptation. Ainsi, tout compte fait, les bénéfices qu'on obtiendrait en postulant les objets fictionnels semblent l'emporter sur les coûts, car la plupart des coûts attendus se sont avérés illusoires. Cela, me semble-t-il, devrait nous donner des raisons suffisantes pour postuler des objets fictionnels tels que nous les avons présentés dans le modèle que nous venons de proposer, à savoir comme des artefacts abstraits dépendant des œuvres littéraires et créés par un auteur.

Mais mis à part les soi-disant problèmes de traitements du discours fictionnel, qui (comme nous l'avons vu dans le Chapitre 7 se sont avérés faciles à résoudre), la raison principale qui a interdit, jusqu'à maintenant, une analyse pleinement adéquate des objets fictionnels consiste sans doute en ceci qu'ils passent résolument à travers les mailles des catégories traditionnelles. Dans la mesure où ils ne sont ni réels ni idéaux, ni matériels ni mentaux, aucune des options disponibles ne réussirait à déterminer ce qu'il faut faire des personnages de fiction. Mais même les tentatives de les réduire à des marques concrètes sur du papier, à des actes de la pensée ou à des entités indépendantes meinongiennes sont vouées à l'échec, car aucune d'entre elles ne convient à la structure des personnages de fiction en tant qu'objets abstraits créés, dépendant à la fois des individus concrets matériels et des états mentaux.

Si toutes ces difficultés ne posent au fond aucun problème aux objets fictionnels, ils sont néanmoins symptomatiques des limites des modèles dominants de catégorisation des choses. Certes, les personnages de fiction font partie de ces entités du monde quotidien qui ne rentrent pas facilement dans les dichotomies catégoriales traditionnelles comme celles du réel et de l'idéal, mais ils sont loin d'être les seuls dans cette situation difficile. On le remarque moins, mais une grande variété d'autres entités — peut-être même la majorité des entités qui peuplent notre monde quotidien — vit dans les interstices des systèmes catégoriels standard[161]. Beaucoup d'autres artefacts abstraits comme les lois, les théories, les œuvres musicales et littéraires ne se laissent pas traîner à l'intérieur de catégories comme celles du réel ou de l'idéal, sans perdre quelques-unes de leurs caractéristiques les plus importantes, comme leur caractère répétable et leur statut de créations. On ne pourrait non plus les contraindre à rentrer dans les catégories du mental ou du matériel sans violer certaines de nos croyances les plus importantes à leur égard, car il ne s'agit pas de simples contenus subjectifs appartenant à un seul individu mais d'entités partageables, dont on peut discuter et qu'on ne saurait détruire en détruisant aucun de leurs exemplaires imprimés. Mais il n'en va pas autrement d'artefacts concrets comme les sculptures, les églises, les billets de banque et les biens immobiliers, qui ne sauraient être identifiés avec les entités réelles dont ils dépendent sans perdre certaines de ces caractéristiques essentielles qui les distinguent, en tant qu'artefacts culturels, des simples entités physiques. Si les catégories ontologi-

---

[161] Ce problème a parfois été remarqué par des auteurs comme Ingarden, Levinson et Hilpenin, qui travaillent sur des problèmes particuliers comme le statut des œuvres littéraires, des œuvres de musiques, ou les artefacts. L'ontologie régionale de Husserl, qui inclut une étude de la région de *l'esprit* aussi bien que celles de la *nature* et de la *conscience*, fournit aussi un traitement détaillé de ces entités dépendantes immédiates qui se tiennent entre le purement mental et le purement matériel. Cf. le deuxième et le troisième livre des *Idées directrices* et la version contemporaine proposée dans D.W. Smith 1995.

ques standards ont tant de mal à s'occuper de cette grande variété d'entités, c'est qu'on a besoin d'une ontologie plus ample et plus différenciée.

Il serait tentant de croire qu'on pourrait éviter de faire face à ces complexités apparentes du monde de tous les jours, dans la mesure où (du moins on l'espère) toutes ces entités se laisseraient, au bout du compte, réduire ou éliminer en faveur d'entités scientifiquement plus malléables. Mais l'étude des fictions qu'on vient de proposer devrait nous faire réfléchir. Les personnages de fiction ont longtemps été considérés comme des créatures parmi les plus instables et douteuses, et la peur que le seul fait d'en parler aurait pu nous amener à des confusions conceptuelles ou des contradictions a poussé nombre de philosophes à lutter avec acharnement pour trouver les moyens de les éliminer de notre ontologie. Mais même ici, où les affirmations d'existence étaient des plus fragiles et les tentatives d'élimination des plus robustes, les personnages de fiction se sont révélés des entités dont il est difficile de se passer.

On peut reconnaître un certain avantage stratégique au fait de commencer par le cas des personnages de fiction, car il s'agit des entités dont il est plus difficile d'établir si elles sont suffisamment maniables pour être admises dans notre ontologie. Si déjà le projet d'éliminer tout discours relatif aux entités fictionnelles ou de réduire celles-ci à des entités d'autres catégories s'est montré si difficile à réaliser, imaginez à quel point il serait plus difficile encore d'éliminer ou de réduire les œuvres littéraires où elles apparaissent, ou les institutions culturelles, légales, économiques, et sociales qui forment la colonne vertébrale de notre société et de nos vies de tous les jours. Des questions relatives à l'être des choses, à leurs conditions d'identité, à la manière dont elles peuvent dépendre de nos croyances et de nos pratiques culturelles et individuelles, surgissent naturellement non seulement dans des contextes philosophiques mais aussi dans des contextes légaux, dans les choix qui orientent nos pratiques interprétatives, et dans nos façons de parler et d'utiliser les objets qui nous entourent. Renoncer à étudier sérieusement tout cela reviendrait à renoncer à trop de choses. De plus, certaines des astuces mises en place pour aider à éviter la référence aux entités fictionnelles (comme le fait de paraphraser les discours en question par des constructions du style « d'après l'histoire... ») ne marcheraient pas pour ces nouveaux cas. En somme, les chances de voir éliminée toute référence à cette grande variété d'entités appartenant à la catégorie des artefacts abstraits, sans reconfigurer radicalement la plupart de nos croyances et de nos pratiques quotidiennes les plus fondamentales, semblent plutôt minces.

De toute façon, pourquoi voudrions-nous les éliminer ou les réduire ? Une raison serait la crainte qu'elles soient indisciplinées, que, par exemple, les objets culturels ne soient pas susceptibles d'individuation, et qu'on ne saurait traiter les objets abstraits dans le cadre d'une théorie naturaliste de la référence. Mais le fait d'avoir résolu ces problèmes pour les objets fictionnels montre déjà que ces difficultés ne sont pas aussi grandes qu'on pourrait le croire au premier abord et c'est un exemple de la manière dont ces mêmes problèmes peuvent être résolus pour d'autres objets culturels et entités abstraites. Une autre motivation pourrait être qu'on ne saurait pas trop quoi faire de telles entités, alors que les catégories des entités spatio-temporelles physiques et les entités idéales nous sont déjà très familières. Mais ce problème s'évapore aussitôt qu'on reconnaît qu'il est possible de rendre compte d'une très grande variété d'objets à partir de leurs rapports de dépendance variables avec des entités spatio-temporelles et des états mentaux. Bien que nous ne pourrons pas le montrer ici, il semble plausible que les bénéfices du fait de postuler ces types d'entités du quotidien l'emportent largement sur les coûts, pourvu qu'on arrive à trouver un moyen élégant et relativement parcimonieux de les expliquer.

Une modeste proposition

Les problèmes de la fiction ne sont que le début. Car il y a une grande variété d'entités — qui comprennent une grande partie des objets du monde social et culturel de tous les jours — qu'il est manifestement impossible de caser dans les rangs familiers du réel ou de l'idéal, du matériel ou du mental. Mais le fait que le monde de notre expérience de tous les jours semble inclure une si grande variété d'entités, ne nous oblige ni à postuler une ontologie bric-à-brac, fourrée de toutes sortes d'entités disparates, ni à tout repousser hormis les entités physiques de base, sous prétexte qu'il s'agit d'une cohue sans forme impossible à traiter. Maintenant, nous avons les outils pour comprendre la structure de tous ces types d'entités à partir de leur dépendance vis-à-vis des entités spatio-temporelles et des états mentaux. De plus, si (sur la base de ce modèle) nous acceptons les objets fictionnels, nous sommes déjà en train d'introduire dans notre ontologie certains objets abstraits (qui dépendent d'une manière simplement générique des entités spatio-temporelles) ainsi que des objets dépendants du mental ; nous pouvons donc admettre d'autres entités du même type sans rien perdre en termes de parcimonie.

Nous pouvons rendre compte d'une grande variété d'entités (y compris les objets fictionnels) en adoptant un principe très simple : accepter les entités spatio-temporelles et les états mentaux et tout ce qui dépend (d'une manière ou d'une autre) exclusivement des entités préalablement acceptées. La première clause réserve une place aux entités physiques et à l'intentionnalité ; la dernière, nous permet de rendre compte, (1) des objets abstraits qui dépendent d'une manière simplement générique des entités spatio-temporelles, tels que les universaux des espèces physiques de base, (2) des entités dépendant — du moins immédiatement — exclusivement des états mentaux, tels les événements mentaux intentionnels eux-mêmes, les objets imaginaires ou hallucinés, ou les universaux des espèces d'états mentaux, et (3) des entités dépendant conjointement de (1) et de (2), tels les gouvernements et les monuments, les chansons, les théories, les œuvres littéraires et les personnages de fiction, ainsi que les entités dépendantes d'ordre supérieur, telles les propriétés esthétiques, qui peuvent être fondées sur celles-ci. Le tableau qui en résulte est celui du monde de tous les jours, produit commun de la réalité spatio-temporelle et de la puissance créatrice de l'intentionnalité humaine — autant sous forme de pensées d'individus singuliers que de pratiques communes et des croyances d'une culture. La grande majorité des entités qui nous sont familières est constituée par des objets qui dépendent à la fois des entités spatio-temporelles physiques et des états mentaux, bien qu'une telle dépendance puisse se produire de différentes manières : rigidement ou génériquement, constamment, historiquement, ou de façon atemporelle. Tous ces types de dépendances doivent faire partie de notre ontologie, car elles sont fondées sur la base de nécessités formelles, matérielles et nomologiques. Pris ensemble, tous ces outils nous permettent d'aboutir à une ontologie capable de préserver dans toute sa richesse et diversité un monde composé non seulement de particules dans le vide, mais aussi d'artefacts concrets qui vont des billets de banque aux voitures en passant par les écoles, et d'artefacts abstraits tout aussi importants comme les lois, les œuvres littéraires, les logiciels et les symphonies : une ontologie qui convient tant au monde de tous les jours qu'à celui des sciences physiques.

Si l'on revient au système de catégories établi au Chapitre 8, le tableau qu'on vient d'esquisser suppose que nous acceptions qu'il y a des entités pour toute combinaison des cases du schéma 8.3, avec une exception, les entités censées occuper la case inférieure droite de chaque diagramme : les entités idéales qui ne satisfont pas aux critères ontologiques indiqués, puisque indépendantes autant des entités spatio-temporelles que des états mentaux. Un projet intéressant consisterait à établir combien et quels types d'entités idéales pourraient être mathématiquement et philosophiquement conçus avec ce type d'entités abstraites. Mais en ce qui me concerne, je ne me prononcerai pas sur l'existence ou de la non-existence, par exemple, d'entités mathématiques conçues d'une manière platonisante. Notre modèle indique en effet plusieurs voies possibles pour rendre compte des entités mathématiques, et il est donc peut être plus sage de laisser cette question ouverte à des réflexions ultérieures. Cependant, si ces voies devaient s'avérer avantageuses, on pourrait sauvegarder le principe métaphysique de base selon lequel tout ce qui est soit est réel, soit est un état mental, soit est, en dernière instance, dépendant d'une manière exclusive de ces derniers.

Je maintiens donc que pour aboutir à une vraie parcimonie théorétique, il faut d'abord élaborer une théorie capable d'établir quelles sont les entités de base, et comment elles peuvent être combinées. Et je propose de qualifier d'entités « de base » les entités spatio-temporelles et les états mentaux. En disant que les entités spatio-temporelles et les états mentaux sont des entités « de base », j'entends simplement qu'il s'agit des entités qui soutiennent toutes les autres ; cela dit, je ne souhaite pas exclure la possibilité qu'elles puissent, à leur tour, être analysées à partir d'éléments plus simples (de même qu'on a montré que certaines composantes « de base » à l'origine du tableau périodique — les protons et les neutrons — étaient susceptibles d'être analysés ultérieurement). La question des relations entre entités spatio-temporelles et états mentaux nous conduirait immédiatement vers les problèmes classiques du rapport entre entités mentales et physiques. Mais, pour l'instant, nous pouvons rester agnostiques concernant ce sujet. Il est néanmoins intéressant de remarquer que si on arrivait à montrer que, finalement, les états mentaux étaient mieux pris en charge par une explication en termes de dépendance (peut-être nomologique) vis-à-vis de certains événements spatio-temporels particuliers, on aboutirait au principe selon lequel tout ce qui est dépend, au fond, exclusivement des entités spatio-temporelles[162]. Mais puisque notre modèle ontolo-

---

[162] Cela n'exclut pas que certains états intentionnels puissent dépendre médiatement des formes de pratiques culturelles, du langage, ou du contexte ainsi que

gique inclut les dépendances formelles, matérielles et nomologiques, si on commence par admettre l'existence de particules physiques indépendantes, à titre de base ontologique, on finit par admettre également toutes les combinaisons méréologiques formellement constructibles et dépendantes entre particules, puis les organismes biologiques d'ordre supérieur dépendant d'une base physique ainsi que les processus psychologiques et les états mentaux nomologiques dépendant de propriétés physiques de types d'organismes particuliers. Et à partir de là, on aurait retrouvé à nouveau toutes les entités dépendant autant du mental que du physique. Quant au fait de savoir si un tel pas peut être franchi avec succès, il s'agit d'une question qu'il faudra laisser à des recherches ultérieures.

Le fait d'accepter une ontologie qui inclut des états mentaux, des entités spatio-temporelles et une grand variété de choses bâties sur leur base, a l'avantage de nous permettre d'expliquer non seulement les éléments du monde de la physique, mais aussi ceux du monde social et culturel dans lequel nous vivons, les objets sur lesquels porte la grande majorité de nos pensées quotidiennes, de nos activités et de nos discussions. Et nous pouvons expliquer chacun d'entre eux d'une manière qui correspond à la plupart de nos croyances et pratiques ordinaires les concernant, éliminant ainsi le besoin de réinterpréter ou d'abandonner notre discours au sujet d'entités comme les œuvres littéraires, les collectivités sociales ou les systèmes monétaires. Les thèses avancées dans le Chapitre 8 au sujet de ce que les œuvres d'art, les lois et les artefacts *semblaient* être peuvent maintenant être confirmées : ces entités peuvent être situées précisément à l'intérieur de ces catégories qui nous semblaient être les plus naturelles pour elles. Nous n'avons aucun besoin de nous lancer dans des tentatives de réécriture de tous nos discours sur les œuvres musicales et leurs qualités esthétiques en termes de vibrations de particules, ni de réduire nos discours sur les nations à des discours sur des personnes individuelles, ni de paraphraser tous les énoncés sur les objets fictionnels en énoncés sur des histoires ou des jeux. Certes, rien n'exclut qu'il puisse y avoir des cas où nous pourrions être obligés d'abandonner ou de réinterpréter nos croyances et pratiques de base, mais renoncer aux éléments centraux de nos croyances et pratiques ordinaires sans une bonne raison serait tout simplement casse-cou. D'autant plus que tous ces abandons et révisions seraient inutiles, car nous avons maintenant les

---

des événements cérébraux, à condition que tout cela, à son tour, ne dépende finalement que d'entités spatio-temporelles indépendantes.

moyens nécessaires pour expliquer toutes entités telles qu'elles nous sont données.

De plus, puisqu'elle s'appuie sur une catégorisation des différents types de dépendance d'une grande finesse, notre proposition offre une variété de catégories bien plus grande que les schèmes traditionnels, nous permettant ainsi de rendre justice à l'importante diversité entre entités issues de catégories différentes, plutôt que d'essayer de les réduire à un ou deux types de base. La finesse de ces différences nous permet, par exemple, d'expliquer comment les œuvres littéraires diffèrent des autres types d'inventions, car nous sommes maintenant capables de distinguer les entités qui dépendent rigidement d'une origine particulière (qui sont donc en partie individuées sur cette base) de celles qui sont susceptibles d'être créées par plusieurs entités différentes. La différence entre les objets naturels et les artefacts concrets comme les outils et les églises est préservée, grâce à la différence entre entités dépendantes et indépendantes du mental. Et nous pouvons également distinguer les entités abstraites éternelles, comme les universaux, de ces artefacts abstraits qui, bien que dépourvus de localisation spatio-temporelle, ont néanmoins une origine temporelle — origine qui correspond au moment auquel ils ont été créés. En somme, nous pouvons compter sur une grande variété de catégories très détaillées, sans postuler simplement une ontologie remplie par un bric-à-brac d'entités disparates. L'une des choses les plus intéressantes de notre schéma est qu'il révèle la manière dont toutes ces entités sont mutuellement et intimement liées, à la fois par leurs interdépendances et par l'affinité de leurs modes de dépendance.

Ce qui est peut-être encore plus surprenant est que tout cela peut être accompli à partir d'une base relativement parcimonieuse, car tout comme les différents éléments du tableau périodique peuvent être compris à partir des différentes combinaisons entre trois types d'entités de base, nous pouvons également expliquer toutes ces variétés d'entités — y compris les objets fictionnels — en acceptant simplement les objets réels spatio-temporels, les états mentaux et les choses qui dépendant d'eux de différentes manières. D'après ce modèle, les personnages de fiction ne sont finalement que des exemples particulièrement intéressants d'entités abstraites, dépendant à la fois des entités physiques et des états mentaux.

Tous les problèmes liés aux objets fictionnels étaient donc moins étranges qu'étrangement révélateurs, et la résolution du problème du statut des objets fictionnels nous a permis d'esquisser un tableau ontologique plus vaste avec une plus grande finesse de grain. Finalement, notre proposition a tout l'air d'une bonne affaire ontologique : pour le prix de deux types d'entités de base et des entités bâties sur elles, on gagne un ensemble de catégories plus fin et plus riche et la capacité de produire une bien meilleure explication de ces expériences qui portent sur tous les types d'objets issus du monde autour de nous. Et c'est peut-être dans le fait d'obtenir beaucoup avec pas grand-chose, plutôt que dans la pure austérité, que consiste la véritable économie.

Bibliographie

ARMSTRONG, David
— (1989) *Universals : An Opinionated Introduction*, Boulder, Colorado, Westview Press.
— (1997) *A World of States of Affairs,* Cambridge, Cambridge University Press.

AUDI, Robert
(1995) *The Cambridge Dictionary of Philosophy* (éd.), Cambridge, Cambridge University Press.

BACH, Kent et HARNISH Robert M.
(1979) *Linguistic Communication and Speech Acts*, Cambridge, Massachusetts, MIT Press.

BENACERRAF, Paul
(1973) « Mathematical Truth », *The Journal of Philosophy*, LXX/19, pp. 661-669.

BRENNAN, Andrew
(1988) *Conditions of Identity: A Study in Identity and Survival.* Oxford, Clarendon Press.

BUTCHVAROV, Panayot
(1995) « Categories », in Jaegwon Kim et Ernest Sosa (éd.), *A Companion to Metaphysics*, Oxford, Basil Blackwell.

CAMPBELL, Keith
(1990) *Abstract Particuliars*, Oxford, Blackwell.

CARR, Brian
(1987) *Metaphysics: An Introduction*, Atlantics Highlands, New Jersey, Humanities Press International.

CHISHOLM, Roderick
— (1989) *On Metaphysics*, Minneapolis, University of Minnesota Press.
— (1996) *A realistic Theory of Categories*, Cambridge, Cambridge University Press.

COLLINGWOOD, Robin G.
— (1940) *Essay on Metaphysics*, Oxford University Press.

— (1958) *The Principles of Art*, New York, Oxford University Press.

CRITTENDEN, Charles

(1991) *Unreality: The Metaphysics of Fictional Objects*, Ithaca, New York, Cornell University Press.

DODD, James E.

(1984) *The Ideas of Particle Physics*, Cambridge, Cambridge University Press.

ELIOT, George

(1861) *Silas Marner*, New York, Bantam Classics Edition, 1981 (tr. fr. par Pierre Leyris, *Silas Marner : le tisserand de Raveloe*, Paris, Gallimard, 1980.

EVANS, Gareth

(1982) *The Varieties of reference*, Oxford, Clarendon Press.

FINDLAY, J. N.

(1963) *Meinong's Theory of Objects and Values*, Oxford, Oxford University Press.

FINE, Kit

— (1978) « Model Theory for Modal Logic. Part 1 », *Journal of Philsophical Logic*, 7, pp. 125-156.

— (1995) « Ontological Depndence», *Proceedings of the Aristotelian Society*, 95, pp. 269-290.

FREGE, Gottlob

(1892) « Über Sinn und Bedeutung », in Id. *Funktion, Begriff, Bedeutung. Fünf logische Studien*, Göttingen, Vandenhoeck & Ruprecht, 1962, pp. 38—63 (tr. fr. par Claude Imbert, « Sens et dénotation », in Id., *Ecrits logiques et philosophiques*, Paris, Le Seuil, 1971, pp. 102-126).

GORMAN, Michael

(1995) « Logical and Metaphysics From: Lessons from the Thoery of Dependance », *Proceedings of the American Catholic Philosophical Association*, 69, pp. 217-226.

GROSSMANN, Reinhardt

(1983) *The Categorial Structure of the World*, Bloomington, Indiana University Press.

HILPINEN, Risto
— (s.d.) « Artifacts », manuscript inédit.
— (1992) « On Artefacts and Work of Art », *Theoria*, 58, pp. 58-82.

HIRSH, Eli
(1982) *The Concept of Identity*, Oxford, Oxford University Press.

HOFFMAN, Joshua et ROSENKRANTZ Gary S.
(1994) *Substance among other Categories*, Cambridge, Cambridge University Press.

HUNTER, Daniel
(1981) « Reference and Meinongian Objects », *Grazer Philosophische Studien*, 14, pp. 23-36.

HUSSERL, Edmund
— (1913) *Ideen zur einer reinen Phänomenologie und phänomenologischen Philosophie*, Husserliana III/1, Den Haag, Nijhoff, 1976 (tr. fr. Paul Ricœur, *Idées directrices pour une phénoménologie* Paris, Gallimard, 1950).
— (1900-1) *Logische Untersuchungen*, Husserliana XVIII et XIX, Den Haag, Nijhoff, 1975 et 1984 (tr. fr. par Hubert Elie, Lothar Kelkel et René
Schérer, *Recherches logiques*, 2 tomes, Paris, Presses Universitaires de France, 1959-63).

INGARDEN, Roman
— (1931) *Das literarische Kunstwerk. Eine Untersuchung aus dem Grenzgebiet der Ontologie, Logik und Literaturwissenschaft*, Halle, Niemeyer (tr. fr. par Philippe Secretan, *L'oeuvre d'art littéraire*, Lausanne, L'âge d'homme, 1983).
— (1947-65) *Der Streit um die Existenz der Welt*, Tübingen, 3 tomes, Max Niemeyer.
— (1962) *Untersuchungen zur Ontologie der Kunst: Musikwerk. Bild. Architektur. Film*, Tübingen, Max Niemeyer, (tr. angl. par Raymond Meyers, *The Ontology of the Work of Art*, Athens, Ohio University Press, 1973).

— (1964) *Time and Modes of Being*, tr. angl. partielle de Ingarden 1947-65 par Helen R. Michejda, Springfield Il., Charles C. Thomas Publisher.

JACQUETTE, Dale

(1995) « Abstract Entity », in Roubert Audi (éd.), *Cambridge Dictionary of Philosophy*, New York, Cambridge University Press.

JOHANSSON, Ingvar

(1989) *Ontological Investigations*, New York, Routledge.

KIM, Jaegwon

— (1993) *Supervenience and Mind*, Cambridge, Cambridge University Press.

— (1990) « Supervenience as Philosophical Concept », *Metaphilosophy*, 21, n° 1-2, pp. 1-27.

KIM, Jaegwon and SOSA, Ernest

(1995) *A Companion to Metaphysics* (éds.), Cambridge MA, Blackwell.

KÖNER, Stephan

(1974) *Categorial Frameworks*, Oxford, Blackwell.

KOTARBIŃSKY, Tadeusz

(1929) *Elementy teorii poznania, logiki formalnej i metodologii nauk*, tr. angl. par Olgierd Wojtasiewicz, *Gnosiology: The Scientific Approch to the Theory of Knowledge*, Oxford, Pergamon, 1966.

KRIPKE, Saul

— (1971) « Semantical Considerations on Modal Logic », in Leonard Linsky (éd.), *Reference and Modality*, Oxford, Oxford University Press, 1971.

— (1972) *Naming and Necessity*, Cambridge MA, Harvard University Press (tr. fr. par Pierre Jacob et François Recanati, *La logique des noms propres*, Paris, Les éditions de Minuit, 1982).

KROON, Frederick

— (1992 a) « Make-Believe and Fictional Reference », *Journal of Aesthetics and Art Criticism*, 52, n° 2, pp. 207-214.

— (1992b) « Was Meinong only Pretending? » *Philosophy and Phenomenological Research*, 52, n° 3, pp. 499-527.

— (1994) « A Problem about Make-Belief », *Philosophical Studies*, 73, n° 3, pp. 201-229.

KÜNNE, Wolfgang

(1993) « Fictional Discourse without Fictitious Objects: Towards a Fregean Theory of Fiction », manuscrit inédit présenté à l'Université de Venise.

LAMBERT, Karel

— (1983) *Meinong and the Principle of Independence*, Cambridge, Cambridge University Press.

— (1991) *Philosophical Applications of Free Logic* (éd.), New York, Oxford University Press.

LEVINSON, Jerrold

(1990) *Music, Art and Metaphysics*, Ithaca, New York, Cornell University Press.

LEWIS, David

— (1978) « Truth in Fiction », *American Philosophical Quarterly*, 15, n° 1, pp. 37-46.

— (1986) *On the Plurality of Worlds*, Oxford, Blackwell, 1986.

LINSKY, Bernard et N. ZALTA, Edward

(1995) « Naturalized Platonism vs. Platonized Naturalism », *The Journal of Philosophy*, 92, n° 10, pp. 525-555

LOWE, E. J.

(1995) « The Metaphysics of Abstract Objects », *The Journal of Philosophy*, 92, n° 10, pp. 509-524.

MARGOLIS, Joseph

(1987) « The Ontological Peculiarity of Works of Art », in Id. (éd.), *Philosophy Looks at the Arts*, Philadelphia, Temple University Press, pp. 253-260.

MEINONG, Alexius

— (1904) « Über Gegenstandstheorie », in *Alexius Meinong Gesamtausgabe*, vol. II, Graz, Akademische Druck- u. Verlaganstalt, 1971, pp. 481-535 (tr. fr. par Jean-François Courtine, « La théorie de l'objet », in Id. *Théorie de l'objet et présentation personnelle*, Paris, Vrin, 2000, pp. 63-113).

— (1915) *Über Möglichkeit und Wahrscheinlichkeit*, in *Alexius Meinong Gesamtausgabe*, vol. VI, Graz, Akademische Druck- u. Verlagsanstalt, 1972.

MEYER, Jerome S.

(1962) *Great Inventions*, New York, Pocketbooks.

MOORE, George E.

(1966) *Lectures on Philosophy*, London, George Allen & Unwin.

PARSONS, Terence

— (1980) *Nonexistent Objects*, New Haven, Yale University Press.

— (1982a) « Are there Nonexistent Objects? », *American Philosophycal Quarterly*, 19, n° 4, pp. 365-371.

— (1982b) « Fregean Theories of Fictional Objects », *Topoi*, 1, pp. 81-87.

— (1987) « Entities without Identity », in James E. Tomberlin (éd.) *Philosophical Perspectives 1: Metaphysics*, Atascado CA, Ridgeview, 1987, pp. 1-19.

PLATINGA, Alvin

(1974) *The Nature of Necessity*, Oxford, Clarendon Press.

POSY, Carl J.

(1974) « Brouwer's Constructivism », *Synthese*, 27, pp. 125-159

PUTNAM, Hilary

(1981) *Reason, Truth and History*, Cambridge, Cambridge University Press (tr. fr. par Abel Gerschenfeld, *Raison, vérité, histoire*, Paris, Les éditions de minuit, 1984).

QUINE, William V. O.

(1953) « On What there Is », in Id. *From a Logical Point of view*, Cambridge MA, Harvard University Press, pp. 1-19 (tr. fr. par Sandra Laugier « De ce qui est », in Id. *Du point de vue logique. Neuf essais logico-philosophiques*, Paris, Vrin, 2003, pp. 25-48).

QUINE, William V. O. et GOODMAN Nelson

(1947) « Steps Toward a Constructive Nominalism », *Journal of Symbolic Logic*, 12, pp. 105-122.

RAPAPORT, William J.

(1978) « Meinongian Theories and Russellian Paradox », *Nous*, 12, pp. 153-180.

REICHER, Maria

(1995) « Zur Identität fiktiver Gegenstände: Ein Kommentar zu Amie Thomasson », *Conceptus*, 28, n°. 72, pp. 93-116.

RUSSELL, Bertrand

(1905) "On Denoting", in Aloysius P. Martinich (éd.) *The Philosophy of Language*, New York, Oxford University Press, 1990, pp. 212-220 (tr. fr. par jean-Michel Roy, *De la dénotation*, in Id., *Écrits de logique philosophique*, Paris, PUF, 1989, pp. 203-218.

RYLE, Gilbert

(1932) « Systematically Misleading Expressions », repris Morris Weitz (éd.) *Twentieth-Century Philosophy: The Analytic Tradition*, New York, The Free Press, 1966.

SAJAMA, Seppo et KAMPPINEN, Matti

(1987) *A Historical Introduction to Phenomenology*, New York, Croom Helm.

SALMON, Nathan

(1981) *Reference and Essence*, Princeton NJ, Princeton University Press.

SARTRE, Jean-Paul

(1940) *L'imaginaire*, Paris, Gallimard.

SEARLE, John

— (1983) *Intentionality*, New York, Cambridge University Press (tr. fr. par Claude Pichevin, *L'intentionnalité*, Paris, Les éditions de Minuit).

— (1995) *The Construction of Social Reality*, New York, The Freee Press, 1995 (tr. fr. par Claudine Thiercelin, *La construction de la réalité sociale*, Paris, Gallimard, 1998).

SIMONS, Peter

— (1987) *Parts*, New York, Oxford University Press.

— (1992) *Philosophy and Logic in Central Europe from Bolzano to Tarski*, Dordrecht, Kluwer.

SMITH, Barry

— (1975) « Historicity, Value and Mathematics », *Analecta Husserliana*, 4, pp. 219-239.

— (1980) « Ingarden vs. Meinong on the Logic of Fiction », *Philosophy and Phenomenological Research*, 16, pp. 93-105.

— (1982) *Parts and Moments* (éd.), Munich, Philosophia.

— (1994) *Austrian Philosophy*, Chicago, Open Court.

SMITH, Barry et BURKHARDT, Hans

(1991) *Handbook of Metaphysics and Ontology* (éds.), Munich, Philosophia.

SMITH, Barry et SMITH, David Woodruff

(1995) *The Cambridge Companion to Husserl* (éds.), Cambridge, Cambridge University Press.

SMITH, Barry et ZAIBERT, Leonardo

— (s.d.) « Prolegomena to a Metaphysics of Real Estate », manuscrit inédit.

SMITH, David Woodruff

— (s.d.) « The Bound of Fiction », manuscrit inédit.

— (s.d.) « The Background of Intentionality », manuscrit inédit.

— (1975) « Meinongian Objects », *Grazer Philosophische Studien*, 1, pp. 43-71.

— (1989) *The Circle of Acquaintance*, Dordrecht, Kluwer Academic Publishers.

— (1990) « Thoughts », *Philosophical Papers*, 19, n° 3, pp. 163-189.

— (1995) « Mind and Body », in Barry Smith et David Woodruff Smith (éds.), *The Cambridge Companion to Husserl*, Cambridge, Cambridge University Press, pp. 323-393.

SMITH, David Woodruff et MCINTYRE, Ronald

(1982) *Husserl and Intentionality*, Dordrecht, Reidel.

THOMASSON, Amie L.

— (1994) « Die Identität fiktionaler Gegenstände », *Conceptus*, 27, n°70, pp. 77-95.

— (1996a) « Fiction and Intentionality », *Philosophy and Phenomenological Research*, 56, pp. 277-298.

— (1996b) « Fiction, Modality and Dependent Abstracta », *Philosophical Studies*, 84, n° 2-3, pp. 295-320.

— (1996c) « Fictional Characters: Dependant or Abstracta? A Reply to Reicher's Objections », *Conceptus*, 29, n° 74, pp. 119-144.

— (2003) « Ingarden i teoria zależności bytowej », *ΣΟΦΙΑ*, n° 3 (2003), pp. 243-262 (tr. polonaise par Artur Mordka du manuscript inédit « Ingarden and the Theory of Dependence »).

— (1997) « The Ontology of the Social World in Searle, Husserl and Beyond », *Phenomenological Inquiry*, 21, pp; 109-136.

TWARDOWSKI, Kasimir

(1894) *Zur Lehre vom Inhalt und Gegenstand der Vorstellungen. Eine Psychologische Untersuchung*, Munich, Philosophia, 1982 (tr. fr. par Jacques English, *Sur la théorie du contenu et de l'objet des représentations. Une étude psychologique*, in Edmund Husserl, Kasimir Twardowski, *Sur les objets intentionnels (1893-1901)*, Paris, Vrin, 1993, pp. 85-200).

VAN INWAGEN, Peter

— (1977) « Creatures of Fiction », *American Philosophical Quarterly*, 14, n° 4, pp. 299-308.

— (1983) « Fiction et Metaphysics », *Philosophy and Literature*, 7, pp. 67-77.

WALTON, Kendall

(1990) *Mimesis as Make-Believe*, Cambridge MA, Harvard University Press.

WITTGENSTEIN, Ludwig

(1921) Tractatus logico-philosophicus

WIGGINS, David

(1967) *Identity and Spatio-Temporal Continuity*, Oxford, Blackwell.

WILLIAMS, Donald C.

(1966) *Principles of Empirical Realism*, Springfield IL, Charles C. Thomas.

WOLENSKI I.

(1998) "MacColl on Modalities ". *Nordic Journal of Philosophical Logic*, vol. 3, 1, 133-140.

WOLLHEIM, Richard

(1968) *Art and Its Objects*, New York, Harper and Row.

WOLTERSTORFF, Nicholas

(1980) *Works and Worlds of Art*, Oxford, Clarendon Press.

WOODS, John

(1974) *The Logic of Fiction*, The Hague, Mouton and Co.

YALOM, Irvin D.

(1992) *When Nietzsche Wept*, New York, Basic Books (tr. fr. par Clément Baude, *Et Nietzsche a pleuré*, Paris, Editions Galaade, 2007).

ZALTA, Edward

— (1983) *Abstract Objects*, Dordrecht, Reidel.

— (1988) *Intensional Logic and the Metaphysics of Intentionality*, Cambridge MA, Massachusetts Institute of Technology Press.

— (2003) « Referring to Fictional Characters, *Dialectica*, 57, n°2, pp. 243-254.

www.ingramcontent.com/pod-product-compliance
Lightning Source LLC
Chambersburg PA
CBHW062015220426
43662CB00010B/1345